AF277330

CÓMO
APRENDEN
LOS
LÍDERES

DAVID NOVAK
CON LARI BISHOP

CÓMO
APRENDEN
LOS
LÍDERES

DOMINA LÓS HABITOS
DEL ÉXITO

**Traducción de
Jesús Gómez Gutiérrez**

OCÉANO

CÓMO APRENDEN LOS LÍDERES. Domina los hábitos del éxito

Título original: HOW LEADERS LEARN. Master the Habits of the World's Most
          Successful People

© 2024, David C. Novak

Publicado según acuerdo con Harvard Business Review Press

Traducción: Jesús Gómez Gutiérrez

Diseño e ilustración de portada: lookatcia
Fotografía del autor: Clay Cook

D.R. © 2025, Editorial Océano, S.L.U.
C/ Calabria, 168-174 - Escalera B - Entlo. 2ª
08015 Barcelona, España
www.oceano.com

D. R. © 2025, Editorial Océano de México, S.A. de C.V.
Guillermo Barroso 17-5, Col. Industrial Las Armas
Tlalnepantla de Baz, 54080, Estado de México

Primera edición: 2025

ISBN: 978-84-494-6143-9 (Océano España)
ISBN: 978-607-584-130-4 (Océano México)
Depósito legal: B 11937-2025

Todos los derechos reservados. Quedan rigurosamente prohibidas, sin la autorización escrita del editor, bajo las sanciones establecidas en las leyes, la reproducción parcial o total de esta obra por cualquier medio o procedimiento, comprendidos la reprografía y el tratamiento informático, y la distribución de ejemplares de ella mediante alquiler o préstamo público. La infracción de los derechos mencionados puede constituir un delito contra la propiedad intelectual.
Queda prohibida la reproducción total o parcial de este libro para el entrenamiento de tecnologías o sistemas de inteligencia artificial. El autor y la editorial no se responsabilizan del uso indebido de su contenido.
Diríjase a CEDRO (Centro Español de Derechos Reprográficos, www.cedro.org) o a CeMPro (Centro Mexicano de Protección y Fomento de los derechos de autor, www.cempro.org.mx) si necesita reproducir, fotocopiar o escanear algún fragmento de esta obra.

IMPRESO EN ESPAÑA / *PRINTED IN SPAIN*

9005956010725

A Audrey, Claire y Luke,
mis maravillosos nietos.
Con la esperanza de que sean
aprendices activos toda su vida.

Y, por si quieren saber cuál es el as
que tengo en la manga, es Wendy.

«La tarea más apremiante
es enseñar a la gente a aprender.»
Peter Drucker

ÍNDICE

APRENDE... A DESCUBRIR POSIBILIDADES

Todas las personas con éxito que he conocido en mi vida —y he compartido tiempo con algunas de las más exitosas— habían aprendido la disciplina de aprender. Comprendieron que era la única forma de expandir su potencial y el potencial de la gente que estaba a su alrededor.

Son como Lara Croft en *Tomb Raider*; aunque, probablemente, no esperabas que dijera eso ahora. Durante el juego se puede desbloquear una habilidad especial de supervivencia llamada «aprendiz ávido», que ayuda a ganar más puntos de experiencia cada vez que se descubre información importante y sirve para avanzar más deprisa. Lo aprendí hace poco, mientras exploraba cómo hablamos y pensamos sobre el aprendizaje, y explica perfectamente por qué necesitáis este libro, por qué lo estoy escribiendo yo y qué posibilidades os puede ofrecer.

A lo largo de mi vida, la gente se ha interesado por saber si hay un secreto en mi habilidad de avanzar rápidamente en mi carrera, de cambiar la trayectoria de equipos y empresas y de tener una vida profundamente gratificante. Yo les decía que, en realidad, lo más importante no es ningún secreto: siempre ha sido aprender. «¡Sé un aprendiz ávido!», los instaba mucho antes de que los desarrolladores de *Tomb Raider* me robaran la frase. No importa lo que haga o el objetivo que persiga; aprender siempre ha sido mi aproximación por defecto a la vida y el trabajo. Me ha ayudado a ganar experiencia más deprisa, como Lara Croft, y también a sobrevivir a los malos tiempos y a prosperar en los mejores. Me encanta trabajar con personas para descubrir grandes ideas y, a continuación, usar dichas ideas para crear posibilidades y oportunidades.

Cuando descubras cómo incorporar el aprendizaje en todos los aspectos de la vida, cómo desarrollarlo como disciplina diaria y habilidad vital, crecerá tu carrera, tu liderazgo y tus relaciones, además de crecer también tu felicidad y satisfacción. La educación formal puede ayudar, pero el tipo de aprendizaje al que me refiero no empieza ni termina ahí, y, desde luego, no depende de la cantidad de títulos que se tengan o del pedigrí de las facultades donde hayas estudiado. Hablo por experiencia propia. Fui un niño de campamento de casas rodantes que ya había vivido en veintitrés estados de mi país antes de llegar al instituto. Tuve la suerte de ir a la universidad, pero no pude acceder a ninguna universidad de prestigio, a diferencia de muchos de mis colegas a lo largo de los años. Lo que yo tenía era una actitud práctica, de aprender haciendo, y la disciplina necesaria para mantenerme concentrado en la mejora de dicha habilidad. Me limité a seguir persiguiendo el conocimiento paso a paso, a buscar ideas nuevas y a suplir mis carencias.

Mientras avanzaba en mi carrera, mi aprendizaje ávido me dio acceso a las personas, las experiencias y los medios que buscaba. Me dio acceso a conocimientos mejores y a una mayor capacidad de desarrollar las habilidades, lo cual me ayudó a desarrollar mejores ideas. Me ayudó a superar mis sesgos naturales, a ser más analítico y creativo y a mejorar en el reconocimiento de oportunidades y la resolución de problemas; me ayudó a actuar con más inteligencia. Me valí de dichas ventajas y las utilicé en una carrera de crecimiento rápido, que, al final, me llevó a cofundar y dirigir Yum! Brands, la sociedad que controla KFC, Taco Bell, Pizza Hut y Habit Burger, una de las mayores corporaciones del mundo.

Cuando abandoné la presidencia ejecutiva, tras casi dos décadas, tuve que decidir dónde concentrar mi tiempo, energía y experiencia. ¿Qué iba a hacer? ¿Qué me podía ayudar a convertir mis ideas y planes en una vida que me proporcionara energía, emoción y gozo? No necesité reflexionar demasiado para saber que la respuesta era obvia: aprender.

El gran Peter Drucker escribió en cierta ocasión: «La tarea más apremiante es enseñar a la gente a aprender». Yo he asumido el desafío de esa apremiante tarea en el trabajo que hago y, ahora, en este libro. Hasta en el caso de las personas que son curiosas por naturaleza y están interesadas en resolver problemas, ser un aprendiz eficaz que transforme su aprendizaje en acción exige perspicacia y práctica. Este libro es su manual de entrenamiento; no es una autobiografía, sino la recopilación del saber y las costumbres prácticas de algunos de los líderes con más éxito del mundo (directores ejecutivos de muchas industrias distintas, militares y líderes políticos, grandes deportistas, expertos y profesores), con historias de mi propia vida y mi carrera. Capítulo a capítulo, descubrirás cómo escalaron hasta las cumbres de sus respectivos sectores.

Los líderes con más éxito y más felices que conozco —de los que habrás oído hablar en muchos casos— actúan en todas partes del mismo modo que yo. Aprender es su mentalidad, su habilidad diferencial y su forma de afrontar la vida y el mundo. Ahora, más que nunca, con el ritmo de los cambios empresariales y el hecho de que la mayoría de la gente cambia de trabajo con frecuencia, e incluso cambia de carrera a lo largo de su vida, tener disciplina para aprender no es sólo algo bonito, sino esencial para el éxito. Y, cuando descubras cómo dominar la búsqueda del aprendizaje activo, tendrás los mismos resultados en tu vida y tu carrera.

Convertir las ideas en acción

Cuando empecé a escribir este libro, me di cuenta de que, a mi consejo de convertirse en aprendiz ávido, un consejo tan crucial que se las arregló para introducirse en mis libros y en mis programas de desarrollo de liderazgo, le faltaba algo. Le podía servir a Lara Croft en un videojuego; pero comprendí que, en el mundo real, planteaba el aprendizaje como un fin en sí mismo. Sonaba como si yo estuviera sugiriendo que vosotros os convirtierais en una Wiki de carne y hueso o una Siri con forma humana; pero eso no es cierto. Imagina que Tom Brady, uno de los aprendices más voraces con los que me he cruzado, supiera todo lo que hay que saber sobre pasar una pelota a un compañero de equipo, pero jamás hubiera entrenado su mente y su cuerpo para pasarla. Aprender no es suficiente por sí mismo; hay que concentrarse igualmente en la acción derivada de aprender, así que cambié de lenguaje. Os quiero ayudar a convertiros en aprendices *activos*.

Un aprendiz activo es alguien que busca ideas y conocimientos y los empareja con la acción y la ejecución. Aprende con un objetivo.

El resultado son mayores posibilidades, para ellos y para gente que está a su alrededor.

Yo no inventé la costumbre del aprendizaje activo, pero he invertido en comprender cómo forjarlo y cómo usarlo; especialmente, mediante el procedimiento de estudiar a los muchos aprendices activos que he conocido en mi vida. En la actualidad, hablo con ellos en mi podcast *How Leaders Lead*, de *David Novak*; personas como Indra Nooyi, Jack Nicklaus, Junior Bridgeman, Bobbi Brown, Uri Levine, Ginni Rometty y tantas otras. Ellos demuestran un profundo compromiso con la práctica coherente de aprender y actuar después. Gracias a sus experiencias y conocimientos, citados en este libro, he descubierto tres bloques constructivos o comportamientos esenciales de personas:

- Las que **aprenden de** cualquiera y de cualquier experiencia con algo nuevo, interesante o valioso que ofrecer.
- Las que **aprenden a** mantener una mente abierta y curiosa, y a sostener relaciones positivas (porque casi todo lo aprendemos de otras y con otras personas).
- Las que **aprenden por** hacer lo que se necesita hacer o lo que marcará la mayor diferencia.

Tan potente es este modelo que he estructurado todo el libro a su alrededor. Los aprendices activos se valen de él para mantener su éxito, tener vidas satisfactorias y profundizar sus conexiones con otras personas. Saber *cómo* aprender y cómo *aplicar* lo que han aprendido son habilidades que tradujeron a medida que pasaban de un objetivo a otro. Los verás admitir abiertamente que no lo saben todo; los verás transformando su capacidad de aprendizaje en ellos mismos, y usar sus descubrimientos para formarse a sí mismos y crecer; y podréis identificar a un aprendiz activo por su buena disposición a asumir nuevos desafíos y grandes problemas.

Así es como he podido cambiar de carril y avanzar más deprisa a lo largo de los años, cambiando de papeles, funciones y sectores industriales sin sufrir demasiados reveses ni catástrofes. Pasé de ser un redactor creativo en una agencia local de publicidad —a mediados de la década de 1970, recién egresado— a dirigir un equipo grande que llevaba la cuenta de Frito-Lay en una agencia nacional de publicidad. Luego, alentado por otras personas, me convertí en vicepresidente ejecutivo de marketing de Pizza Hut, en 1986. Sólo tenía treinta y cuatro años por entonces, y carecía de los títulos académicos de muchos ejecutivos importantes. Pizza Hut pertenecía a PepsiCo en aquella época, y mis activas habilidades de aprendizaje me permitieron saltar de oportunidad en oportunidad en la empresa. Pasé a ser vicepresidente ejecutivo de marketing de Pepsi-Cola (la división de bebidas de PepsiCo) y, a continuación, jefe de operaciones. Me pidieron que asumiera la presidencia de KFC cuando yo tenía cuarenta y dos años. La empresa añadió después Pizza Hut a las responsabilidades de mi cargo. Mi transformación y mi exitoso aprendizaje en dichas empresas me llevó al final a ser cofundador, presidente y, en última instancia, CEO de Yum! Brands en 1997.

Estuve allí dos décadas. Cuando me fui (en el año 2016), sabía que quería ayudar a otras personas a convertirse en grandes líderes, de modo que creé David Novak Leardeship, invertí más en la Lift a Life Novak Family Foundation y lancé mi *podcast*. El trabajo que hacemos en dichos ámbitos está ayudando a la gente a aprender a descubrir ideas importantes y a convertirlas en actos que cambian, para mejor, equipos, empresas y el propio mundo.

No acaparé ideas a lo largo de ese viaje: las propagué. Quería ayudar a que la gente, los equipos y las organizaciones tuvieran éxito. Nunca me crucé con un verdadero aprendiz activo que no se sintiera impelido a compartir lo que había aprendido. Ése es el motivo de que esté escribiendo este libro. He conocido a muchas personas a las que nunca enseñaron a ser aprendices activos, cómo conseguirlo o por qué importa; eso los frena, e impide que desarrollen su potencial. Te quiero inspirar para que te conviertas en aprendiz activo y perfecciones las habilidades que te ayudarán a crecer y triunfar.

Cómo funciona este libro

He organizado el libro a partir de las tres claves para transformar vuestro aprendizaje en acción. Las he mencionado antes: aprender *de*, aprender *a* y aprender *por*.

La primera parte («Aprende de») está consagrada al *cómo* podemos **aprender de la gente, de los medios y de las experiencias que tenemos a**

nuestra disposición ahora mismo. Los aprendices activos no se sientan a esperar que las lecciones e ideas llamen a su puerta. Buscan la oportunidad de aprender estén donde estén y con quien estén, para poder marcar una diferencia positiva en el presente, no después.

Yo soy el producto de todas las oportunidades de aprender que mi crianza, mi educación, mi preparación, mis pasos profesionales, mis amigos y mi familia —entre otros referentes— me proporcionaron a lo largo de mi vida. He absorbido más de los otros de lo que ninguna persona merece en realidad. No hay día que no lo agradezca. Pero no fue sólo por casualidad; también fue por elección, por las decisiones que tomé yo todos los días en lo tocante a mis actos.

Al principio de mi carrera, cuando estaba avanzando hacia posiciones de liderazgo, me solía excusar y me iba al cuarto de baño cada vez que la gente con la que estaba empezaba a hablar sobre dónde habían conseguido sus títulos de ciencias empresariales. Siempre me sentía fuera de lugar (tampoco ayudaba que yo pareciera incluso más joven de lo que era, lo cual me llevó a una embarazosa fase de llevar bigote). Pero, al final, comprendí que la confianza exagerada que un pedigrí específico puede dar, también puede dificultar que se esté abierto a ideas y posibilidades, con independencia de cuándo se presenten o de dónde procedan.

Empecé a *aprender de*, en lugar de optar por otras costumbres y habilidades esenciales de aprendizaje, porque si no eres capaz de distinguir las oportunidades o conocimientos a tu alrededor, saber cómo aprender no te servirá de gran cosa. Habrás leído cosas sobre cómo aprendió Condoleezza Rice a partir de sus orígenes en la segregada Birmigham, y sobre cómo descubrió sus «lagunas» Patrick Lencioni. Yo te explicaré cómo pudieron mejorar sus ideas los miembros del equipo de Dude Perfect por el procedimiento de decir la verdad, y qué aprendió Óscar Muñoz de la crisis del vuelo 3411 de United Airlines. Éstas y otras historias revelarán que todos estamos rodeados de ideas que sólo están esperando a que las transformemos en una solución, un arreglo, una forma de desarrollar nuestras carreras, una forma de ayudar a nuestros departamentos o empresas, un modo de ayudar a nuestras comunidades, un modo de mejorar el mundo.

En la segunda parte («Aprende a»), exploraré **las costumbres esenciales para desarrollar mentes abiertas y mejores hábitos de pensamiento crítico, para que puedas aumentar el flujo de grandes ideas en tu vida y**

mejorar tu forma de analizarlas. Te dirigiré en la habilidad más crucial del aprendizaje: escuchar. ¿Cuánto tiempo pasamos escuchando de verdad, con intención y concentración, cuando la gente nos habla? O, por el contrario, ¿con qué frecuencia estamos trabajando en varias cosas, escuchando a partir suposiciones previas o, simplemente, pensando en lo que vamos a comer? Todos los días, la gente comparte grandes ideas que no van a ninguna parte porque nadie está escuchando *activamente*. Si puedes llegar a ser la persona que escucha, tendrás un potencial increíble de impactar positivamente.

El mayor obstáculo que tenemos la mayoría a la hora de convertirnos en aprendices activos es nuestro propio cerebro, que levanta barricadas ante las nuevas ideas. Arrastramos sesgos innatos que no siempre reconocemos. Tener razón nos gusta bastante más que no tenerla, y nuestros cerebros saben convencernos de que la tenemos. Tendemos a centrarnos en lo negativo, lo cual nos ayuda a sobrevivir, pero también nos aleja de las oportunidades. Sin embargo, podemos superar esas limitaciones si formuláramos preguntas mejores, revisáramos nuestros juicios y desarrolláramos pautas de pensamiento y otras conductas que expandan nuestra esfera de influencia. A medida que leas, aprenderás sobre las costumbres de Jamie Dimon para desarrollar mejores instintos; descubrirás cómo superó Ken Chenaut (antiguo CEO de American Express) la «zona Ken», y sabrás por qué acude Lauren Hobart (CEO de Dick's Sporting Goods) a las personas que están en la vanguardia de la atención al cliente en busca de las mejores ideas.

Sólo llevamos unas cuantas páginas del libro y ya he mencionado varias veces a personas concretas. Supondrás seguramente que soy alguien sociable, y que creo que desarrollar las habilidades sociales y ser un aprendiz activo van de la mano. Tener curiosidad por las cosas, estar abierto a ellas y apreciar las ideas implica tener curiosidad sobre las personas, estar abierto a ellas y apreciarlas; implica compartir los méritos y confiar en sus intenciones positivas. También exploraré esos elementos esenciales en esta sección del libro.

En la tercera parte («Aprende por»), indagaremos sobre los matices del aprendizaje a través de la búsqueda de la satisfacción, la simplificación, la resolución de problemas, la priorización de las personas, el reconocimiento deliberado de los demás y otras muchas cuestiones. **Cuando aprendemos haciendo, estamos descubriendo los conocimientos que se derivan de la**

acción. Algunos de dichos conocimientos se refieren a nosotros mismos; otros, a otras personas, y también los hay referentes al mundo que nos rodea.

«Aprende por» también nos proporciona las mejores oportunidades de crecer. Cuando aprendemos así, buscando nuevos desafíos, haciendo las cosas difíciles o enseñando a otros lo que nosotros hemos aprendido, crecemos. En lugar de mejorar de forma gradual, damos grandes saltos en lo que sabemos, en lo que somos capaces de hacer y en nuestra tolerancia a la incomodidad derivada de ponernos en primer plano, como la vez en que yo di un paso adelante para asumir el cargo de director de operaciones de Pepsi-Cola sin tener casi experiencia en ese campo.

Sin una educación académica en ciencias empresariales o mercadotecnia (el camino profesional de mi primera época), me vi obligado a aprender con la práctica, que es la mejor forma de aprender. Aunque tuve algunos profesores maravillosos (por ejemplo, la casi totalidad de mis jefes acabaron dirigiendo una gran empresa), mucho de lo que sé lo aprendí de forma autodidacta. A veces, ésa es la única forma de aprender; a veces no hay nadie a quien preguntar, ningún vídeo de YouTube que ver ni ningún manual de instrucciones que leer. Cuando, por seguir con los ejemplos, Marvin Ellison era la única persona de la sede de Lowe's cuya experiencia procedía de las tiendas de la cadena o de otra persona que fuera como él, tuvo que aprender a intervenir directamente. También leerás sobre el motivo por el que el galardonado comentarista deportivo Jim Nantz nunca subcontrata la investigación y la preparación, y sobre la razón por la que Aneel Bhusri, director ejecutivo de Workday y uno de sus cofundadores, entrevistó personalmente a las primeras quinientas personas que contrató la compañía.

La importancia de aprender haciendo es especialmente crucial para los creadores e innovadores de éxito, que son, sin excepción, aprendices activos.

Cuando inicié el viaje de escribir este libro, mi editor y yo empezamos por la fase de aprender. Fuimos a la escuela de uno de los libros más vendidos de todos los tiempos, *Cómo ganar amigos e influir sobre las personas*, de Dale Carnegie. La estructura del libro que estáis leyendo ahora se parece bastante al de Carnegie: capítulos cortos, dirigidos a partir de historias y agrupados en partes basadas en un tema activo, porque lo que aprendimos del ejemplo de Carnegie fue el poder de crear un libro que se pudiera leer de quince en quince minutos y ofrecer algo valioso e impactante cada vez. Aprendimos que dar libertad a la gente para que lea los capítulos según apetezca está bien. Puedes leer de modo continuado o empezar por donde quieras. Y aprendimos que no hay mejor forma de distribuir conocimientos que las historias sinceras que emocionan y entretienen. Y eso es lo que yo he intentado hacer.

Por último, he incluido preguntas en cada capítulo diseñadas para ayudaros a convertir la idea general en aprendizaje activo en vuestras propias vidas. Tengo la esperanza de que, a medida que leas, aprendas sobre ti mismo: cómo aprender mejor, qué momentos de aprendizaje tienen más impacto en tu vida y dónde encontrar oportunidades para mejorar tu capacidad de aprendizaje y tus habilidades. El autoconocimiento es la clave para adquirir conocimientos. Uso ese término, *autoconocimiento*, en dos sentidos: el acto de aprender sobre uno mismo y el acto de producir ideas propias. Usa las preguntas del final de los capítulos para reflexionar sobre lo que yo haya compartido con vosotros y extraer después tus propias conclusiones o desarrollar tus propias ideas.

Eso es lo que verdaderamente distingue a los aprendices activos del resto del mundo. Se entusiasman tanto con el proceso de aprendizaje porque saben que lo que aprendan los ayudará a crecer. Adoptar el papel de aprendiz activo te llevará a lugares a los que nunca pensaste que pudieras ir. Te revelará posibilidades que no habías imaginado. Es como lo que escribió el filósofo estadounidense Eric Hoffer en *Reflections on the Human Condition*: «En épocas de cambios drásticos, son los aprendices quienes heredan el futuro»[1]. No pueden esperar a descubrir la idea siguiente y la siguiente y la siguiente, porque detrás de cada idea hay un mundo de posibilidades y un futuro brillante.

Ardo en deseos de ver qué posibilidades ofrecerá este libro a tu vida. Veamos adónde te lleva la primera idea.

PRIMERA PARTE

APRENDE DE

*«Lo que cuenta es lo que aprendemos
tras creer que lo sabemos todo.»*

Frank McKinney Hubbard, humorista.
Frecuentemente repetido por
el *coach* John Wooden.

CAPÍTULO 1

LA UNIVERSIDAD DEL APARCAMIENTO DE CASAS RODANTES

Mi familia era una de las quince adscritas al equipo del US Coast and Geodetic Survey. El trabajo de mi padre consistía en anotar latitudes y longitudes para los cartógrafos del país. El equipo lo necesitaba siempre que debían hacerse mapas nuevos; así pues, cada pocos meses hacíamos las maletas, enganchábamos las casas rodantes a los enormes camiones del Gobierno y nos mudábamos a otra ciudad para que él pudiera anotar nuevas latitudes y longitudes. Imagina una caravana de circo sin elefantes, pero con la misma inmensa sensación de expectativa: nuevos territorios que explorar, nuevos lagos o arroyos donde nadar.

Cuando la gente me pregunta de dónde soy, contesto: «Bueno, eso es una larga historia», porque me crie en aparcamientos de casas rodantes de todo el país, allá adonde iba mi padre. A los doce años, ya había vivido en veintitrés estados.

Es probable que a la mayoría le parezca una forma dura de crecer. A mí no me importaba. La sensación de aventura estaba permanentemente presente y, como las quince familias se mudaban juntas y nos llevábamos nuestro vecindario con nosotros, teníamos una comunidad, a pesar del constante movimiento; por ese mismo movimiento, y por lo que implicaba para los niños, porque dejábamos a nuestros amigos atrás y casi nunca veíamos a nuestras propias familias, manteníamos relaciones estrechas para crear una potente infraestructura de apoyo. Por ejemplo, cuando yo jugaba al baloncesto, alrededor de veinte personas de mi *familia* informal aparecían y miraban.

El resto de los miembros del equipo tenían la suerte de que sus padres estuvieran allí, y yo tenía toda una sección de animadores.

Tardé décadas en ver la conexión entre aquellas experiencias y la forma en que yo afrontaba mi vida y mi carrera, sobre todo como líder. Por ejemplo, no comprendía la influencia que había tenido durante mi infancia el apoyo de las familias del US Coast and Geodetic Survey porque era mi «normalidad»; pero consiguieron que me sintiera querido, apreciado y especial, y aprendí que conseguir que otros se sintieran del mismo modo era una de las cosas más significativas que podía hacer con mi vida. Mostrar mi apoyo a la gente y valorar su buen trabajo y sus ideas se convirtió en la estrella que me guiaba.

En su gran libro *Intuición*, Tasha Eurich escribe sobre la crucial habilidad de ser consciente de uno mismo y sobre cómo desarrollarla. Explica que las personas conscientes comprenden sus valores, aspiraciones, pasiones, los ámbitos donde son más felices, sus patrones de comportamiento, sus reacciones y el efecto que causan en otros. A lo largo de este libro, volveré a algunos de esos elementos, porque una de las cosas más poderosas que podemos aprender en la vida es quién somos. Nuestra crianza es una mina de oro de información, así que ¿por qué no empezar por ahí?

Nuestra educación nos moldea; las experiencias buenas y las malas, las experiencias normales del día a día. **Cuando eliges *aprender de la educación recibida*, aprendes quién eres, dónde están tus puntos fuertes y débiles, dónde tu perspectiva propia y dónde tus puntos ciegos.**

Ser un aprendiz activo implica ser historiador de tu propia vida, así que empieza por reflexionar sobre tu pasado, empezando por tus primeras experiencias e influencias. Busca detalles sobre lo que valoras, sobre tu forma de pensar y sobre tus posibles prejuicios. Quizá descubras por qué sientes afinidad hacia determinadas personas o ideas. Todo ese conocimiento de ti mismo aumentará tu capacidad de aprender en el presente.

Hay muchos modos de hacer ese examen histórico. Uno de los que me gustan procede del psicólogo Dan McAdams, que concentró casi todo su trabajo y sus investigaciones en lo que pueden decir nuestras historias vitales sobre lo que somos. Ayudó a desarrollar una técnica llamada «autobiografía guiada», por el procedimiento de pedir a la gente que identificara acontecimientos importantes de sus vidas y, a continuación, formular preguntas cruciales sobre dichos sucesos. Las preguntas más reveladoras eran:

- ¿Por qué crees que ése es un acontecimiento importante en la historia de tu vida?
- ¿Qué dice ese acontecimiento sobre quién eres, quién eras, quién podrías ser o cómo te has desarrollado con el transcurso del tiempo?[1].

He hecho un ejercicio similar a lo largo de mi vida como líder, esquematizando lo sucedido en mi existencia e incluyendo las experiencias importantes y los puntos altos y bajos. Junto a cada experiencia crítica, apunto el impacto que tuvo en mí lo que aprendí. Ese proceso me ha enseñado que no tengo éxito en la vida *a pesar de* mi educación nómada, sino *gracias a* ella. Nacer en los Estados Unidos con unos padres tan cariñosos y protectores como Charles y Jean Novak fue mi mayor ventaja. No es sólo destacar que me criaran mi madre y mi padre, además escribo «mentora y profesor», porque mi madre fe mi primera *mentora* y mi padre, mi primer *profesor*.

Que mi comunidad estuviera en las gradas durante los partidos era relevante, pero fueron mis padres los que desempeñaron el papel más importante en el desarrollo de mi actitud ante la gente. Moldearon lo que significa ser un buen mentor y profesor, y enfatizaron la importancia de forjar relaciones pronto y con frecuencia. Incluso en mi vida adulta, cuando participaba como comentarista invitado en el *Squawk Box* de la CNBC, mis padres me veían y luego me llamaban para decirme lo bien que lo había hecho.

Recuerdo que, cada vez que llegaba a una ciudad nueva, mi madre me llevaba a la escuela local y decía: «Mira, David, tienes que tomar la iniciativa para hacer amigos. No te quedes atrás, esperando a que otros chicos se acerquen a ti. Sólo estaremos aquí unos cuantos meses, así que aprovéchalos». Entre sus consejos y nuestra vida nómada, aprendí que siempre se está a un solo amigo de distancia de la felicidad. He llevado esa idea conmigo a todos los trabajos y ambientes nuevos de mi carrera profesional.

Por supuesto, eso no eliminaba completamente la ansiedad que sentía al llegar de primeras a una escuela nueva, pero me ayudaba a afrontar el miedo y superarlo. Una vez allí, lo que marcaba totalmente la diferencia era la primera persona que me reconocía de algún modo, el primer chico que tenía el valor necesario para saludar o preguntar de dónde era. Aprendí que los que intentan que otros se sientan cómodos en una situación nueva son, generalmente, buenos seres humanos, y yo he intentado ser así con los demás siempre que ha sido posible; sobre todo, en mis cargos directivos.

No quiero dar la impresión de que mi infancia fuera idílica. Desde luego, a veces surgían problemas en algunas ciudades. No éramos ricos; teníamos que trabajar duro por lo que teníamos. Mi padre nos tuvo que dejar varios veranos para realizar trabajos mejor pagados y más peligrosos en sitios remotos, como Alaska. Pocas historias importantes de nuestras vidas son diáfanas o sencillas, buenas o malas por completo; reconocer eso es algo que Tasha Eurich enfatiza en su libro como signo importante de autoconciencia: «Las personas conscientes de sí mismas tienden a tejer narrativas más complejas con los acontecimientos fundamentales de su vida; son más proclives a describir cada acontecimiento desde perspectivas distintas, a incluir explicaciones múltiples y a explorar emociones complejas e incluso contradictorias... En lugar de buscar hechos sencillos y generalizables, **aprecian la naturaleza compleja de los acontecimientos clave de su vida**. Quizá por esa razón, las historias vitales complejas están asociadas a la madurez y el crecimiento personal continuo»[2]. He visto ese mismo tipo de narrativa vital detallista o autoconsciente en muchos de los aprendices activos que he conocido cuando hablaban de su educación.

Indra Nooyi, ex CEO de PepsiCo, me contó una historia sobre su madre y el aprendizaje que la inspiró y la ayudó a ser competitiva. Cuando era joven, su madre ponía una tarea a la hora de cenar a Indra y sus hermanos; por ejemplo, decía: «Hacedme un discurso sobre lo que haríais si fuerais el primer ministro del país». Al final de la cena, cuando todos habían pronunciado sus discursos, su madre elegía el mejor y le daba el premio, una minúscula onza de chocolate. Su madre nunca intentó que todos los niños ganaran al menos una vez, ni repartía el premio por turnos. Daba todas las veces el chocolate a la persona que hubiera pronunciado el mejor discurso. Al pensar en ello, Indra decía: «Si hoy me dan una tableta de chocolate, una enorme tableta de chocolate, no me sabe tan bien como aquella minúscula onza».

Las historias de James Gorman (director ejecutivo de Morgan Stanley) y la vara alzada de su padre son más divertidas; por lo menos, desde la distancia de unas cuantas décadas, pero le ayudaron a desarrollar un profundo sentido de la humildad y la independencia. James es australiano, y se crio en una familia de diez hijos. «Aprendes cuando descubres que no eres tan especial —me dijo—. Que hay alguien más inteligente, alguien más atlético, alguien más gracioso y alguien más atractivo.» Y luego estaba su padre, cuyos métodos no encajarían con los de la moderna paternidad, pero que ciertamente lograron que James fuera humilde y autosuficiente en lo tocante a su propio éxito. Cuando James era joven, su padre hizo a todos los hermanos un test de inteligencia y, acto seguido, pegó los resultados en la puerta del salón, en orden. Junto a cada test, anotó lo que consideraba la profesión más probable según el potencial de cada cual, y en el de James, que sacó una puntuación media, apuntó: «directivo medio». Su padre también dejó claro que todos los hijos vivirían de su propio dinero en cuanto cumplieran los dieciocho años, y que eso incluía encontrar el modo de pagarse la universidad. James tuvo tres empleos distintos mientras estudiaba su carrera, uno de los cuales consistía en limpiar los cuartos de baño de su alojamiento.

Condoleezza Rice te contaría que tiene una perspectiva positiva de su educación, a pesar del hecho de que tuvo que afrontar más desafíos que la mayoría de la gente. «Siempre digo una cosa que quizá suene un poco paradójica, y es que me alegro verdaderamente de haber crecido en la segregante Birmingham», me confesó. Tenía nueve años de edad cuando aprobaron la *Civil Rights Act*; antes, vivía en una pequeña comunidad llena de adultos, muchos de los cuales eran profesores de escuela que les daban dos mensajes bien claros: el primero, que tenían que ser doblemente buenos para tener éxito en un ámbito marcado por la segregación; el segundo, que tal vez no pudieran controlar sus circunstancias, pero que podían controlar sus respuestas ante dichas circunstancias. Quien responde como víctima, entrega el control de su vida a otras personas. «Esas dos lecciones... fueron una especie de armadura, su forma de prepararnos para lo que pensaban que iba a ser un mundo muy hostil durante mucho tiempo... Si hay una barrera, la evitas, la saltas o la atraviesas, pero no permites que te detenga. Aprendí eso en las circunstancias de la discriminatoria Birmingham, y estoy agradecida porque me llevé esas lecciones conmigo y las aproveché en mi vida.»

Esas lecciones de autoestima y responsabilidad personal influyeron sobre su forma de responder ante circunstancias difíciles. Rice empezó su carrera política como especialista en asuntos soviéticos y fue una presencia única en muchos ámbitos. Intentó marcar con nitidez una calle de dos sentidos: la responsabilidad de ellos y la de ella. Demostró rápidamente a la gente que estaba donde merecía, pero también hizo el esfuerzo de reducir el grado potencial de tensión. Siendo una joven profesora, obtuvo una beca para trabajar para la división de planificación nuclear estratégica de la Junta de Jefes de Estado Mayor. «Yo era tres cosas que no se habían visto antes —me contó—: mujer, negra y civil... El primer día, dijeron: "Que la nueva haga el café". Yo podría haber dicho: "Soy profesora de Stanford, no hago café". Pero hice el café. Lo cierto es que lo preparé tan fuerte que nadie se lo pudo beber. Nunca me lo volvieron a pedir. Aquello bajó la temperatura. Y luego, a la semana siguiente, gané la apuesta de fútbol americano. Desde entonces, teníamos algo de lo que hablar durante las reuniones matinales de los lunes. Y enseguida me sentí verdaderamente cómoda con ellos y ellos se sintieron verdaderamente cómodos conmigo.»

¿Qué ocurre con las historias que cuentas sobre tu vida y tu educación? ¿Has profundizado en ellas para obtener conocimientos más profundos y complejos sobre lo que eres, cómo piensas y cómo te comportas? ¿Has aprendido algo sobre tus puntos fuertes y débiles? Si no lo has hecho, es posible que estés limitando tu capacidad de aprender en el presente. Te arriesgas a repetir patrones que no te han sido útiles.

Por ejemplo, muchas cosas de mi inusitada infancia me fueron muy útiles en la vida, y contribuyeron especialmente a una de mis grandes fortalezas, que es la de sentirme cómodo con los cambios y entusiasmarme con ellos; pero también puede ser una debilidad si permito que haga estar ciego al hecho de que no todo el mundo afronta la realidad del mismo modo. Mi currículum tiene un ejemplo de eso. Yo cambiaba de empleo con frecuencia. Siempre estaba buscando la siguiente oportunidad de crecimiento, y nunca me lo pensaba dos veces antes de mover la proverbial caravana y mudarme al siguiente sitio. Esa sensibilidad, combinada con mi ambición, contribuyó al éxito de mi carrera, pero no haces feliz a toda la gente cuando estás cambiando de trabajo constantemente. Aunque me crie concediendo una importancia fundamental a las personas y las relaciones, daba ciegamente por sentado que los que me rodeaban estaban tan preparados como yo para subirse a la caravana y marcharse a otra ciudad, sin tomar sus sentimientos en consideración.

Uno de los cargos más importantes de mi carrera fue el de vicepresidente primero de marketing de Pizza Hut. Tras más de una década de trabajar para agencias externas, fue mi primer empleo en el seno de una gran empresa. Steve Reinemund, presidente de Pizza Hut, se arriesgó y me contrató a pesar de que yo no tenía experiencia en la industria de los restaurantes. Me defendió desde el principio, y se tomó el tiempo necesario para enseñarme todo lo que sabía del negocio, que era mucho. Sin embargo, su inversión y el riesgo que asumió dieron sus frutos. A lo largo de tres años, ayudé a duplicar las ventas y los beneficios y a transformar el negocio de las entregas.

Gracias al éxito de mi equipo, Roger Enrico, director ejecutivo de Pepsi-Co Worldwide Beverages, me pidió que me pasara a la división de bebidas como vicepresidente ejecutivo de marketing y ventas. Era un gran cambio, porque todo el mundo sabía que la división de bebidas era esencial para la empresa. Y era una gran oportunidad para aprender. También implicaba dejar Wichita (Kansas) y marcharme a Nueva York, un hervidero de redes y oportunidades profesionales.

Acepté el ofrecimiento al instante. Quizá, demasiado deprisa.

Steve Reinemund, de Pizza Hut, no estaba contento. No tenía a nadie que me pudiera reemplazar. Además, yo no lo había involucrado demasiado en mis conversaciones con Roger Enrico y, a pesar de que Steve había sido un maravilloso profesor y mentor, no le pedí consejo cuando sopesé la oferta. Él no desconocía lo que estaba pasando, pero le informé de mi decisión cuando ya la había tomado. Steve me había dado la mayor oportunidad de mi carrera, y yo tendría que haber sido mucho más sensible con él de lo que fui. Sencillamente, no era demasiado consciente de que la naturalidad ante los cambios y las mudanzas que desarrollé cuando estaba en la escuela no es innata a todo el mundo. Tardamos bastante en recuperar nuestra antigua y excelente relación, y yo tardé años en aprender que debía ir más despacio, no precipitarme y ponerme en los zapatos de la otra persona.

Nuestras mayores influencias pueden proceder de nuestros padres, profesores, formadores, amigos, trabajadores sociales, una comunidad entera o una sociedad. Podemos haber tenido principios más fáciles o más difíciles. Pero, con independencia de quién o qué nos influyera en el pasado, podemos aprender de esas experiencias, porque el mejor regalo que nos podemos dar es conocernos a nosotros mismos.

Aprende de tu pasado

- ¿Qué personas tuvieron mayor impacto en tus valores, tus objetivos, tu forma de ver la vida y tu confianza en ti mismo?
- Cartografía las cumbres y valles de tu existencia. ¿Qué puedes aprender de cada uno?
- ¿Se te ocurre alguna historia de tus primeros años que demuestre de lo que eres capaz cuando asumes una perspectiva de aprendizaje?

CAPÍTULO 2

LIBÉRATE

Durante mi carrera, no siempre sabía hacia dónde me dirigía, pero sabía que quería seguir creciendo, seguir mejorando; algo que, en general, implica buscar nuevos ámbitos. Reconozco que mi excepcional educación —mudarme a ciudades y escuelas nuevas cada pocos meses, hasta mis doce años de edad— logró seguramente que me sintiera más cómodo que la mayoría con ese tipo de cambios; pero la experiencia me dice que la mayor parte de los aprendices activos siguen un patrón similar, porque *no* moverse implica *no* crecer.

Los nuevos entornos llegan con incertidumbres y riesgos, dos cosas que los seres humanos detestan. El cerebro calcula que las amenazas pesan más que las posibles ganancias. Cuando se trata de mudarse a una ciudad nueva o a una empresa nueva, desconocemos la cultura o a las personas que nos vamos a encontrar, y no sabemos si tendremos éxito cuando lleguemos allí. El cerebro nos dice que es mejor que nos quedemos donde estamos, en un medio conocido, más seguro y menos arriesgado; pero ésa no es siempre la elección correcta. Josh Waitzkin, niño prodigio del ajedrez, sujeto del libro y la película *Buscando a Bobby Fischer* y posterior campeón del mundo de taichí, escribió en *El arte de aprender*: «El crecimiento llega a expensas de la comodidad o la seguridad previas»[1].

Los aprendices activos también se sienten incómodos en entornos nuevos, pero han superado su natural tendencia a evitar los riesgos por el procedimiento de concentrarse en las oportunidades de crecimiento. **Para los**

aprendices activos, la atrofia es más incómoda que el cambio. Esa forma de pensar los ayuda a *encontrar* cosas que aprender y a *usar* lo aprendido, lo cual hace que tengan más éxito en un ámbito nuevo. Cuando, en algún momento, dejan de crecer y de aprender en dicho ámbito, saben que ha llegado la hora de buscar una oportunidad nueva.

Uno de sus métodos para amortiguar la sensación de riesgo y tener la confianza necesaria para dar el salto es sopesar y elegir cuidadosamente los ámbitos nuevos. Tú puedes hacer lo mismo. Cuando veas un ámbito nuevo, valóralo en función de estas cuatro fuentes de aprendizaje:

- Nuevos conocimientos, habilidades o sistemas.
- Nuevas ideas y formas innovadoras de pensar.
- Nuevas personas, y sus perspectivas y opiniones.
- Nuevas influencias que lleven a un crecimiento personal.

El simple hecho de que un medio sea nuevo no significa que sea ideal, *especialmente* en lo tocante a las oportunidades de aprender. Por ejemplo, yo pasé por al menos tres escuelas al año hasta que llegué a la enseñanza secundaria; algunas eran magníficas y otras, no. En una de las escuelas, me acosaban todos los días; en otra, tuve un profesor que invirtió dedicación en mí, aunque sabía que yo sólo iba a estar una temporada. Con el paso del tiempo, aprendí a interpretar los espacios rápidamente y, en mi carrera profesional, eso marcó una enorme diferencia en mi forma de elegir los sitios donde trabajaba, en escoger ámbitos que realmente merecían la pena.

Cuando salí de la universidad, empecé a trabajar para una pequeña agencia de publicidad local. Tras un par de años y una increíble experiencia de aprender en la práctica, estaba preparado para mejorar mis habilidades y pasar a la gestión de clientes. Quería trabajar en una empresa más grande, que atrajera clientes de ámbito más nacional y personas con más talento. Envié veinticinco currículos a las veinticinco agencias principales del país, y me ofrecieron un cargo en Ketchum, McLeod & Grove (Pittsburg) como jefe de administración, un gran paso adelante. Trabajé para Tom James, que sabía tanto sobre mercadotecnia como el que más y me enseñó todo lo que sé. Sin embargo, tras llevar un par de años en Ketchum, sentí que había llegado el momento de ascender un poco más. Con ayuda de Tom, conseguí entrevistas en varias agencias grandes de la meca de la publicidad que es Nueva York, exactamente lo que yo esperaba.

Fue entonces cuando empecé a darme cuenta de que **algunos entornos nuevos no ayudan a aprender más, y que incluso pueden refrenarte**. En Nueva York me sentía fuera de lugar. Me di cuenta de que las agencias sólo veían a un chico de escuelas públicas del medio oeste que sólo tenía una licenciatura. Me entrevistaban personas que tenían maestrías y, en muchos casos, de universidades prestigiosas; parecían tan elitistas que supuse que ninguna me concedería la oportunidad de trabajar en sus grandes e importantes empresas. Yo sabía de lo que era capaz, pero no estaba seguro de que tuviera ocasión de demostrarlo si llegaba a conseguir un empleo en una de esas agencias. No iba a jugar en las grandes ligas; al menos, no de un modo que me permitiera acelerar mi aprendizaje.

Por suerte, se me presentó una oportunidad mejor. Tracy Locke, una agencia de Dallas, estaba buscando a alguien para que llevara la cuenta de Frito-Lay y dirigiera la campaña de su nuevo producto, Tostitos. Era un producto envasado de ámbito nacional y gran visibilidad, con el que podría aprender las estrategias más refinadas de marketing y publicidad. Me pareció el lugar perfecto para mí, y lo fue. Catapultó mi carrera hacia delante.

Pues bien, ¿cómo puedes elegir un ámbito nuevo que tenga el mismo efecto en ti o te catapulte de la misma forma? En primer lugar, **asegúrate de que ese espacio nuevo te ofrezca ocasiones de aprender y crecer** en cualquier aspecto que sea importante para ti en el presente, como hice yo. Esto es especialmente cierto cuando tienes una ambición y no estás seguro de cómo llegar adonde quieres. Puedes seguir el consejo de la empresaria y directora ejecutiva del sector tecnológico Sukhinder Singh Cassidy, relativo a lo que ella llama «el poder de la proximidad»: «Cuando intentamos trazar nuestro futuro, solemos investigar para saber qué hicieron otras personas para conseguir algo similar a lo que nosotros queremos. Por importante que sea eso, el siguiente paso importante consiste en insertarnos en un medio lleno de personas que hagan rutinariamente lo que nosotros nos esforzamos por imaginar»[2]. Esa es toda la cuestión a la hora de elegir un sitio nuevo.

En segundo lugar, **elige un ámbito adecuado para ti**. Averiguar cuál es vuestro sitio ideal es un aspecto importante de la conciencia de uno mismo. Se puede conseguir mediante el procedimiento de tomarse el tiempo necesario para sopesar qué tipo de espacios te ayudarán a desarrollarte y qué tipo de espacios te resultan demasiado incómodos para concentrarte en el aprendizaje. Es una de las razones por las que todo el mundo debería averiguar todo lo que pudiera sobre la cultura de una empresa determinada antes de aceptar un empleo en ella. La pregunta para la que estás buscando respuesta es la siguiente: ¿es el tipo de sitio que me ayudará a ser feliz, tener éxito y concentrarme en mi crecimiento? ¿O no lo es? El medio correcto para una persona no es siempre el que *se supone* que debe ser. En aquel momento de mi carrera, Nueva York no era lugar adecuado para mí, aunque muchas personas me habrían dicho que era donde yo debía estar.

Por supuesto, la respuesta a qué espacio es adecuado para ti no es siempre fácil; ni siquiera, después de reflexionar al respecto. Tienes el ejemplo de Carol Loomis, de cuando decidió mudarse a Nueva York para trabajar en la revista *Fortune*. A pesar de proceder de una pequeña localidad del medio oeste (había conseguido la licenciatura en una clase de treinta y seis personas), la impresión que se llevó Loomis al trabajar para una poderosa compañía de Nueva York fue la opuesta a la mía. Sabía lo que quería incluso antes de obtener su licenciatura en una de las facultades de periodismo más prestigiosas de los Estados Unidos, la Universidad de Missouri (Columbia). Nueva York era la sede de tres grandes revistas: *Life*, *Time* y *Fortune*. Y no pasó mucho tiempo antes de que *Fortune* llamara a su puerta.

Nueva York era el sitio que ofrecía las mejores oportunidades a una periodista empresarial; pero eso no facilitaba las cosas a una mujer en las décadas de 1950 y 1960, cuando Carol empezó. «*Fortune*, al igual que todas las revistas de Time Inc., funcionaba a partir de lo que Henry Luce [su fundador] consideraba la forma de hacer las cosas —me contó Carol—. Y esa forma consistía en que los hombres escribían y las mujeres se limitaban a ayudarlos.» Para muchas personas, eso habría sido una enorme y ondeante bandera roja de alarma. Pero, a pesar de que la habían contratado para un papel de apoyo, en calidad de investigadora, Carol adoraba el trabajo. Viajó por todo el país con autores expertos y estuvo presente en sus entrevistas. Fue una experiencia increíble desde el punto de vista del aprendizaje. «Yo no me hacía ilusiones con los conocimientos que tenía», me comentó. La ascendieron rápidamente al cargo de adjunta al jefe de investigación, y, al final, cuando ya llevaba ocho años en *Fortune*, le ofrecieron la oportunidad de escribir. «No viví esos años con impaciencia. Los viví con la sensación de que estaba aprendiendo.»

Terminó trabajando sesenta años en *Fortune*, y siempre encontraba nuevos ámbitos que explorar en la empresa. Ayudó a supervisar la creación de *Fortune 500* (porque adoraba los números), y se convirtió en experta en finanzas empresariales (acuñó la expresión *hedge fund*) y editora durante mucho tiempo de la carta anual de Warren Buffett a los accionistas (son buenos amigos, y hablan casi todos los días). En el año 2014, cuando Carol se jubiló oficialmente, Warren dijo: «A sus ochenta y cinco años, sigue interesada en aprender más».

A pesar de lo que podría haber parecido a simple vista, *Fortune* era el medio adecuado para Carol. A veces, hay que indagar mucho y desentrañar nuestras prioridades para elegir el medio que nos ayudará a crecer.

En tercer lugar, **elige un sitio que ejerza la influencia correcta sobre ti**, para que no aprendas sólo nuevas habilidades, nuevos conocimientos y nuevas ideas, sino también para mejorar en colaboración, mejorar en liderazgo, mejorar en autogestión o en cualquier otro campo de crecimiento personal que, en tu opinión, necesites enriquecer. Nuestros contextos sociales y culturales tienen una influencia enorme en nuestro comportamiento y nuestra forma de pensar. En *Influencer*, el psicólogo Joseph Grenny y sus coautores explican que, si quieres cambiar de comportamiento, tienes que hacer cambios en los ámbitos social y estructural. En *Hábitos atómicos*, James Clear afirma que nuestros contextos suelen importar más que nuestras motivaciones cuando se trata de forjar nuevos hábitos: «Sobre todo a largo plazo, vuestras características personales tienden a verse subyugadas por vuestro contexto»[3].

Puedes luchar contra ese hecho o utilizarlo para aprender más y crecer más. Eric Gleacher reconoció el poder del contexto, y se dio cuenta —a una edad sorprendentemente temprana— de que no sólo podía ofrecer habilidades nuevas, sino dar forma también a la persona en la que se quería convertir. Tras licenciarse en la Northwestern University, se alistó en el Cuerpo de Marines un año antes de que empezaran los reclutamientos para la guerra de Vietnam. «Decidí que, si tenía que hacerlo, lo haría bien —dijo—. Si tenía que prestar servicio, lo prestaría en el ámbito más desafiante posible. Y ese espacio eran los Marines.» Se alistó con esta idea: *Veamos si puedo estar a la altura.*

Su primer destino tras su formación en Quantico —un destino de oficial, porque era licenciado universitario— fue la fuerza naval de los

Marines, en la Segunda División, desplegada en Camp Lejeune (Carolina del Norte). Cuando llegó, su pelotón había salido de maniobras y no iba a volver hasta varios días después. Un sargento le dijo que revisara los expedientes para informarse sobre los hombres del pelotón. Eric se sintió inmediatamente intimidado. La mitad eran hombres de gran experiencia, que habían servido en el extranjero durante la crisis de los misiles de Cuba. «¿Qué voy a hacer aquí? —se preguntó—. Se supone que soy su oficial superior. Tengo veintitrés años. He superado el adiestramiento de Quantico, pero esto es verdaderamente serio.»

Decidió que su única opción era ser él mismo, dedicarse de lleno al asunto y hacer lo que se suponía que debía hacer. Según me dijo, tras tres o cuatro meses en dicho medio aprendió todo lo que iba a ser importante para él durante el resto de su carrera y de su vida, unos valores profundos que influyeron en su forma de liderar, de criar a sus hijos y de dirigirse a la gente.

«Aprendí que tienes que tratar con las personas con una integridad impecable. Si te quedas corto en eso cuando estás con soldados de infantería de los Marines, te puedes dar por perdido. Tienes que ir con la verdad por delante.» Aprendió a buscar la excelencia en todo lo que hacía. Lo aprendió antes de que existieran los programas de entrenamiento de élite, como los *Navy SEAL*. Los Marines eran la élite, y eso significaba mucho para los hombres. «Si ibas al campo de tiro, tenías que intentar ser el mejor tirador. Hicieras lo que hicieras, debías perseguir la excelencia.» Y aprendió el valor y el talento de tratar a la gente de forma equitativa. Su hijo, Jimmy, lo describió una vez así en la dedicatoria de un libro: «Habla a los porteros con el mismo respeto que dedica a un director ejecutivo». La diversidad de los cuarenta y cinco hombres de su pelotón era enorme; la mayoría ni siquiera habían terminado la educación secundaria, pero eran listos a rabiar, intuitivos, y querían ser los mejores. «Me dieron amplitud de miras con las personas, y eso me marcó para siempre.»

Tras dejar los Marines, Eric aprovechó esas lecciones mientras se sacaba su máster y, al final, se pasó al negocio de las fusiones y adquisiciones. Fundó el departamento de fusiones y adquisiciones de Lehman Brothers, fue jefe de departamento en Morgan Stanley y, más tarde, fundó su propia y exitosa empresa. Es una leyenda en el sector. Nada de eso habría sido posible sin los valores, ideales y cualidades de liderazgo que asimiló en el Cuerpo de Marines.

Eric buscó un ámbito nuevo y eligió cuidadosamente. Lo que aprendió con ello influyó de manera profunda sobre el resto de su vida. Eso es lo que el sitio correcto puede hacer por nosotros. Por ejemplo, todos conocemos personas que son viejas a los veintisiete y personas que son jóvenes a los ochenta y ocho. Las personas que siguen jóvenes toda su vida son las aprendices activas; y explorar ámbitos nuevos —especialmente, ámbitos pensados en función del futuro— es una forma de seguir joven. Cuando dejé Yum! Brands, donde era CEO, me ofrecieron muchos espacios nuevos; me pidieron que entrara en todo tipo de juntas directivas, y yo dije «no» a la mayoría de las ofertas, pero dije «sí» a la junta de Comcast. Era un sector del que yo no sabía demasiado, cargado de tecnología y de nuevas formas mediáticas. Supe que, por el simple hecho de estar en la junta, escuchando las conversaciones y oyendo a los líderes de la empresa, aprendería cosas constantemente sobre las más modernas ideas en materia de medios y tecnología. ¡Y funcionó! Te aseguro que sé mucho más que la mayoría de la gente de mi edad sobre Netflix, Hulu, Harry Potter, Nintendo y lo que hace falta para conseguir un éxito cinematográfico como *Oppenheimer*.

Si aún dudas en dar un paso que, en tu opinión, sería probablemente una buena idea, puedes ser proactivo por el procedimiento de parar los pies a tu ansiedad. Ryan Serhant, autor de *bestsellers*, fundador de una de las agencias inmobiliarias con más éxito en los Estados Unidos y protagonista de *Million Dollar Listing*, no se siente cómodo cuando llega a un sitio nuevo. Me contó que fue un niño tímido, con poca confianza en sí mismo. Su decisión de ser actor y luego ejecutivo de una inmobiliaria puede parecer inusitada. Para tener éxito en los dos ámbitos, tuvo que forzarse a estar en ámbitos y situaciones incómodas para él, porque sabía que eso contribuía a aprender y crecer. Desarrolló una técnica que lo ayudara a superar su ansiedad en sitios nuevos: sacar su teléfono y escribir una lista de pros y contras sobre la situación, concentrándose en lo que le pone más nervioso y en las consecuencias buenas que pueden surgir de ello. Por ejemplo, lo hace antes de ir a un acto al que no ha ido nunca y donde no conoce a nadie, pero que le puede dar la oportunidad de contactar con posibles clientes. Redactar la lista de los motivos por los que un ámbito o situación puede ser malo ofrece una potente ocasión de aprender. «Si la miraras mañana —me dijo durante nuestra conversación—, te reirías y te enfadarías por no haber aprovechado la situación», porque nuestros miedos suelen carecer de fundamento y luego parecen casi triviales. La lista de las cosas buenas que pueden salir de ello es lo que realmente lo ayuda a calmar sus nervios.

A pesar del trabajo que hace tu cerebro para mantenerte a salvo de lo desconocido, puedes aprender a superar las barreras. El peligro de seguir donde se está, inmóvil, perdiéndose todo el potencial y el aprendizaje de un ámbito nuevo cuidadosamente elegido, casi siempre es peor que el peligro de dar el paso.

Aprende de los nuevos entornos

- ¿Te has quedado alguna vez en un sitio —un equipo, una empresa, un apartamento, una ciudad— más tiempo del que deberías? ¿Qué ocurrió cuando finalmente te fuiste a uno nuevo?
- ¿Qué estás aprendiendo ahora mismo en el sitio donde te encuentras? ¿Es tiempo de cambiar?
- Sopesa las características de los espacios donde has aprendido y crecido más; cosas como ritmos, culturas, modelo de liderazgo, etc. ¿Cómo puedes buscar esas cualidades mientras eliges tu siguiente paso?

CAPÍTULO 3

CORRIGE TUS CARENCIAS

Uno de los mayores saltos que he dado en mi carrera fue el de pasar de jefe de marketing a jefe de operaciones en la división de bebidas de PepsiCo. Tuve literalmente que rogar para conseguir el cargo, porque no tenía ninguna experiencia en operaciones. Para sellar el acuerdo, le dije al director ejecutivo que, si no tenía éxito en seis meses, me podía devolver al departamento de marketing —sin ninguna discusión por mi parte— o incluso despedirme.

Fue una oferta arriesgada. Como jefe de marketing, casi nunca visitaba centros operativos como las plantas de embotellado; y, cuando las visitaba, siempre escuchaba educadamente a los guías y encargados y asentía como si estuviera asimilando lo que compartían conmigo; pero, en realidad, la información rebotaba en mi invisible casco de marketing.

Si quería demostrar que iba a tener éxito en operaciones en sólo seis meses, tenía que corregir rápidamente mis carencias. Por suerte, ya había descubierto una táctica esencial para conseguirlo: el secreto de la vía rápida a la confianza y los conocimientos —un secreto que usan todos los aprendices que conozco— consiste en **empezar por identificar y reconocer nuestras carencias y, a continuación, localizar a los expertos adecuados y hacerles tantas preguntas como sea posible**. Saben lo que tú no sabes, y suelen estar encantados de ayudar.

Comencé reuniendo a personas que conocían los procesos de embotellado por dentro y por fuera, que sabían cómo solventar problemas de la cadena de suministros y controlar costes y aumentar beneficios. Después, busqué a las personas que me pareció que podían saber más sobre los problemas en nuestras operaciones y las soluciones buenas a dichos problemas. Por supuesto, esas personas son las que hacen el producto y hablan con los clientes.

Desarrollé una rutina: ir a ciudades con planta de embotellado. Me levantaba a las cinco de la mañana, hablaba con los vendedores antes de que empezaran con sus rutas y escuchaba atentamente sus respuestas a mis preguntas: «¿Qué dicen nuestros clientes? ¿Qué estamos haciendo bien? ¿Qué necesitamos hacer mejor?». A veces, los acompañaba en su recorrido para formular las mismas preguntas a los propios clientes. Cuando regresaba a la embotelladora, hacía lo mismo con las personas de la cadena de producción y los trabajadores de la planta.

Aprendí muchísimo con ellos. Nuestras estimaciones eran terribles, y nos quedábamos constantemente sin existencias. No podíamos sacar los productos del almacén con la rapidez necesaria. La moral era pésima. Día tras día y recorrido tras recorrido, acudía a las personas que sabía mejor informadas que yo —y probablemente, mejor que la mayoría de los ejecutivos de mi equipo— para que me ayudaran a corregir las carencias de mis conocimientos.

Cuando daba parte a los gerentes de las plantas, se sorprendían con frecuencia. «¿Cómo ha descubierto eso tan deprisa?», me preguntaban. Y yo decía: «Preguntando».

Es asombroso lo que se puede aprender cuando pides a personas que saben más que tú que compartan sus conocimientos. Para que te digan la verdad, a veces hay que tranquilizarlos o asegurarse de que no les pase nada por decirlo (hablaré más al respecto en el siguiente capítulo); pero, en general, están ansiosos por compartir y se quedan encantados cuando alguien los escucha. Además, es la vía más rápida a los conocimientos. Te evitas las fases de prueba y error; saltas sobre las cosas que ya han descubierto otros, y eso te permite acceder al corazón de un problema, asunto u oportunidad con mucha mayor rapidez.

Maritza Montiel, que está conmigo en la junta de directores de Comcast, utilizó esas estrategias para aumentar drásticamente los famosos servicios profesionales de la firma Deloitte, incluso antes de llegar a ser subdirectora y vicepresidenta. Uno de sus grandes éxitos fue la rápida creación y desarrollo de toda una línea nueva de negocios: una consultoría para el Gobierno federal.

Maritza supo ver la enorme oportunidad de establecer un vínculo con uno de los mayores compradores de servicios profesionales del mundo. Investigó y presentó sus ideas a la junta directiva. Otro de los ejecutivos de la empresa se acercó a ella después y le dijo: «Eso no funcionará nunca. Lo hemos intentado y nunca funcionará». Pero funcionó. En la actualidad, Deloitte es uno de los mayores proveedores de servicios profesionales del Gobierno federal, y esa línea de negocios se ha vuelto crucial para la empresa.

Sin embargo, Maritza te diría que era muy consciente de sus carencias. «Desde luego, yo no sabía nada sobre hacer negocios con el Gobierno federal.» Lo primero que hizo fue contratar a alguien que sí sabía y, con su ayuda, crearon un equipo lleno de talento y experiencia. «Si quieres ser eficaz y tener éxito, necesitas rodearte de gente más lista que tú», me confesó. Para algunas personas, eso puede ser difícil de admitir; y, en el caso de Maritza, supongo que fue especialmente difícil. Era una ejecutiva, una mujer en una empresa y un sector predominantemente masculinos; la sexta mujer que llegaba a la ejecutiva de Deloitte, y la primera latina: una inmigrante cubana criada por una madre soltera, como sus dos hermanos. Esas experiencias podrían inclinar a cualquiera que quiera tener éxito en ese ámbito a concentrarse en demostrar lo que saben en lugar de reconocer lo que no saben; pero Maritza es una aprendiz activa.

Para localizar sus carencias, los aprendices activos hacen preguntas como éstas: «¿Dónde necesito ayuda para conseguir mi objetivo?» y «¿Qué me lo podría desbaratar?». A veces, las respuestas son razonablemente obvias, como lo fueron para Maritza y para mí; en otras ocasiones, nuestras carencias son más difíciles de localizar sin que nos den un empujón o nos echen una mano.

Patrick Lencioni descubrió que las suyas eran complicadas de gestionar cuando una colega le preguntó con amabilidad: «¿Por qué te comportas así?». Su colega se había dado cuenta de que llegaba muy animado por la mañana y, de repente, se convertía en un gruñón en mitad de una reunión; y luego, a la reunión siguiente, volvía a estar contento. Él ya lo sabía, y le incomodaba, pero no había podido averiguar por qué pasaba de caliente a frío. Su colega formuló la pregunta con curiosidad y compasión, y eso le ayudó a decir: «No lo sé, pero me gustaría saberlo». Juntos, investigaron el problema. Analizaron durante horas el trabajo que hacía él —y hacemos muchos— a lo largo del día, e identificaron seis habilidades para «conseguir que las cosas se hagan», lo que ellos llamaron «genios del trabajo»:

- Reflexión: considerar posibilidades, potencial y oportunidades.
- Inventiva: crear ideas o soluciones nuevas.
- Discernimiento: evaluar y analizar ideas y situaciones.
- Motivación: inspirar a otros y organizarlos para pasar a la acción.
- Facilitación: proporcionar ayuda y estímulo.
- Tenacidad: impulsar los proyectos hasta su finalización.

Patrick sabía que era fuerte en dos de ellos: la inventiva y el discernimiento; pero, cuando pensaba en los otros, no estaba ni contento ni motivado. Probó este modelo con otras personas, en el trabajo y en casa, y los resultados fueron asombrosos. A un ejecutivo se le saltaron las lágrimas: «Ahora sé lo que va mal», dijo. Patrick y su equipo crearon un test (más de medio millón de personas lo han hecho) y escribieron un libro: *The 6 Types of Working Geniuses*, que ayuda a la gente a comprender que pueden acudir a otros en busca de ayuda y apoyo.

Patrick cree que esa labor es más potente y cambia más vidas que todo lo que había hecho antes. «Ahora sé en qué soy bueno y en qué no —me dijo—. Y puedo celebrarlo mejor. Tengo una forma de crear equipos donde la gente se apoya en sus respectivas fortalezas y suple las creencias de cada uno».

Puedes utilizar el test de Patrick u otros como CliftonStrengths, DISC, Myers-Briggs, etcétera. Hay bastantes y tienden a solaparse. No es necesario que los hagas todos, pero hacer un par te puede ayudar a descubrir unas cuantas cosas sobre ti mismo. Cada vez que aprendes algo sobre una fortaleza, un atributo o un comportamiento fundacional, identificas las carencias con las que otros te pueden ayudar.

Cuando intentes identificar a las personas que saben más que tú, examina tus suposiciones en materia de expertos. No necesitas a la persona más selecta, celebrada o exitosa de un campo determinado. Un experto es simplemente alguien que sabe mucho sobre algo, y puedes encontrar a esas personas en muchos sitios y cargos.

Por ejemplo, John Weinberg es una leyenda del mundo de las finanzas, y fue jefe de Goldman Sachs durante casi quince años. Fue una de las primeras personas que habló sobre corregir carencias, pero no tenía nada que ver con el mundo de los negocios. Fue marine durante la Segunda Guerra Mundial, aunque quizá no encaje en lo que estáis imaginando. Medía un metro setenta, y no era precisamente atlético. Tampoco era excelente con el fusil. Pasó el entrenamiento básico, pero como tantos jóvenes de la época. Reflexionó a fondo sobre sus posibilidades y dudó de que pudiera sobrevivir a la guerra. John no era un inútil, sino una persona educada y querida por todos. Su equipo siempre estaba bien ordenado y cuidado. Sabía pensar, y no se amedrentaba con facilidad. Así que se acercó a un soldado que sabía lo que John no sabía sobre el ejercicio de la milicia e hizo un trato con él: «Si me ayudas a seguir vivo, me enseñas a protegerme y a disparar sin que me den a mí, te ayudaré a cuidar tu equipo y a cualquier otra cosa que pueda». Su hermano de sangre aceptó y, mes a mes, John se fue convirtiendo en un soldado mejor. «Suplió mis carencias», me confesó. También le salvó la vida más de una vez.

Con frecuencia, he obtenido más conocimientos esenciales de personas en la línea del frente (trabajadores de la embotelladora, el almacén o las freidoras en KFC) que de los ejecutivos. Sabían cosas que nosotros no sabíamos, identificaban problemas críticos y me ayudaban a entender por qué no iba a funcionar como pensábamos nuestra última y grandiosa idea en el momento de llevarla a la práctica.

Todas las empresas están llenas de expertos. Con independencia del asunto que se trate, la respuesta casi siempre está en el propio edificio. Si necesitas comprender la historia de la empresa, reúnete con veteranos con veinticinco años de antigüedad. Si quieres saber lo que piensan los clientes, habla con el servicio al cliente. Si no consigues que los camiones de entrega lleguen a tiempo, acompaña a un repartidor en su ruta.

Sin embargo, yo también miraba frecuentemente fuera del edificio. Cuando intentaba solventar problemas específicos, no solía contratar a asesores; en lugar de eso, optaba por un experto acreditado: una figura consolidada en el negocio, un profesional con mucha experiencia o el autor de un libro bien recibido sobre el tema.

Mi esposa, Wendy, ha vivido con diabetes tipo 1 desde su infancia, así que llevamos el Wendy Novak Diabetes Institute a nuestro centro médico local a través de la Lift a Life Novak Family Foundation, que dirige nuestra hija, Ashley Butler. Queríamos que fuera uno de los mejores de su clase de todo el país, y fue una tarea ingente. Desde la financiación hasta la investigación, era un territorio completamente nuevo para nosotros. Había muchas cosas que no sabíamos. Hasta el endocrino que dirige el instituto era nuevo en ese tipo de trabajo.

Acudimos a los mejores expertos que pudimos encontrar y trajimos a médicos reputados del Barbara Davis Center for Diabetes de Colorado, uno de los mejores del país. Pasamos un día en sus instalaciones e interrogamos a los administradores. ¿Cómo dirigían el lugar? ¿Cómo conseguían seguir a la vanguardia de las innovaciones médicas y proporcionar grandes experiencias a los pacientes? Visitamos el Saint Jude Children's Research Hospital y aprendimos a crear espacios al servicio de los niños. Recuerdo hasta lecciones sencillas, como cuando dijeron que todos los colores de pintura cuestan básicamente lo mismo y que, por tanto, eligiéramos colores brillantes, alegres y agradables.

Llevamos la propuesta del hospital sobre cómo podíamos integrar el instituto en sus instalaciones a personas que yo sabía que habían creado centros médicos con financiación de fundaciones. Esas cultas y expertas personas nos ayudaron a comprender las preguntas que debíamos formular y a comunicar nuestros objetivos y requisitos. Conversación tras conversación, nos fuimos reafirmando en la seguridad de que podíamos hacer lo que habíamos planeado y de que estábamos tomando buenas decisiones, porque no habíamos dejado de corregir nuestras carencias.

Si me preguntas a quién debes acudir, **empieza siempre con personas que hayan llevado sus ideas al mundo real** y puedan demostrar que funcionan. En Yum! acudí a personas como Jim Collins, Larry Bossidy, Howard Schultz y Noel Tichy. Ahí va una pista: cuando llamaba a esos expertos para que nos ayudaran a encarar un desafío, nunca les pedía que dieran su habitual discurso efectista. Incluía a tantos de nuestros líderes como fuera posible en la reunión y luego abríamos un turno de preguntas y respuestas. O les pedía que nos formaran en prácticas o herramientas específicas. Teníamos un objetivo con relación a lo que queríamos aprender, y los turnos de preguntas y respuestas o los ejercicios prácticos eran mucho más valiosos que un discurso.

En siguiente lugar, **pregúntate esto: ¿corregirán de verdad mis carencias o se callarán sus mejores ideas** o intentarán inflar su ego por el procedimiento de hacer que lo que saben parezca complejo y difícil de entender? ¿Presentarán sus conocimientos con sencillez y claridad? En esencia, te estarás preguntando si la persona en cuestión es un aprendiz activo, porque los aprendices activos adoran ayudar a la gente a solventar sus carencias.

Warren Buffet es uno de los mejores expertos —los mejores profesores— que he conocido. Cuando llegué a la dirección ejecutiva de Yum! Brands, mi peor carencia personal en términos profesionales estaba en las finanzas de una empresa que cotizaba en bolsa, y también en las relaciones con los inversores y analistas de Wall Street. Había hecho varios cursos, pero sabía que los conocimientos básicos no bastaban para gestionar los detalles. Tenía la suerte de poder acceder al gurú en persona, así que me fui a Omaha y pasé un par de horas con él, comiendo en KFC (cada vez que comíamos allí, echaba sal a su receta original de pollo, algo que no hace mucha gente, y siempre se hacía una foto con la plantilla del restaurante).

Warren me dio el mejor consejo que me han dado sobre cómo comunicarme con esos grupos, que sinceramente me intimidaban. En determinado momento, me dijo: «David, eres muy apasionado con tus marcas, pero ¿hablas alguna vez sobre lo que va mal o puede ir mal?». Dile a los inversores y analistas que es un negocio duro, declaró, y recuérdales que no vas a tener éxito todos los trimestres; ganarás a largo plazo porque estás construyendo el negocio de la forma adecuada. Me dijo que, con el tiempo, si yo estaba atento a las cosas que podían ir mal, confiarían en que estaba mirando nuestro negocio de una forma equilibrada. Y eso fue lo que hice. Gracias a que Warren Buffett me enseñó el concepto de venta sobria, me volví mucho más seguro y digno de confianza para los inversores y analistas.

También me ayudó que Jamie Dimon, que en la actualidad es CEO de JPMorgan Chase, se uniera a la junta. Obviamente, era un financiero de alto nivel y es un aprendiz activo. Una de las razones fundamentales por las que aceptó estar en la junta fue la de *aprender de mí y de otros* sobre la cuestión de los consumidores en un negocio al por menor, porque esa era su carencia. Quería entender mejor cómo mejorar la satisfacción de los clientes, las relaciones con los clientes y la fidelidad de los clientes, y pensó que lo podía aprender a partir de nuestros conocimientos.

Una pista final: **si quieres que las personas compartan sus conocimientos contigo, necesitas difundir conocimientos**. También tienes que estar dispuesto a compartirlos con ellas. Hablaremos más al respecto en los siguientes capítulos.

Si quieres ser un aprendiz activo, te recomiendo que des por sentado que otros saben más que tú en algún aspecto. Aprende de ellos todos los días. De repente, verás atajos para llegar a los objetivos que intentas alcanzar o las soluciones que intentas desarrollar. Te sentirás otra vez como si fueras un niño, lleno de curiosidad e inspiración. Y cuando llegue el momento de tomar una decisión y actúes, lo harás con la confianza que sólo se consigue cuando se tienen conocimientos de experto.

Aprende de la gente que sabe lo que tú no sabes

- ¿Te has atascado en algún aspecto de tu vida? ¿Has acudido a alguien que sepa más que tú para que te ayude a descubrir cómo seguir avanzando? ¿Quién puede ser esa persona?
- ¿Qué expertos han marcado la mayor diferencia en tu vida y tu carrera? ¿Qué cosas compartieron contigo?
- ¿Estás limitando tu definición de *experto*? ¿O estás pasando por alto a algún experto en tu vida, alguien que sabe lo que tú no sabes y al que no has acudido para que te ayude a solventar una carencia?

CAPÍTULO 4

TIENES ALGO EN LOS DIENTES

Cuando presioné para ser presidente y director ejecutivo de Yum! Brands, la nueva empresa que se estaba formando para llevar los negocios de restauración de PepsiCo, Roger Enrico me dijo: «David, no sabes lo que no sabes». Eso me gustó. Yo había dirigido Pizza Hut y KFC durante tiempos duros, y las había dirigido con éxito y como presidente en los dos casos, y me creía preparado para ascender a una gigantesca compañía que cotizaba en bolsa y que incluiría las dos empresas mencionadas y Taco Bell.

Roger creía que yo podía dirigir la compañía, pero también pensaba que necesitaba un presidente con experiencia, un compañero que pudiera equilibrar mis fortalezas y los aspectos donde necesitaba crecer. Roger había tardado décadas en llegar a la presidencia y la dirección ejecutiva de PepsiCo y, durante el proceso, había contratado a las personas perfectas para dirigir las distintas regiones y divisiones, así que probablemente tenía razón; pero, a pesar de ello, yo no lo supe ver, y seguí presionando para conseguir el cargo que quería.

Roger no se iba a echar atrás, pero le pude arrancar una concesión: que me permitiera recomendar a alguien para el puesto de presidente. Propuse al astuto Andy Pearson, jefe duro y gurú de los negocios con casi cincuenta años de experiencia. Andy había sido presidente de PepsiCo, y estaba al timón cuando la compañía adquirió Taco Bell y Pizza Hut. Podíamos cofundar Yum! Brands juntos; él como presidente y director general, yo como vicepresidente y director ejecutivo.

Andy me contó una vez una historia que resumía cómo había llegado a ser tan respetado y a tener tanto éxito. Cuando dejó PepsiCo, era una mercancía muy demandada, pero decidió tomarse un descanso y, en lugar de seguir en el mundo de la dirección empresarial, llevó sus vastos conocimientos a los afortunados alumnos de la Business School de Harvard. Los estudiantes absorberían con entusiasmo todos los conocimientos que pudo introducir en clases de noventa minutos sobre cómo dirigir una empresa. Parecía bastante fácil.

Al final del primer trimestre, repartió los necesarios exámenes sin darles demasiadas vueltas. Por supuesto, los alumnos estarían agradecidos por todo lo que habían aprendido. Imaginad su sorpresa cuando el decano de la facultad le informó de que era literalmente el profesor peor valorado de toda la universidad. «Decían que yo no enseñaba —me confesó—, que sermoneaba».

Andy podría haber dado el asunto por perdido o haber hecho ajustes menores en su forma de afrontar las clases. Podría haber dicho: «La enseñanza no es para mí». Pero Andy no era así. Lejos de rendirse, reconoció que quizá no sabía tanto como pensaba de dar clases a alumnos con maestrías, y sopesó sus comentarios y ahondó en ellos. Descubrió que los estudiantes querían menos sermones y más debate; menos anécdotas suyas y más casos que pudieran analizar juntos; menos discursos y más información sobre su increíble red de expertos líderes empresariales.

Andy recogió ideas de esos *contadores de verdades* y pasó a la acción. Cambió toda su forma de enseñar. Cuando los alumnos votaron al año siguiente, lo eligieron el mejor profesor de la facultad.

Andy me enseñó más que nadie sobre cómo seguir aprendiendo y creciendo. Con el tiempo, se convirtió en mi mejor amigo; una especie de mentor, padrastro y hermano a la vez. Y también se convirtió en uno de mis contadores de verdades.

Los que dicen la verdad son una gran fuente de aprendizaje en nuestras vidas. Pero, con demasiada frecuencia, somos incapaces de aprovecharlos porque no soportamos la verdad. No nos gusta oír que «los inversores no creen que estés preparado para dirigir sólo su multimillonario negocio global». Ni siquiera nos gusta oír: «Tienes algo en los dientes». Es como lo que dijo el filósofo y crítico francés Denis Diderot en cierta ocasión: «Nos tragamos ansiosamente cualquier mentira que nos halague, pero sólo damos pequeños sorbitos de la verdad que nos sabe amarga».

No es una simple cuestión de filosofía: es cómo estamos hechos. Neurológicamente, procesamos el dolor social casi del mismo modo en que procesamos el dolor físico: como una amenaza que hay que eliminar[1]. Cuando alguien nos dice una verdad menos que positiva sobre nosotros, nuestro rendimiento o nuestras brillantes ideas, lo procesamos como una amenaza a nuestro estatus, nuestro sentido de la justicia o nuestra relación con la persona que nos lo ha dicho. Algunos estudios han demostrado que el rechazo social puede provocar inflamaciones en el cuerpo[2].

Cuando a alguien le importas realmente y tiene la valentía suficiente para decirte la verdad, tu mejor respuesta consiste en reprimir tu instinto de despreciar dicha verdad o darle la espalda. Vence al mecanismo biológico del cerebro que intenta protegerte. Acalla la voz de tu cabeza que afirma que esa persona se equivoca. No salgas corriendo de la habitación. Respira profundamente varias veces (funciona de verdad), piensa que esa persona tiene seguramente una buena razón para decirte la verdad, y escucha.

Los aprendices activos hacen todos los días ese tipo de gimnasia mental. Ejercitan su humildad y el mantenimiento de una mente abierta (hablaremos más de esto en la segunda parte del libro), porque ven el valor que ofrecen los que dicen la verdad. A lo largo de los años, los contadores de verdades que he tenido en mis equipos han marcado todas las diferencias. A veces, deseé sacarlos a patadas de mi despacho, pero siempre los escuché.

Jonathan Blum, que estaba a cargo de los asuntos públicos de Yum!, era uno de mis contadores de verdades. Entraba en mi despacho y me decía que había molestado a alguien en una reunión, que una de mis ideas no era muy buena o que alguien del equipo se tenía que ir. Se limitaba a dejar que mi irritación resbalara sobre él e insistía en repetir la verdad hasta que yo hacía caso. Y yo le escuchaba porque sabía que lo decía realmente por mi bien. Todos necesitamos gente así, gente que diga la verdad.

Sin embargo, los aprendices activos no esperamos a que aparezcan los contadores de verdades. Los buscamos. Los acogemos. Los mantenemos cerca, en lugar de expulsarlos. Y les pedimos la verdad.

Cuando pregunté a Chris Kempczinski (CEO de McDonald's) qué consejo daría a los aspirantes a líderes, respondió rápidamente: «Encuentra a alguien que te vaya a decir la verdad. Porque, a medida que... vayas ascendiendo, habrá cada vez menos gente dispuesta a decirte la verdad. Y si la gente no te va a decir la verdad, te perderás cosas y no conseguirás tener tanto éxito».

La mayor contadora de verdades de mi vida es mi esposa, Wendy; la persona que más ha contribuido a mi éxito, además de mis padres. Y a veces me saca de quicio. A veces estoy en desacuerdo con ella. Sin embargo, intento escuchar, porque tiene razón con frecuencia, y le pido su opinión constantemente. Cada vez que pronuncio un discurso, me pone nota: «Te doy un notable», me dice, y mi ego se pone automáticamente a la defensiva. «¿Por qué no un sobresaliente? ¡Cinco personas me acaban de decir que ha sido brillante!», protesto yo. Y ella me vuelve a decir la verdad: «Ya, pues es un notable». Así que yo respiro hondo y pregunto: «¿Por qué es un notable?», y ella contesta que el principio no era muy bueno, que un chiste no funcionó o lo que sea que impida un sobresaliente.

Me he esforzado por permitir que me asesore, y he aprendido mucho de ella sobre cómo mejorar mis discursos, *podcast* y libros. Es otro de los beneficios de los contadores de verdades: cuando te dicen que has hecho algo bien, puedes creerles del todo. Cuando Wendy me da un sobresaliente, sé sin sombra de duda que estoy haciendo un gran trabajo.

Tyler Toney y Coby Cotton, miembros fundadores del equipo de cinco personas de Dude Perfect (el estelar grupo de comedia y deportes de YouTube), me comentaron que sus mejores ideas surgen de decir la verdad. Empezaron a trabajar juntos en la universidad y son hipercompetitivos. «Tienes que tener la piel muy dura —me confesó Ty—, porque te dirán: "Esa idea es espantosa"». Y Coby estuvo de acuerdo: «Te juzgan con rapidez y contundencia. Pero mientras estés dispuesto a seguir lanzando ideas...».

Los dos han descubierto que, a menudo, las buenas ideas nacen de otras lamentables. «Tu idea era terrible, Coby —declaró Coby, imitando la forma en que se lo habían dicho los otros—, pero, afortunadamente, sacamos oro de ella.» Su proceso creativo no funcionaría nunca ni produciría ideas sobresalientes si no pudiera afrontar la verdad. Y es obvio que llegan al sobresaliente, porque tiene casi 60 millones de seguidores y más de 1500 millones de páginas vistas en YouTube, además de dirigir el *Thursday Night Football* de la NFL y buscarse nuevas oportunidades todos los días.

No puedo creer que vaya a citar a un famoso gánster y mentiroso en un capítulo sobre personas que dicen la verdad, pero John Gotti dio un buen consejo al mundo cuando dijo: «Sólo mientes cuando tienes miedo». Si la gente tiene miedo a decirnos la verdad —por nuestra reacción o las posibles consecuencias negativas— no tendremos muchos contadores de verdades en nuestras vidas. Si nos dicen la verdad y no hacemos nada al respecto, si no asumimos la verdad, dejarán de compartirla con nosotros. ¿Qué sentido tendría, si no cambia nada y no aprendemos nada?

Si crees que corres el peligro de expulsar o acallar a los contadores de verdades de tu vida, aprovecha el consejo de Alexa von Tobel: «No se trata de tener razón, sino de conseguir la respuesta correcta». Como fundadora y directora ejecutiva de LearnVest y socia directiva de Inspired Capital, Alexa es al menos parcialmente responsable de inversiones de cientos de millones de dólares y del éxito o fracaso de las empresas financiadas. Tiene en gran estima a las personas que le dicen sistemática y apasionadamente que está equivocada; que afirman, por ejemplo: «Eso es una estupidez. No lo hagas». Es creyente de la idea que Adam Grant compartió sucintamente en su boletín informativo: **«La fricción intelectual no es un defecto de las relaciones, sino un rasgo del aprendizaje»**[3].

«Disfruto saliendo de mi forma de crear seguridad psicológica, porque permite que la gente me pueda decir cosas que necesito oír para conseguir la respuesta correcta», me contó Alexa. También compartió conmigo una historia de su amigo Mark Kelly, senador de Arizona y esposo de la excongresista Gabby Giffords, a quien dispararon durante un acto público en el año 2011. Mark estaba en una sala, con un grupo de médicos que intentaban dilucidar las distintas opciones quirúrgicas para Gabby, cuando «puso a los médicos por orden de antigüedad, se encargó de que los más jóvenes hablaran en primer lugar y luego fue dando voz a los mayores». No quería que las respuestas, las posibilidades o la verdad se vieran sesgadas por motivos políticos o de jerarquía. Alexa siempre tiene esa anécdota en el fondo de su mente cuando intenta obtener la respuesta correcta en un grupo.

Los aprendices activos comprenden algo esencial: **cuanto más dices la verdad, más te dicen la verdad**, así que se convierten ellos mismos en contadores de verdades. Sin embargo, decir la verdad es un arte. Empieza por demostrar que se dice por el bien de la otra persona, e implica estar dispuesto a ayudarla y tener cierto optimismo sobre la capacidad de dicha persona de conseguir algo mejor. Hacer ese esfuerzo pone al interlocutor en modo de aceptación y contribuye a superar las defensas inmediatas del cerebro, para que pueda ver las posibilidades.

Busca y pide la verdad; asegúrate de que la gente se sienta a salvo al decirla, y dila tú mismo. Cuando lo hagas, aprenderás y crecerás en los mejores sentidos posibles, y también aprenderán y crecerán los que están contigo.

Aprende de los que dicen la verdad

- ¿En tu vida tienes contadores de verdades, o suficientes contadores de verdades?
- ¿Qué pregunta importante podrías formular a un contador de verdades que pueda cambiar tu perspectiva sobre un objetivo, un plan o una relación?
- ¿Te han dicho alguna verdad a la que no hayas reaccionado? ¿Qué puedes hacer para demostrar que estás escuchando?

CAPÍTULO 5

VÍDEOS VIRALES, JERINGUILLAS Y RATAS

Lo último que habría querido es convertirme en un ESC (Experto en Sobrevivir a las Crisis); pero lo soy, y me gané el título por las malas. Si compartiera todas las crisis que he tenido que afrontar y todo lo que aprendí de ellas, no habría espacio en este libro para nada más.

Las crisis son un hecho del liderazgo y de la vida. Se presentan cuando pensamos que navegamos por aguas tranquilas o cuando creemos que ya no podemos soportar nada más. Sin embargo, los aprendices activos las usan para mejorar, con independencia del contexto. En realidad, yo **afirmo que hay más de mí en una crisis o en un fracaso que en un éxito** (aunque también hay mucho que aprender de las victorias, el motivo por el que escribí el siguiente capítulo). Algunas de mis más potentes ideas surgieron durante los momentos más oscuros. Cuando se produce una nueva crisis, pongo mi aprendizaje activo a toda velocidad y absorbo todo lo que puedo.

Cada crisis nos enseña algo único, y todas nos dan unas cuantas lecciones universales si se lo permitimos. En primer lugar, nos enseñan que casi siempre somos capaces de superarlas; en segundo lugar, cómo evitar crisis similares en el futuro y, en tercero, cómo sobrevivir y hasta cómo salir de ellas mejores y más fuertes, lo que nos permite estar mejor preparados para la siguiente y diferente nueva crisis.

En el año 2016, más o menos cuando me disponía a dejar Yum!, me enfrentaba a una enorme cantidad de cambios en mi vida y mi trabajo:

moldeaba mi salida de la junta; estábamos creando una empresa derivada con Yum! China, que cotizaría separadamente en bolsa; mi esposa, Wendy, sufría problemas derivados de su diabetes tipo 1 (una de las principales razones por las que yo abandonaba la empresa), y, además, yo estaba trabajando con ideas sobre lo que iba a hacer a continuación.

Un viejo amigo, Jamie Coulter, quien había fundado Lone Star Steakhouse tras tener una importante franquicia de Pizza Hut, me preguntó en aquella época si yo estaría interesado en ayudar a otra empresa de restauración a salir a bolsa. Le di las gracias por pensar en mí, pero le dije que quería abandonar el negocio de la restauración. «¿Qué más has estado haciendo?», le pregunté. «No te lo vas a creer —respondió—, pero acabo de salir de un cáncer de mama en estadio 4. Me hicieron una mastectomía hace poco.»

Cuando llegué a casa, di la alarmante noticia a Wendy. Yo ni siquiera sabía que los hombres podían tener cáncer de mama, pero Jamie me comentó que el porcentaje es probablemente mucho mayor de lo que pensamos.

Un par de meses después, mientras hacía ejercicio, noté un bulto que parecía una piedra muy pequeña en el pectoral izquierdo. Mi médico me dijo que sólo era un quiste (ya había tenido otros), y que no me preocupara si no aumentaba de tamaño. Sin embargo, el asunto me inquietaba y, al regresar de un viaje a China, decidí pedir una segunda opinión a un cirujano experto en cáncer. En cuanto lo vio, me dijo: «Eso no es cáncer de mama. Los hombres que desarrollan cáncer de mama suelen tener sobrepeso y otros factores de riesgo casi siempre. No tienes motivos para preocuparte». «Puede que eso sea verdad, pero me preocupa de todas formas —dije yo—. ¿Hay algo que pueda hacer para asegurarme?»

A regañadientes, me envió a que me hicieran una mamografía, que a su vez llevó a una ecografía y terminó con un radiólogo recomendando una biopsia. «Hagámosla ahora mismo», dije yo. Quería una respuesta. Los resultados iban a estar en veinticuatro horas.

Al día siguiente, recibí una maravillosa carta de felicitación por mis éxitos profesionales y por lo que había conseguido en Yum!. Era de Jamie Coulter, quien desgraciadamente falleció mientras yo escribía este libro. Suelo ser una persona optimista, pero me lo tomé como una señal.

Y estaba en lo cierto. Tenía cáncer de mama.

Creo que tuve una ventaja cuando me sometí al tratamiento del cáncer, una ventaja de ESC. Además de mi propia experiencia con las crisis, había aprendido a manejarlas gracias a algunos grandes profesores y a algunos momentos que nos enseñan. Craig Weatherup era presidente de Pepsi-Cola cuando yo era jefe de operaciones. En 1993, alguien puso jeringuillas en las latas de Pepsi. Fue una noticia de alcance nacional. Craig lo gestionó de tal manera que hasta aumentó la fidelidad a la marca Pepsi. Nunca olvidaré el día en que entré en su despacho, justo antes de que se dispusiera a hablar en una cadena televisiva nacional. «Craig, ¿qué haces antes de salir en el programa de Larry King para hablar de algo como esto?» Craig me miró con toda tranquilidad y dijo: «Leer el correo».

En situaciones críticas, aprendí a empezar por el consejo de Craig y seguir adelante con un plan claro:

- No te asustes.
- Averigua los hechos y afróntalos de forma realista.
- Toma buenas decisiones basadas en esos hechos.
- Concéntrate en lo que puedes controlar, no en lo que no.

Eso es lo que hice con mi diagnóstico de cáncer. Empecé por no asustarme, consciente de que podemos soportar más de lo que pensamos. Acudí a los expertos más respetados, obtuve múltiples opiniones, elegí a mis médicos en función de quién me parecía que me podía ayudar a conseguir mis objetivos y estudié lo que habían hecho otras personas para mejorar sus posibilidades. Aprendí que Lance Armstrong (que, a pesar de sus defectos, tenía mucho que enseñar sobre cómo sobrevivir al cáncer) entrenaba dos veces al día durante su tratamiento, incluso durante la quimioterapia y la radiación, y eso fue lo que hice. Me concentré especialmente en lo más importante que estaba bajo mi control, que era mi actitud; y creo que ése es un gran factor del por qué sigo aquí, sin cáncer, años después.

Ni éste es un libro sobre formas de recuperarse de los traumas ni yo soy psicólogo; pero, siempre que se habla de crisis y resiliencia, conviene recordar los tres conceptos de la «impotencia aprendida» de Martin Seligman: personalización, permanencia y generalización.

Pongamos que pierdes tu trabajo porque tu empresa se hunde en tiempos difíciles. La personalización podría hacerte decir: «Si hubiera trabajado más duro, no me habrían despedido». La permanencia podría hacerte pensar: «Nunca encontraré un trabajo que me guste tanto como ése». Y la generalización te podría empujar a creer que «ahora perderé a mi compañera. ¿Por qué querría seguir con un perdedor sin empleo?».

Como escribieron Sheryl Sandberg y Adam Grant en *Opción B*, un texto sobre la recuperación de Sheryl tras la precoz y trágica muerte de su marido, «los tres conceptos funcionan como el reverso de la canción pop *Everything is Awesome* (todo es maravilloso): *Everything is Awful* (todo es horrible). El circuito cerrado de tu mente repite: «Que esto sea horrible es culpa mía. Toda mi vida es horrible. Siempre será horrible»[1].

Cuando estamos mentalmente en ese sitio, ¿qué posibilidades tenemos de aprender? ¿Y qué posibilidades tenemos de salir bien del asunto, o incluso mejores que antes? **Sólo podemos aprender y hacer algo con lo que hemos aprendido cuando tenemos algún optimismo sobre el futuro y creemos en nuestra capacidad de influir sobre él**. Así que hice lo que necesitaba hacer para mantener una mente limpia y positiva y sostener la fe y la esperanza.

Esa habilidad me ha servido bien en los buenos tiempos y en los malos. Años antes de que me diagnosticaran el cáncer, cuando sólo llevaba unas semanas como director ejecutivo de Yum!, nuestro único distribuidor de comida, AmeriServe, se declaró en quiebra. Habíamos oído rumores de que no estaban pagando a los proveedores, y eso era un problema, teniendo en cuenta que se encargaban de recoger la comida de dichos proveedores y suministrarla a nuestros miles de restaurantes. Los directivos de AmeriServe nos aseguraron que su empresa no se iba a declarar en quiebra, y nos lo siguieron asegurando hasta horas antes de que ocurriera.

Mi equipo siempre había sospechado que iban a quebrar; pero, cuando por fin anunciaron la quiebra, nuestras existencias se hundieron y nos encontramos acorralados. O prestábamos dinero a AmeriServe para que siguieran operando y preservaran nuestras relaciones con los proveedores o cerrábamos los restaurantes.

Aquella situación nos ofreció dos contundentes recordatorios: en primer lugar, que hay que apoyarse en los demás; sobre todo, en expertos que saben más que tú. En Yum!, esas personas eran nuestro director financiero (Dave Deno), nuestro asesor legal (Chris Campbell) y nuestro jefe de operaciones (Aylwin Lewis). Ellos fueron quienes vadearon aquella enorme y compleja crisis financiera y se aseguraron de que no consumiera la energía y la atención de toda la empresa.

En segundo lugar, me recordó que, cuando eres la causa de una crisis, tienes que ser honesto y transparente (AmeriServe no lo fue) mediante estos tres pasos:

1. Sé sincero y corre la voz. La gente te perdonará si les dices la verdad y los mantienes informados.
2. Explica detalladamente cómo estás manejando la situación inmediata.
3. Expón lo que vas a hacer para asegurarte de que no vuelva a ocurrir.

Dar dichos pasos es una condición necesaria del aprendizaje activo. Si vas a decir la verdad, antes tienes que averiguar la verdad. Si vas a explicar cómo estás manejando la situación, tienes que conocer la mejor forma de afrontar la situación. Si vas a plantear un proceso mejor para el futuro, tienes que aprender lo suficiente para crear e implementar ese proceso mejor. Y puede que no lo haya mencionado explícitamente en esa lista, pero lo que tiene que estar bien claro es que **no te puedes desentender, no puedes culpar y señalar a otros y pensar que vas a aprender algo de valor**.

Esa fue la dura lección que Óscar Muñoz, CEO de United Airlines, tuvo que aprender en el año 2017, cuando un pasajero de sesenta y nueve años, el doctor David Dao, fue expulsado del vuelo 3411, de Louisville a Chicago. Cuando le pregunté sobre los errores posteriores, me contestó: «Creo que fue el peor tipo de error que he cometido nunca».

Cuatro empleados de United necesitaban ir a Louisville, porque eran la tripulación de un vuelo del día siguiente. En esas situaciones, los tripulantes se consideran pasajeros prioritarios. Como no había asientos libres, el supervisor pidió voluntarios para bajarse del avión, ofreciendo las gratificaciones habituales. Nadie se presentó voluntario, así que eligieron cuatro pasajeros al azar y anunciaron que debían quedarse en tierra. El doctor Dao, que estaba entre los elegidos, llamó inmediatamente a United Airlines y explicó que tenía que volver a casa para ver a unos pacientes al día siguiente. United no accedió a su petición. Cuando él se negó a bajar del aparato, un empleado de la compañía llamó a seguridad. Como se seguía negando, lo sacaron de su asiento a la fuerza y se lo llevaron por el pasillo entre gritos de la víctima, quien se dio un golpe en la cabeza. Varias personas grabaron la escena y la subieron a Twitter (en la actualidad, X). Las grabaciones, terribles de ver, se hicieron virales. Una de ellas se vio casi siete millones de veces en un solo día, y otra triunfó en Weibo —un sitio chino de microblogs— y tuvo 480 millones de visitas (al principio, se pensó que el doctor Dao era chino estadounidense, aunque en realidad es de ascendencia vietnamita).

«Nosotros [United] debimos de ser la primera corporación global que tuvo que afrontar las consecuencias negativas de ser virales en Twitter», me dijo Óscar (yo sabía algo de lo que habían experimentado: en el año 2007, un vídeo de ratas que entraban en un KFC de Nueva York después de la hora de cierre triunfó en YouTube y hundió nuestras ventas). Sin embargo, la reacción contra United parecía justificada. Hasta el presidente de los Estados Unidos, Donald Trump, afirmó que la situación se había manejado de forma espantosa.

Sin embargo, la respuesta de United fue aún peor. Para empezar, intentó lavarse las manos y desviar la atención. Se afirmó que los que habían expulsado al doctor Dao eran empleados de seguridad aérea, no de United; pero, como dijo Óscar más tarde, ese factor es irrelevante cuando se agrede a una persona. Hasta parecieron culpar del incidente al propio doctor Dao, por su comportamiento.

En su comunicado inicial, la compañía afirmó que el vuelo tenía exceso de pasajeros, un problema previsto en las regulaciones, así que empezaron a utilizar el término *reacomodar*. «Seguro que estarás de acuerdo, como lo estuvo el resto del mundo, en que cuando se golpea y se expulsa por la fuerza a una persona de un avión, *reacomodar* es una palabra muy mal elegida», dijo Óscar. Y la situación empeoró todavía más porque se emitió una disculpa inicial, pero dirigida únicamente a los pasajeros «reacomodados».

Había llegado el momento de que Óscar se pusiera en primer plano y hablara en una cadena de TV de alcance nacional para afrontar la situación antes de que el asunto llegara más lejos. El consejo que recibió fue el de seguir desviando la atención. «En algún momento de la madrugada —me comentó—, me levanté literalmente de la cama y me arrodillé, no porque sea una persona muy religiosa, sino buscando en las alturas el camino a seguir. Y entonces me acordé... de mi abuela por parte de madre, con la que me crie. Era una mujer increíble que nunca se quejaba, que nunca culpaba a nadie.»

Se calmó de inmediato. Aún no sabía lo que iba a decir en televisión a la mañana siguiente, pero sabía lo que tenía que hacer.

En la entrevista que concedió a *Good Morning America* (de ABC), dijo que estaba avergonzado. Pidió disculpas al doctor Dao, a su familia y al resto de los pasajeros del vuelo. Dijo que no volvería a pasar nunca más, explicó lo que United iba a hacer para asegurarse de que no pasara y dejó claro que el doctor Dao no tenía la culpa. Lo divertido del caso, según me dijo Óscar, fueron los audibles gemidos que dejaron escapar sus propios compañeros y los productores del programa mientras hablaba. No estaba diciendo ni lo que su gente pensaba que debía decir ni lo que los productores esperaban que dijera; pero sabía que no quería tirarse varios años desdiciéndose.

United acabó lo que él había empezado e implementó nuevos sistemas para mejorar la experiencia de los pasajeros. «Mi barómetro son las facultades de ciencias empresariales de todo el país, que inicialmente presentaron el caso como un ejemplo exacto de lo que no hay que hacer —me dijo Óscar—. Ese ejemplo se convirtió después en la lección de que "nunca es tarde para hacer lo correcto".»

Los aprendices activos intentan hacer lo correcto en una crisis porque les ayuda a localizar las oportunidades de crecimiento y mejora, y a aprender más. En KFC, salimos de la crisis de las ratas con procesos infinitamente mejores de control de plagas. Detrás de cada calamidad —de las grandes y las pequeñas— hay una oportunidad de protegerte del mismo tipo de problema en el futuro, de establecer relaciones más sólidas, de reescribir las normas que el mundo te ha impuesto o de descubrir una idea que lleve a tener más éxito. También es una oportunidad de decidir qué defiendes y qué valoras y de permitir que eso te guíe.

Otra potente historia de crisis es la de Niren Chaudhary, director ejecutivo de Panera Bread y antiguo colega de Yum!. Llevaba un año en Panera, con un prometedor crecimiento por delante, cuando llegó el Covid-19. Las ventas de la empresa cayeron un 50 % casi de la noche a la mañana. Niren no se asustó. En lugar de eso, trabajó con su equipo directivo para encontrar formas de convertirse en parte de la solución. En una semana habían puesto camionetas en las esquinas de mil cafeterías. Una semana después habían ideado, desarrollado e implantado un servicio digital de entrega que ofrecía productos básicos —horneados, lácteos y productos frescos— a los clientes que estaban encerrados en sus casas o tenían miedo de ir a las tiendas.

Al igual que yo, Niren afrontó la crisis con la ventaja de ser un ESC, una ventaja que nunca habría querido necesitar. Había aprendido la importancia de ser parte de la solución gracias a su hija Aisha, un modelo asombroso de conducta. Aisha había nacido con varias inmunodeficiencias combinadas, la misma enfermedad que había provocado la muerte de su hermana mayor cuando sólo tenía siete meses de edad. Aisha sobrevivió los primeros años por un trasplante de médula ósea y quimioterapia, pero desarrolló una fibrosis pulmonar que le quitó la vida a los dieciocho años. Antes de fallecer, dedicó mucho tiempo a compartir su historia, hablar en conferencias y escribir un libro para ayudar a los demás a superar experiencias traumáticas similares (el documental de Netflix *Black Sunshine Baby* explica más cosas sobre su vida, su historia y su influencia). Encontró fuerza y propósito concentrándose en cómo podía ser parte de la solución. Y así afrontó Niren la crisis que tenía ante él.

Todos nos podemos identificar con la famosa frase de Henry Kissinger: «No puede haber una crisis la semana que viene. Mi agenda ya está llena»[2]. Sería magnífico que pudiéramos programar las crisis para cuando pensamos que tendremos los conocimientos, la energía o el tiempo necesarios para afrontarlas, pero son cosas volubles. Vendrá otra crisis, grande o pequeña, y con sus propios términos. Los aprendices activos se detienen, estudian la situación e intentan procesar todas las enseñanzas de las calamidades que ya están sufriendo. Encuentran el modo de utilizar esas enseñanzas para tener confianza, resiliencia, esperanza y optimismo.

Si buscas en tu propia vida, encontrarás momentos en los que hiciste exactamente eso. Por el camino, aprendiste cosas sobre ti mismo, sobre el mundo y sobre cómo tener éxito a pesar de las circunstancias. Pon en práctica esa ventaja de ESC cuando aparezca la siguiente crisis; y esperemos que no sea la semana que viene, porque estoy seguro de que tu agenda ya está llena.

Aprende de las crisis

Piensa en una crisis que hayas tenido que afrontar el año pasado.

- ¿Cuál de las cosas que hiciste tuvo el mayor impacto positivo?
- ¿Qué hiciste que no salió bien?
- ¿Qué puedes hacer mañana para contribuir a evitar un problema parecido en el futuro? ¿O qué harías de forma diferente la próxima vez que surja una crisis similar?

CAPÍTULO 6

SIGUE LOS PUNTOS BRILLANTES

En el año 2022 Yum! Brands celebró su vigésimo quinto aniversario con una fiesta y una reunión de la directiva. El equipo de dirección me pidió que hablara, en calidad de cofundador. Cuando pensé en lo que iba a decir, me acordé del principio de todo.

En 1997, la división de restauración de PepsiCo llevaba cinco años sin cumplir con sus expectativas, y Wall Street quería que la empresa se deshiciera de ella. PepsiCo lo hizo por el procedimiento de convertirla en una compañía independiente. Así fue como cofundé Yum!. Algunos dudaban de que se sostuviera por su propio pie. No ayudó que empezáramos con una tensa relación con nuestras franquicias, casi cinco mil millones de dólares de deuda y la cuenta de resultados de un bono basura.

Las dudas estaban justificadas. Dos décadas después, cuando la dejé (2016), Yum! había duplicado la cantidad de restaurantes, y tenía más de cuarenta mil. El valor de las acciones era diez veces más alto que cuando empezamos, y nuestro negocio en China se había vuelto tan potente que lo ramificamos como empresa independiente.

Pensé que mi discurso se debía centrar en cómo habíamos logrado eso. Para mí, la respuesta era sencilla: habíamos aprendido de las victorias y de otorgar reconocimiento a las personas a las que se debían dichas victorias.

Hasta en nuestros duros principios, yo sabía que teníamos todo lo necesario para forjar una dinastía que sobreviviera al examen del tiempo: una gran cuota de mercado, talento directivo y una fuerte presencia internacional;

pero nada de eso importaba si no obteníamos resultados. PepsiCo había querido librarse de los restaurantes precisamente porque no obtenían resultados y llevaban cinco años sin cumplir con las expectativas. John Weinberg, miembro de nuestra junta y legendario vicepresidente de Goldman Sachs, cimentó esa idea para mí. Las grandes compañías consiguen grandes resultados año tras año, me dijo; consigue un crecimiento consistente y tus acciones atravesarán el techo. Eso me dio una idea: necesitábamos aprender de esas grandes empresas dinásticas y de nuestros propios restaurantes, que eran de alto y consistente nivel.

Me llevé al Consejo de Socios (los presidentes y jefes de operaciones de todas las divisiones de la empresa y mis empleados directos, catorce personas en total) a una gira de compañías dinásticas entre las que se encontraban General Electric (que por entonces era un cohete espacial), Walmart, Home Depot, Southwest Airlines y Target. Como yo había involucrado a los socios, sabía que todos tendríamos las ideas que se habían generado por el camino, y también sabía que, al haber más gente buscando formas de ganar, encontraríamos las mejores ideas.

Las visitas de buenas prácticas son habituales, y a veces pueden dar la impresión de ser viajes sin sentido; pero, para nosotros, eran inspiradoras: veíamos a otros líderes en acción. Ken Langone, que era cofundador de Home Depot y el banquero de inversiones que había sacado la empresa a bolsa, estaba en el aparcamiento de una tienda, recogiendo carritos y llevándolos a la entrada del establecimiento, cuando nos encontramos con él, porque eso es lo que Home Depot quiere que todos los asociados hagan, por muy arriba que estén en el escalafón. Cuando entramos en la tienda con él, un asociado con una discapacidad física corrió hacia Ken y le preguntó si le podía enseñar algo que había hecho, y de lo que estaba orgulloso. Ken nos dejó plantados durante diez minutos para estar con el asociado, y así aprendimos que ganar implica pequeñas acciones que indican a toda una organización que la forma que tienes de cuidar del negocio es cuidar de tu gente.

Tras la gira de buenas prácticas, el Consejo de Socios se retiró a las Adirondacks para compartir lo que habíamos aprendido y aplicarlo en nuestra empresa. Al analizarlo, nos dimos cuenta de que todos admirábamos las cinco e idénticas cosas esenciales que tenían esas compañías, a las que pusimos como denominación los «Ejes de la Dinastía Yum!»:

- Concentrarse en una cultura donde todo el mundo cuenta.
- Suma atención a los clientes y las ventas.
- Diferenciación competitiva.
- Continuidad en plantilla y procesos.
- Resultados interanuales consistentes.

A continuación, miramos en nuestra propia empresa y buscamos los restaurantes que funcionaban mejor, para ver qué tenían en común. El resultado de todo ese esfuerzo de aprender de las victorias fueron los principios de «Cómo trabajamos juntos», que más tarde evolucionaron a «Cómo triunfamos juntos»:

- Concentrarse en el cliente. En los restaurantes con éxito, los miembros del equipo siempre escuchan y responden a los clientes.
- Creer en la gente. Queremos que todos los miembros de nuestro equipo sepan que su contribución se valora.
- Reconocimiento. Queremos recompensar y reconocer dichas contribuciones cada vez que tengamos ocasión, y divertirnos con ello.
- Formación y apoyo. Los líderes tienen que ser más que simples jefes; necesitan invertir en el éxito de las personas a las que dirigen.
- Rendición de cuentas. Porque los resultados importan.
- Excelencia. Todo éxito surge de enorgullecerse del trabajo bien hecho.
- Energía positiva. Se puede sentir cuando se entra en un lugar donde los clientes se lo están pasando bien y el equipo está haciendo un gran trabajo.
- Trabajo en equipo. Porque lo que conseguimos, lo conseguimos juntos.

Creo que ese enfoque en las victorias, así como la actitud de *aprender de las victorias,* fue uno de los principales factores de nuestros continuos éxitos. Celebrábamos más los triunfos de lo que castigábamos las derrotas, difundíamos las ideas ganadoras, analizábamos cómo estaban ganando nuestros competidores, y lo hicimos mes a mes y año tras año. John Weinberg me había dicho que aspirara a un crecimiento anual del 10 % de nuestras ganancias por acción, y conseguimos *un 13 % durante trece años seguidos*. Y en su veinticinco aniversario, Yum! batió su propio récord y el récord del sector de apertura de establecimientos nuevos.

Los aprendices activos siguen esa pauta todos los días. **Aprenden tanto como pueden de las victorias de los demás, de la gente y de los equipos que saben algo que quizá no sepan ellos. Y no pierden ninguna oportunidad de aprender de sus propias victorias.**

Estudiar a los ganadores te da conocimientos que pueden marcar la diferencia. Pregunta a cien personas que lean libros de negocios por su libro preferido: seguro que setenta elegirán *Girando la rueda*, de Jim Collins. ¿Por qué? Porque es aprendizaje activo altamente sintetizado. Jim estudió a los ganadores y luego sintetizó lo que había aprendido sobre cómo habían ganado y lo convirtió en conocimientos aplicables. (En el siguiente capítulo, hablaremos sobre aprender de las derrotas, algo también importante, y del origen del posterior libro de Jim, *How the Mighty Fall*.)

Sorprendentemente, algunas personas no se esfuerzan por estudiar a los triunfadores; tal vez, porque implica admitir que otros triunfan más que ellos. Quizá tendrían que afrontar el hecho de que no tienen todas las respuestas. Los aprendices activos luchan contra ese tipo de pensamiento porque saben que sólo conduce a la mediocridad.

Un ejemplo: durante mis primeros días como director ejecutivo de Yum!, analicé a fondo el beneficio anual de nuestras tiendas y descubrí que crecían a un ritmo decente, entre el dos y el tres por ciento. Pero McDonald's crecía entre un cinco y un siete. Nosotros lo estábamos haciendo bien, pero McDonald's estaba ganando. Yo sabía que lo podíamos hacer mejor, pero saber cómo hacerlo mejor implicaba averiguar cómo estaba ganando McDonald's. ¿Podíamos encontrar estrategias o ideas clave en su éxito? Pusimos en marcha un día global de inmersión en McDonald's para todos los equipos directivos del mundo. Cada equipo pasaba un día entero visitando las tiendas de McDonald's para observar, analizar y recoger ideas. Permitimos que los equipos sacaran sus propias conclusiones sobre cómo estaba ganando McDonald's.

Cada equipo compartió ideas y observaciones, y de aquella masa de conocimientos extrajimos casi todo lo que necesitábamos para mejorar. McDonald's servía una enorme cantidad de desayunos a los clientes antes de que nuestros equipos se hubieran levantado de la cama, y muchos establecimientos estaban abiertos las veinticuatro horas. Ponían cafés todo el día, lo que daba grandes beneficios (no se necesita mucho dinero para producir una taza de café). También ofrecía un menú de 0.99 dólares que atraía a multitudes de clientes. Y hacía un negocio decente con los postres.

El café y los postres brillaban prácticamente por su ausencia en los restaurantes de Yum!; que se sirvieran desayunos era raro, y casi todo lo que ofrecíamos costaba más de un dólar. De modo que nos dispusimos a atacar esos puntos débiles y a implementar una estrategia de venta estratificada. Presentamos ideas como el *Snacker* de KFC, un sencillo y barato sándwich de pollo que fue un éxito al instante. Empezamos a cerrar más tarde, implantamos la innovadora cuarta comida de Taco Bell para negocios nocturnos y lanzamos el gran menú de desayuno de Taco Bell. El resultado fue un crecimiento sustancialmente mejor a lo largo del tiempo. Y aprovechamos ese éxito para aprender aún más.

Por mucho que podamos aprender de otros ganadores, aprender de nuestras propias victorias puede ser aún más potente. En el último capítulo de este libro señalo que he aprendido más de los malos tiempos que de los buenos, y es verdad, pero por los pelos. La objeción es que puede parecer que aprender de las derrotas es más fácil; las lecciones son más obvias. En cambio, se necesita más esfuerzo y concentración para aprender de las victorias, porque, cuando estamos ganando, es fácil que demos por sentado que vamos a seguir ganando; es fácil que alcancemos un gran objetivo, pensemos «¡He dado en el clavo!» y pasemos al siguiente.

En *Cambia el chip*, el psicólogo Chip Heath explicó que estamos mucho más inclinados a concentrar nuestro análisis en problemas y fracasos que en éxitos; pero algunos de los mayores y mejores cambios se producen cuando encontramos un punto brillante, un éxito que parece fuera de lo común, e intentamos comprenderlo. Seguir los puntos brillantes que llevan a una victoria motiva enormemente más que sudar sangre de problema en problema. Y, en cualquier caso, los puntos brillantes nos suelen enseñar más sobre cómo resolver problemas conteniéndonos.

Los aprendices activos no se alejan de una victoria sin mirar atrás. Analizan y evalúan. ¿Qué marcó la diferencia? ¿Qué obstáculos tuvieron que superar por el camino? ¿Cómo los superaron? Lo que buscan son los puntos brillantes: conocimientos, procesos, disciplina y revelaciones de momentos innovadores que puedan aprovechar. Usan lo que descubren para conseguir que su siguiente triunfo sea algo más fácil, más probable o mejor, y lo hacen consistentemente. El gran Vince Lombardi lo dijo sin rodeos: «Ganar es una costumbre».

Una de las mejores cosas que puedes aprender de tus propias victorias no se diferencia demasiado de las que aprendes de las crisis: que lo *puedes* conseguir. Tom Brady me dijo durante nuestro *podcast*: «Nunca estaré en un sitio durante el resto de mi carrera si creo que no podemos ganar. No es falsa confianza. Es verdadera confianza». Tom estaba describiendo lo que había aprendido de la experiencia de llevar a los *Patriots* a la mayor remontada de la historia de la *Super Bowl*, contra *Atlanta Falcons*. Hasta casi la mitad del tercer cuarto, los *Patriots* perdían por 28 a tres.

Cuando el doctor John Noseworthy se convirtió en CEO de la Mayo Clinic, la gran recesión y el descenso de los reembolsos habían puesto al sistema de salud en una situación alarmante. «Sinceramente —me dijo—, los márgenes eran demasiado pequeños para que siguiéramos invirtiendo en investigación y educación.»

La solución que se le ocurrió fue una reestructuración, para que la Mayo Clinic pudiera operar con más eficacia y, al mismo tiempo, ayudar a los médicos a entender mejor el negocio de la medicina, sobre todo en lo tocante a como influyen sus decisiones en el balance.

Sin embargo, estaba seguro de que podía ayudar a los médicos a tomar mejores decisiones sobre dónde gastar dinero para ofrecer una atención de la más alta calidad; y lo estaba *porque ya lo había hecho antes*. La Mayo Clinic había afrontado tiempos duros en el pasado, y había triunfado haciendo exactamente lo que él propuso. Y eso fue lo que alegó cuando lo acusaron de arruinar la organización. «"No, en realidad no", les dije. "Lo hicimos durante la Depresión, y funcionó. Lo hicimos durante la Segunda Guerra Mundial, y funcionó. Y lo vamos a hacer ahora. Y funcionará". Y funcionó». La Mayo Clinic mantuvo sus puertas abiertas durante un arduo periodo financiero y, sobre todo, las mantuvo aumentando la calidad de su atención.

Cuando estás en una situación dura o te cuesta abrirte camino hacia un objetivo, mantenerse motivado e inspirado puede ser difícil. Cuesta mantener una mente abierta. El miedo te puede abrumar. Hay quien dice que el miedo al fracaso es lo que impulsa a los campeones, pero yo no creo que eso sea suficiente en absoluto. También necesitas buscar el júbilo de la victoria. El libro *Fearless Golf*, de Gio Valiante, resume perfectamente mi experiencia: cuando permites que el miedo a perder tome las riendas, sueles empezar a perder. Actuar desde una posición de miedo y egolatría te limita; estrechar tu forma de pensar te vuelve menos capaz de aprender, crecer y mejorar. Cuando te concentras en la derrota, o en cómo puedes perder, pierdes. Pero si alimentas tu confianza en tu capacidad de ganar y te concentras en lo que puedes hacer en el presente para ganar, operas desde un lugar de maestría. Te estás abriendo a lo que es posible, a lo que puedes aprender y a lo que puedes aprovechar.

No mucho antes de leer *Fearless Golf*, alcancé un gran objetivo en un campo de golf que era todo un desafío: batí la marca alcanzada a mi edad (sesenta y ocho años) con un cuatro bajo par. Yo estaba eufórico, y se lo conté rápidamente a tantos amigos como pude... y entonces, tuve el peor bajón que había tenido nunca. Tras leer el libro, me di cuenta de que estaba jugando al golf desde el miedo y el ego. Me preocupaba lo que pudiera pensar la gente si no podía seguir jugando tan bien, o si perdía contra alguien que no era tan buen jugador o que me sacaba cinco años. Tuve que reconectarme con mi amor por el juego y la alegría de ganar para superarlo y volver a concentrarme en la maestría, o en cómo podía mejorar con cada golpe. Y un año después, batí de nuevo la marca de mi edad, sesenta y nueve.

Cuando dedicas tiempo a reflexionar sobre lo lejos que has llegado y las victorias que fueron necesarias para llegar adonde estás, recuerdas que eres capaz, que puedes confiar en tus instintos y de lo que tu equipo o tú aprendisteis de experiencias pasadas. Y si sigues adelante, no tardarás en aprender algo que pueda marcar la diferencia.

Cuando ganamos, memorizamos el júbilo de ganar, la alegría; sobre todo si nos detenemos, lo celebramos y nos deleitamos con dichos sentimientos. Es esa alegría de ganar la que nos inspirará para la siguiente aventura y nos abrirá a todas las lecciones que pueda ofrecer.

Aprende de ganar

- ¿Quiénes son las personas u organizaciones que logran las cosas que tú quieres lograr? ¿Hasta qué punto has analizado en profundidad lo que hacen?

- Elige una de tus grandes victorias de los últimos años y pregúntate esto: ¿qué marcó específicamente la diferencia en tu éxito?
- Haz una lista de tus grandes triunfos o una selección de las victorias que más te han inspirado. Cuando necesites reaprender que se puede, o cuando necesites una inyección de confianza o motivación, sácala.

CAPÍTULO 7

LA PEOR FORMA DE SALIR EN *SATURDAY NIGHT LIVE*

Yo tenía cuarenta años de edad y estaba ejerciendo de jefe de marketing de la división de bebidas de Pepsi-Co, cuando ocurrió algo importante: las colas estaban perdiendo espacio entre lo que llamamos «bebidas alternativas». Las bebidas como Snapple y las aguas saborizadas se habían puesto de moda; en parte, por el aumento de la preocupación por la vida sana. Las bebidas claras eran las más buscadas del nuevo y potente segmento de mercado. Aclararlo todo era lo popular en aquella época, hasta el punto de que los vendedores se refieren a ella como «la locura por lo claro».

Lo claro estaba ganando, así que pensé: «¿Por qué no podemos hacer una Pepsi clara?». (Soy un gran creyente del pensamiento con pautas, del que podrás leer más en la segunda parte del libro. Aunque no siempre produce genios.)

Pensé que aclarar Pepsi (la íbamos a llamar Crystal Pepsi) era la mejor idea que había tenido nunca. Pensé que sería el hito de mi carrera. Las primeras señales no atemperaron mi entusiasmo. A los grupos de prueba les encantaba. Era una idea nueva, de una de las marcas más famosas del mundo. El día en que Crystal Pepsi salió de nuestras instalaciones para abastecer al mercado de pruebas de Colorado, fue noticia de apertura de las *Evening News* de la CBS, con Dan Rather. La gente empezó a enviar cajas de Crystal Pepsi a zonas del país donde aún no estaba disponible, como habían hecho durante los primeros días de la cerveza Coors. Aquello era algo grande. Se estaba convirtiendo en un fenómeno cultural, y yo pensé que era el genio que acababa de crear un producto rompedor. Me veía batiendo récords de ventas y beneficios para Pepsi-Cola. Era un predicador loco por lo claro, dispuesto a vender en todo el país. Pero, como diría el gran Paul Harvey: «Y ahora... el resto de la historia».

La primera pista de que podía haber un problema apareció incluso antes de que saliéramos al mercado de prueba, cuando todavía me cegaba el entusiasmo. Necesitaba permiso de Don Kendall (el fundador de PepsiCo) para lanzar un producto nuevo con la marca Pepsi. Don era un hombre tremendo, que hablaba claro. Cuando le conté la idea, se limitó a decir: «A mí no me gusta, pero si a ti sí...».

Después llegó la no solicitada opinión de los miembros de la junta de la Asociación de Embotellado de Pepsi-Cola. Me dijeron que era una buena idea con una debilidad crucial: que no sabía suficientemente a Pepsi. Yo contesté: «Bueno, no se espera que sepa exactamente a Pepsi, porque se supone que es una cola más ligera y de sabor más ligero». «Ya, pero la estás llamando Pepsi», replicaron ellos. Yo respondí con más datos de nuestro mercado de investigación, seguí con mis planes y presioné para que llegara al mercado a tiempo de una gran campaña publicitaria de la *Super Bowl*. Por cierto: sumar la presión del tiempo a un potencial fracaso en el proceso suele cimentar el resultado.

Los escépticos tenían razón. A pesar del éxito inicial, Crystal Pepsi fracasó en cuanto se pasó la novedad. No sabía suficientemente a Pepsi. Y apresurarse a distribuirla por todo el país creó problemas de calidad.

Nos masacraron. *Saturday Night Live* se burló de nosotros en un gag llamado «El engrudo de Crystal».

Yo tuve la impresión de que la pregunta «¿Se acuerdan de Crystal Pepsi?» se había convertido en un cuento admonitorio de una sola línea. Y más de una década después, cuando habíamos sacado Crystal Pepsi del mercado, la revista *Time* la puso en su lista de las «Cien peores ideas del siglo» junto con los dirigibles de hidrógeno, las líneas directas de psicólogos y los aerosoles de pelo.

Fue una época dura. Recuerdo caminar por el pasillo pensando que la gente se estaba preguntando cómo era posible que aún tuviera mi empleo, o susurrando que no lo tendría mucho tiempo. Pero aprendí dos lecciones duraderas: la primera, que **cuando la gente con experiencia comparte sus**

opiniones contigo, debes escuchar. Yo estaba tan convencido de haber presentado el siguiente gran producto de Pepsi que no escuché a ninguno de los que me dijeron que fuera más despacio y reflexionara. No estaba escuchando como debería haber escuchado; y me he arrepentido hasta hoy de no haberlo hecho porque, si hubiera prestado atención, creo que podríamos haber solucionado los problemas centrales y Crystal Pepsi podría haber funcionado. (Habrá más cosas sobre escuchar en la segunda parte del libro.)

La segunda lección es esta: trabaja para personas y organizaciones que comprendan que **no puedes crecer e innovar si no te arriesgas y fracasas a veces**. Ésa es la mentalidad (y la cultura) de los aprendices activos. Pepsi valora la innovación y sabe que, a veces, los riesgos no dan frutos. En realidad, yo nunca me sentí como si mi trabajo estuviera en peligro porque mi arriesgada idea no había funcionado. (También me ayudó que las embotelladoras vendieran Crystal Pepsi a precio premium, porque *sabían* que, cuando se pasara la novedad, la gente no la seguiría pidiendo. Al final, ganaron dinero, y la breve popularidad de Crystal Pepsi ayudó Pepsi-Cola a cumplir sus objetivos anuales.)

Desgraciadamente, el miedo al fracaso nos puede alejar de asumir riesgos que llevan a grandes oportunidades de crecimiento. Si eso te resulta familiar, déjame que te recuerde que muchas cosas que no salen según el plan previsto terminan siendo mejores de lo que se pensaba; y, aunque no sea así, aprendes mucho más por el camino que si las cosas hubieran salido bien.

Carol Dweck, una de las grandes autoridades sobre lo que hace falta para mantenerse abierto al aprendizaje y desarrollar una actitud de crecimiento, no empezó creyendo que el fracaso pudiera ser algo bueno. «Fuiste hábil o no lo fuiste —escribió en su éxito de ventas *La actitud del éxito*—, y fracasar implica que no lo fuiste. Es así de fácil. Si pudieras conseguir éxitos y evitar fracasos (a toda costa), siempre serías hábil.»[1] Sin embargo, también quería comprender cómo lo sobrelleva la gente cuando fracasa; así que, en su investigación, dio rompecabezas fáciles y rompecabezas difíciles a los niños para estudiar su respuesta. Para su gran sorpresa, el momento crucial de su vida y carrera se produjo cuando se dio cuenta de lo mucho que disfrutaban los niños de los rompecabezas difíciles, de cómo lo seguían intentando y de lo que decían sobre la experiencia. Los niños no se sentían desalentados por el fracaso y «ni siquiera pensaban que estuvieran fracasando. *Pensaban que estaban creciendo*». Este libro que estás leyendo ahora trata de voltear todo lo que experimentamos, pensamos y hacemos para ponerlo al servicio del aprendizaje, y esos niños ya lo habían deducido todo.

Lo primero que se necesita para aprender de nuestros fracasos es estar dispuesto a fracasar. Debemos combatir nuestro miedo, arriesgarnos, ver lo que pasa y luego analizar con mirada láser las oportunidades de crecimiento y mejora. Shantanu Narayen, CEO de Adobe Systems, es un firme creyente en este principio. Muchos directores ejecutivos querrían salir en un *podcast* para hablar exclusivamente de sus éxitos, pero él no dudó en compartir sus ideas fracasadas y hasta un negocio que empezó y no salió bien. «Celebremos también los productos que quizá no fueron éxitos comerciales —me dijo—, que quizá fueron fracasos, porque las enseñanzas que extrajimos son verdaderamente las que nos permitieron sacar otro producto... Celebremos a la gente que intentó algo y tomó la iniciativa.» A Shantanu ni siquiera le gusta utilizar la palabra *fracaso*, porque está completamente concentrado en la experiencia de aprender.

Esta es la esencia de aprender de los fracasos: no puedes cambiar el pasado, así que no debes castigarte por ello. Pero puedes cambiar cómo sigues adelante a partir de ahí.

Todo empieza con una mentalidad de crecimiento, porque si vemos nuestros tropiezos como señales de que el fracaso somos nosotros, ¿por qué querríamos admitir nuestro papel en ellos? Los aprendices activos no tienen miedo de responsabilizarse, porque saben que lleva al crecimiento. Larry Senn, el gurú cultural empresarial que me ayudó a desarrollar e implementar la cultura de Yum!, lo afronta con un ejercicio de asunción de responsabilidades.

Empieza por pensar en una situación que ha ido mal y nombrar todas las formas en las que te está haciendo daño. Después, da la espalda a esos pensamientos y, en su lugar, asume una responsabilidad plena por el papel que desempeñaste. Pregúntate: «¿Qué podría haber hecho de forma distinta que pudiera haber dado un resultado distinto?».

Por ejemplo, aproximadamente el 50 % de las pequeñas empresas emergentes fracasan, porcentaje que asciende al 80 % en el caso de las tiendas de ropa de boutique. Entonces, ¿cómo es posible que la diseñadora de joyas Kendra Scott tuviera tanto éxito? Lo es porque Kendra examinó cómo y por qué fracasó su primera boutique: había creado Hat Box cuando sólo tenía diecinueve años de edad, vendiendo sombreros para hombres y mujeres; pero la locura por los sombreros que estaba esperando no se llegó a producir. Cinco años después estaba sin negocio, quemada y rota. Además, y más o menos por la misma época, su padrastro falleció trágicamente, por culpa de un cáncer cerebral y, según me contó Kendra, se sentía como si le hubiera fallado a él y a toda la familia. Se sentía un completo fracaso.

En la tienda de sombreros, también tenía joyas que diseñaba y fabricaba ella misma. Llenaba con ellas unos pocos estantes y, al final del día, las había vendido todas, pero no aprovechó ese éxito. Estaba tan cegada con la idea de sus sombreros (su versión de Crystal Pepsi) que no vio el potencial de sus joyas... Al principio. Pero, cuando ya no pudo concentrarse en los sombreros y cayó en la cuenta de que seguía recibiendo llamadas por las joyas, reconoció por fin que cabía la posibilidad de que el asunto de la joyería hubiera echado raíces. Hoy, ese asunto de la joyería tiene un valor muy superior a mil millones de dólares.

El fracaso impulsó el éxito. Cuando lo asumió como algo a analizar en lugar de dejarse paralizar por él, descubrió las formas en las que puede fracasar un negocio pequeño y cómo evitarlas. Aprendió a prestar atención a las señales de las oportunidades en lugar de seguir ciegamente una idea hasta su muerte.

En su gran libro *Be Bad First*, Erika Andersen escribe sobre la idea de la maestría, algo que los aprendices activos persiguen con intensidad. Adquirir habilidades y conocimientos más deprisa exige que desarrollemos «la habilidad de aceptar que la incomodidad y el desequilibrio es una parte inevitable de aprender algo nuevo. A veces, eso implica aceptar el fracaso; pero, más frecuentemente, sólo implica aprender a tomarse bien la lentitud, las dificultades, no tener claras las cosas, tener que hacer preguntas embarazosas... Es decir, aprender a aceptar estar mal al principio durante el camino a estar bien»[2].

Scott Hamilton, oro olímpico en patinaje artístico, me contó una historia sobre el equipo de hockey sobre hielo de su hijo, que perdió un partido por goleada. Su hijo salió de la pista deprimido y enfadado.

Scott dijo: «Analicémoslo. ¿Qué ha pasado hoy?».

«Bueno —respondió su hijo—, que eran más rápidos que yo.»

«¿Y eso qué significa?»

«Que debo practicar más la velocidad.»

«Bien, de acuerdo. ¿Qué más?»

«Que me quitaban el disco cada vez que lo tenía.»

«¿Y qué has aprendido de eso?»

«Que tengo que mejorar mi manejo del disco.»

Llegados a ese punto, su hijo añadió: «Es que no me gusta perder».

«Vale, pues supongamos que hubieras ganado hoy. ¿Qué habrías aprendido?»

Su hijo guardó silencio un instante y contestó: «Nada».

Como ya hemos visto, se puede aprender de las victorias, pero comprendo lo que Scott quería decir. «Soy un gran fan del fracaso —me confesó—. **El fracaso es información al 100 %, sólo información**. Si lo podemos reducir a la información, eliminando su horrible, tóxica, dañina y desfigurante identidad que nos obliga a llevarlo con nosotros durante el resto de nuestra vida, podemos seguir nuestro camino hacia la excelencia o hacia la mejor versión de nosotros mismos... Yo me habré caído al hielo un mínimo de 41 600 veces, pero es levantarte 41 600 veces lo que te permite entender el proceso de aprender, el proceso de crecer y el proceso de llegar adonde quieres.»

Me alegra poder decir que he sido capaz de levantarme muchas veces después de una caída, pero siento tener que decir que tardé demasiado en comprender por qué me seguía cayendo y, sobre todo, en reconocer el patrón de convicción en la idoneidad de mis ideas.

Mi combinación de pasión y competitividad implica que estoy tan apegado a mi punto de vista que no presto atención a los puntos de vista de otras personas. Y no se trata de algo que corrijas una vez y quede superado. Los aprendices activos no son perfectos; son seres humanos que tienen que trabajar en sus actitudes con respecto al aprendizaje. Años después de la experiencia de Crystal Pepsi, cuando decidí que había llegado el momento de alejarme de Yum!, yo seguía siendo presa del mismo error. En el año 2016, me pareció que Greg Creed era la persona más adecuada para el cargo de CEO. Decidí asumir el papel de vicepresidente, como tantos otros fundadores (Sam Walton en Walmart y Fred Smith en FedEx, por citar dos), y me imaginé desempeñando el papel de consejero y compañero que había desempeñado Andy Pearson para mí cuando lo nombraron presidente de Yum! y yo llegué a la dirección ejecutiva. Juntos, guiaríamos la empresa durante la transición y, en algún momento, yo me empezaría a retirar gradualmente.

Yo había escrito un libro titulado *Llevando a tu equipo contigo*; pero, en aquel caso, por alguna razón, no me lo llevé. Me limité a contarles mi plan a los miembros de la junta. No organicé una reunión con ellos para explicarles lo que tenía pensado, para detallar el tipo de rol que desempeñaría, para dejar claro que no pretendía socavar la posición de Greg o para explicar el tipo de plazos que me parecían realistas. No hice nada de eso. Sencillamente, di por sentado que seguirían alineados a bordo y me dejarían hacer. A fin de cuentas, desde mi punto de vista, yo había ayudado a crear esa gran compañía y todo el mundo debía saber que, evidentemente, quería lo mejor para ella. El asombroso éxito que yo había cosechado me daba una sensación de tener derecho a todo, una actitud que nunca me había gustado en los demás. No me puse en los zapatos de todos los miembros de la junta.

Cambiar de CEO es una de las decisiones más importantes que puede tomar una junta directiva, y hay que gestionarlo con cuidado, por muy bien que le vaya a la empresa o por mucho éxito que haya tenido el director ejecutivo saliente.

Durante la primera reunión para hablar de la transición, quedó claro que varios miembros de la junta pensaban que yo debía marcharme de inmediato; en parte, porque eso era lo que ellos habían hecho cuando dejaron de ser directores ejecutivos. A partir de ahí, todo fue a peor. Me sentí traicionado porque habían maniobrado contra mí. Al final, sólo estuve una temporada como vicepresidente, y mi tiempo de servicio no fue como había imaginado. No era como quería terminar mis días en una empresa que yo había fundado y a cuyo crecimiento había dedicado casi toda mi carrera.

Ahora, años después, puedo mirar atrás y decir que la junta directiva manejó mal algunas cosas, pero yo fui tan responsable como ellos de las rupturas, o quizá más.

Nada de aquella experiencia cambió mis sentimientos hacia Yum!, la gente con la que había trabajado —incluidos los miembros de la junta— o lo que había conseguido allí. Cuando valoro la experiencia general, me siento enormemente orgulloso de la empresa que forjamos, de lo que enseñamos a la gente en lo tocante al liderazgo y de la influencia que tuvimos en todo el mundo sobre vidas y carreras. Mi marcha fue una incidencia irrelevante en una experiencia abrumadoramente positiva.

Y lo que aprendí es que, cuando adoptas una perspectiva de aprendizaje, empiezas a ver los fracasos.

Si quieres maximizar tu potencial en tu vida y carrera, necesitas estar dispuesto a asumir riesgos que pueden llevar a un fracaso, y necesitas analizar honradamente esos fracasos para extraer tantas lecciones como sea posible de cada uno. Después, tienes que encontrar una forma de recordarte constantemente las lecciones que has aprendido para tener la seguridad completa de que no vas a repetir los errores. Aprender de un fracaso no es la forma más divertida de aprender, pero como dijo Mark Twain, aprenderás cosas que no habrías aprendido de otro modo.

Aprende de tus fracasos

- ¿Cuándo fue la última vez que analizaste realmente tu papel en un fracaso? Si no se te ocurre ninguno, es señal de que debes pasar a la siguiente pregunta.
- ¿Cuándo fue la última vez que asumiste un riesgo que podía terminar en fracaso... y en más lecciones durante el proceso?
- ¿Hay algo que aprendieras de un fracaso que pudiste transformar en un éxito o logro aún mayor que el objetivo original?

SEGUNDA PARTE

APRENDE A

*«De vez en cuando, una nueva idea o sensación
expande la mente de las personas, y nunca vuelve a encoqerse
hasta sus dimensiones anteriores.»*
Oliver Wendell Holmes sénior

CAPÍTULO 8

LO QUE SABE CUALQUIER OBSERVADOR DE AVES

Poco después de convertirme en jefe de operaciones de la división de bebidas de Pepsi, fui a una gira de aprendizaje por nuestras plantas. Visité la embotelladora de Pepsi en Baltimore: estaba en una zona deprimida de la ciudad, y tenía fama de ser una de nuestras instalaciones con rendimiento más bajo. Yo sabía que sería uno de los mejores sitios para aprender cosas sobre nuestros grandes desafíos operativos.

Cuando llegué, me quedé atónito al ver los agujeros de bala en el cartel de Pepsi y el grafiti que cubría el edificio, pero eso sólo era un problema cosmético. Los verdaderos problemas estaban dentro del edificio. Aquella instalación ganaba menos dinero por caja que cualquiera de las embotelladoras que poseíamos. Cada vez que intentábamos plantear el asunto a la gerencia, se hacían visibles los problemas de liderazgo. Se quejaban y apuntaban con el dedo. Nadie quería echarse al agua y arreglar los verdaderos fallos.

En consecuencia, me reuní con los equipos de ventas y manufactura y pregunté directamente: «¿Qué funciona y qué hay que arreglar?». Ellos me contestaron: «Nada y todo». No estaban acostumbrados a tener ejecutivos que les pedían su opinión, pero los animé a extenderse más y guardé silencio. Tenían mucho que decir, y lo dijeron durante dos horas seguidas: «Los camiones tardan un siglo en llegar aquí», «Los chicos del surtidor no reciben el equipo que necesitan», «El edificio está muy sucio». Airearon realmente sus reclamaciones (y quedó claro que los líderes habían creado una cultura de la queja en lugar de crear aprendizaje activo), pero me limité a seguir escuchando. Yo también veía problemas, pero me resistí al deseo de interrumpirlos porque bajo sus quejas había un filón de buenas ideas. Cuando más hablaban ellos y escuchaba yo, más ideas salían a la superficie.

Por fin, un hombre dijo: «Vale, usted no parece tan mal tipo. ¿Qué va a hacer al respecto?».

«No pienso hacer absolutamente nada —respondí, y ellos me miraron como si yo estuviera loco—. Vosotros conocéis los problemas mejor que nadie, y supongo que conocéis la mejor forma de solucionarlos.» Después, pedí al director de la planta que se uniera a nosotros (lo había excluido de la reunión premeditadamente). «Esta gente tiene un montón de buenas ideas y quiero que trabaje con ellos —dije—. Volveré dentro de seis meses para ver los progresos y, cuando vuelva, quiero ver en esta sala a todas las personas que están hoy aquí.»

El día que volví, los trabajadores casi salieron en tropel a saludarme a la entrada. Ardían en deseos de enseñarme las mejoras que habían hecho; sobre todo, los cambios que habían implementado para que el proceso de carga de camiones fuera más eficaz. La planta no era perfecta, pero era mucho mejor que antes. Estaban muy orgullosos de lo que habían conseguido, de los problemas que habían resuelto, de las ideas que habían ejecutado, y yo también estaba orgulloso de ellos.

Y todo eso pasó porque yo escuché (y convencí al director de la planta de que trabajara con ellos).

Todos los años, una persona u organización recibe el premio *Listener of the Year*. Es un premio real, que entrega la *International Listening Association* (también real) a los que «encarnan los más altos niveles y principios de escuchar de verdad». En el año 2011, esa persona fue Nancy Kline. Tras décadas de estudiar cómo mejorar la forma de pensar, Nancy determinó que cualquiera de nosotros puede hacer dos cosas para crear un medio en el que la gente piense drásticamente mejor: prestar toda nuestra atención a los demás, escuchando al máximo, y, cuando eso no basta, formular preguntas incisivas (hay más al respecto en el siguiente capítulo).

Nancy tuvo la suerte de crecer junto a una madre con extraordinaria capacidad de escuchar, lo cual puede que explique el motivo por el que le concedieron ese premio. En su libro *Time to Think: Listening to Ignite the Human Mind*, lo cuenta así: «La forma de escuchar de mi madre no era normal. Su atención dignificaba de un modo inmenso, su expresión incentivaba de continuo, de manera que te sorprendías pensando con claridad delante de ella, comprendiendo de repente lo que antes no entendías y descubriendo una nueva y sorprendente idea. Donde había habido tedio, encontrabas entusiasmo. Afrontabas algo, resolvías un problema, te volvías a sentir bien... Sencillamente, te prestaba atención; pero la calidad de su atención era catalítica»[1].

Si te parece que he estado hablando de escuchar en casi todos los capítulos, es porque lo he hecho; y puedes esperar más en los siguientes. No hay una forma sencilla de resumir todo el poder de saber escuchar en un solo capítulo; es un factor central en todas las partes del aprendizaje activo. En este capítulo, sólo pretendo enfatizar dos cosas que todos los aprendices activos saben:

- **No puedes aprender si no escuchas.**
- **Escuchar produce pensamientos más claros, mejores ideas y mayor motivación para pasar a la acción, lo cual aumenta radicalmente el alcance de lo que podemos conseguir.**

El mundo está lleno de buenas ideas que se quedan atascadas en la cabeza de la gente porque nadie les concede el tiempo, el espacio o el esfuerzo de escucharlas de verdad. Cuando la gente tiene la valentía de compartir sus ideas, su pasión y sus conocimientos, lo menos que se puede hacer es escuchar; y, mejor aún, escuchar *bien*.

Larry Senn me enseñó una norma básica de la escucha: estar aquí y ahora. Por lo general, no escuchamos bien porque estamos mentalmente en otro sitio y otro momento. Nuestros pensamientos saltan constantemente al pasado o el futuro. Nos ponemos a pensar en la siguiente reunión, en una irritante conversación que hemos tenido, en una idea para resolver el problema de la otra persona o en la inteligente respuesta que ya tenemos preparada. Con demasiada frecuencia, cuando alguien nos está hablando, nosotros estamos pensando en lo que vamos a decir después, en lugar de estar en el presente y limitarnos a escuchar, a darles la oportunidad de explorar y compartir sus ideas antes de decidir qué responder. Cuando puedes estar totalmente presente, en ese momento y con esa persona, no mejoras sólo tu propio pensamiento: también mejoras el de ella.

Además, nuestros egos nos impiden escuchar bien. A veces, simplemente, no nos gusta escuchar lo que la gente tiene que decir, tenemos miedo de cambiar por lo que nos dice o pensamos que ya sabemos lo que quieren compartir con nosotros. Gracias al último capítulo, sabes que mis mayores fracasos públicos fueron generalmente un resultado de ideas que podrían haber sido más potentes —e incluso haber tenido éxito— si yo hubiera escuchado mejor. **La arrogancia produce sordera, y una de las trampas más tontas en las que puedes caer cuando has tenido algún éxito es olvidarte de escuchar**.

Ken Chenault, antiguo CEO de American Express, aprendió estas lecciones por las malas. Me contó que, cuando tenía treinta y tantos años, se creía un líder duro y concentrado en el rendimiento y, al mismo tiempo, un buen tipo que trataba a la gente con respeto; pero, durante una evaluación de su desempeño, las opiniones de las personas de su equipo le dieron a entender otra cosa: que no sabía escuchar.

Él se resistió a aceptarlo, pensando: «Trato bien a la gente». Por fortuna, los miembros de su equipo le hicieron retroceder con una robusta dosis de realidad, y le dijeron: «Cuando no tienes la sensación de que alguien está diciendo algo de verdadero impacto, te sales de la zona de juego. De hecho, tenemos un término para ello: la zona Ken. Sólo nos concedes dos minutos. Si no decimos algo que esté en tu agenda o te parezca verdaderamente brillante, te desconectas».

Zen se quedó destrozado; y por partida doble, porque no podía escapar de esa verdad. La gente se sentía menospreciada e insultada, y él se estaba perdiendo ideas importantes. Sin embargo, asumió el impacto negativo que aquello tenía en su éxito como líder y se concentró en mejorar.

Tres meses más tarde, pidió más opiniones, esperando una gran mejora; pero eso no fue lo que mostró su evaluación. El problema de escuchar mal es que hay dos personas en él: Ken tenía que cambiar tanto su comportamiento como la percepción del otro en lo tocante a su interés, lo cual lleva tiempo. No obstante, siguió trabajando en ello y, al final, más o menos cinco años después, alguien que trabajaba con él le comentó: «Ken, una de las cosas más notables de ti es que sabes escuchar muy bien». Y Ken contestó: «Deja que te cuente una historia».

Al igual que Ken, yo siempre había pensado que sabía escuchar, pero caí en las mismas trampas. Cuando aún estaba en Yum!, creamos el programa *Lead2Feed*. Los estudiantes de enseñanza media y superior que participaban en el programa tenían que formar equipos de proyectos para ayudar a

eliminar el hambre en sus comunidades, mientras desarrollaban habilidades esenciales de liderazgo. Cuando abandoné Yum!, la empresa puso fin al
programa, algo que suele ocurrir cuando los líderes nuevos llegan con ideas
frescas para tener un impacto positivo. Yo quería que el programa siguiera
adelante y que tuviera todavía más éxito, así que se lo quedó la Life Novak
Family Foundation.

Aunque la infraestructura ya estaba allí, sabíamos que teníamos la
oportunidad de mejorarla. Empezamos por escuchar a profesores y alumnos de todo el país, quienes nos dijeron qué estaba funcionando y qué no.
Un par de años después, el comité consultivo de profesores nos hizo partí-
cipes de una preocupación: el nombre limitaba en exceso. Sus estudiantes
y ellos creían que habría más oportunidades de tener un impacto positivo
en sus comunidades si se iba más allá del hambre. Sugirieron cambiar el
nombre a *Lead4Change*, con el argumento de que se interesarían más niños
y de que se involucrarían más personas en las comunidades.

Yo no escuché; de hecho, me negué a escuchar. «Tenemos una gran
marca que hemos construido durante años —dije—. Sería una locura que la
tiráramos por la borda.» Por suerte, les habíamos demostrado que apreciá-
bamos que fueran sinceros, y siguieron presionando con su idea. Al final,
me di cuenta de que estaba permitiendo que una ególatra voz interior me
convenciera de que yo tenía razón, así que tomé la decisión de escuchar
de verdad y descubrí que los que tenían razón eran ellos. Cambiar el nombre ayudó a crecer al programa y consiguió que llegara a más de dos millones de estudiantes en su primera década.

Nos deberíamos inspirar en los observadores de aves, quienes frecuentemente no puede utilizar otro sentido que el oído. Desarrollan la habilidad
de distinguir entre sutiles diferencias de notas y ritmos. Escuchan para saber qué buscar, no al revés. **Los aprendices activos hacen el mismo esfuerzo: evitan llegar a conclusiones sobre lo que escuchan basadas en lo
que creen que ellos saben.**

Tim Ryan, presidente de PwC, compartió esta potente enseñanza conmigo: «Solemos asociar el valor a asaltar una colina y a las voces altas; pero,
a veces, el coraje es la predisposición a escuchar». Por la experiencia que
había tenido, eso era indiscutiblemente cierto. El día 5 de julio del año 2016,
durante su primer día como presidente y socio principal, Alton Sterling
recibió un tiro en Dallas (Texas) mientras unos agentes de policía lo tenían

inmovilizado en el suelo. A la noche siguiente, la policía disparó a Philando Castile en un control de tráfico y, veinticuatro horas después, durante la protesta de *Black Lives Matter*, Micah Xavier Johnson abrió fuego y mató a cinco policías e hirió a siete más.

Algo estaba pasando en el país, algo que Tim se vio obligado a reconocer. Convocó a su equipo directivo y escribieron un mensaje de correo electrónico de contenido muy sencillo, donde reconocían que la gente estaba preocupada y dolida. Cientos de personas respondieron durante los días siguientes, pero el mensaje que más llamó la atención a Tim fue éste: «Cuando llegué al trabajo el viernes por la mañana, el silencio era ensordecedor». Tim se dio cuenta de que la gente no se sentía cómoda hablando de etnias en PwC y de que, a pesar de llevar años trabajando con la diversidad y la inclusión social, no habían desarrollado una verdadera comprensión de lo que implica ser una persona de color en un ámbito laboral.

Fue entonces cuando planteó un valeroso plan de escucha. Tim decidió suspender un día las operaciones y dedicar ese tiempo a discutir a fondo sobre el factor étnico. Un CEO de *Fortune 50* le dijo que le iba a estallar en la cara. Uno de sus mejores amigos de la empresa le llamó para decir que no lo habían elegido para eso (en PwC, el cargo de presidente es electivo). Sin embargo, Tim cree en el poder de escuchar, y siguió adelante.

Ese día fue un momento decisivo para él y, en muchos sentidos, para la empresa. Desde luego, la compañía no solucionó los problemas de prejuicios y desigualdad étnica ni en los Estados Unidos ni en la propia PwC, pero la gente escuchó, aprendió y mejoró en compasión y comprensión, lo cual les permitió progresar de un modo mejor; y animó a Tim a cofundar la CEO Action for Diversity & Inclusion, una organización donde los líderes pueden compartir buenas prácticas.

Cuando escuchamos bien, podemos aprender y expandir nuestro pensamiento; pero, a veces, también motivamos a otras personas a reconsiderar sus opiniones o actuar de un modo distinto. En su libro *Piénsalo otra vez*, Adam Grant habla de un médico que usó el saber escuchar para cambiar las opiniones de la gente sobre las vacunas esenciales, y de un mediador voluntario que lo usó para convencer a uno de los señores de la guerra más violentos del mundo para que aceptara unas conversaciones de paz. «Escuchar es una forma de ofrecer a los demás nuestro más escaso y precioso regalo: nuestra atención —escribió—. Cuando les hemos demostrado que nos preocupamos por ellos y por sus objetivos, están más dispuestos a escucharnos»[2]. La escucha que capta la atención de la gente empieza con una actitud de humildad, curiosidad y respeto; crea confianza y conexión, y ayuda a la gente a abrirse más.

No puedo enfatizar suficientemente la naturaleza esencial de escuchar lo que alguien tiene que decir; *sobre todo*, cuando desafía nuestros puntos de vista o está en contradicción con lo que crees que es cierto. Recuerda que los contadores de verdades están entre las personas más importantes de nuestras vidas, porque nos ayudan a crecer y expanden lo posible. Y cuando están más dispuestos a escucharnos, es mucho más probable que todos aprendamos algo importante, juntos.

Aprende a escuchar

- ¿Qué has aprendido en momentos importantes de tu vida por el procedimiento de hacer el esfuerzo de escuchar bien?
- Intenta recordar una época en la que escuchabas con un grado de atención tan intenso que cambió la forma de pensar o los sentimientos de alguien. ¿Qué hubo de distinto en ese momento, para ellos o para ti? ¿Cuál fue el resultado?
- Sopesa un momento en el que el simple hecho de hablar sobre un problema ayudó a que la solución se volviera repentinamente obvia o sustancialmente mejor. ¿Cómo escuchó bien la otra persona o personas? ¿Qué fue *lo que no* hicieron?

CAPÍTULO 9

POR QUÉ, CÓMO SE PODRÍA Y QUÉ PASARÍA SI

Hace no mucho tiempo, Ashley Butler —mi hija— y yo nos reunimos con el médico que dirige el Wendy Novak Diabetes Institute, Kupper Wintergerst, quien nos ha estado ayudando a desarrollar el instituto en colaboración con el mayor centro médico de Louisville. Es algo que nos importa, y posiblemente más que nada de lo que hemos hecho con nuestra fundación. Como familia, aprendimos por experiencia lo difíciles que son los desafíos de la diabetes. Nuestros objetivos con el instituto no son pequeños: queremos ofrecer todos los recursos que tan desesperadamente necesitan las familias; queremos ofrecer tratamientos de primer nivel y resultados excepcionales; queremos cambiar vidas.

Esos fueron los objetivos que estuvimos tratando con el doctor Wintergerst; pero, en determinado momento, caí en la cuenta de que la conversación giraba fundamentalmente alrededor de lo que *nosotros* queríamos y de por qué nos importaba tanto a *nosotros*. Dirigir el tipo de programas de los que estábamos hablando iba a implicar una significativa presión sobre el ya intenso horario del médico y su necesidad de estar con su familia. Hasta mencionó el desafío de equilibrar trabajo y familia al principio de la reunión. Si él no quería conseguir lo que nosotros queríamos conseguir, no importaría lo mucho que nosotros lo quisiéramos, porque nuestro equipo tendría problemas constantemente y no podríamos alcanzar nuestros nobles objetivos.

Yo le miré a los ojos y dije: «Mira, sé que nosotros podemos financiar esto y que tú lo puedes hacer realidad. Pero ¿es realmente lo que tú quieres hacer?».

Le estaba pidiendo que reflexionara sobre por qué le importaba a él, y le estaba mostrando mi interés y preocupación. Pues bien, el doctor se iluminó al instante. Su medidor de pasión y propósito saltó hasta el 10. Y supimos, exactamente, hasta qué punto le importaba el instituto. Y él supo que lo que él quería también nos importaba a nosotros.

Después de la reunión, Ashley me dijo: «¿Sabes una cosa? Su compromiso con nuestros objetivos se ha duplicado sólo porque tú has formulado esa pregunta».

Los aprendices activos saben que una pregunta bien dirigida es una de las mejores herramientas del aprendizaje.

Siempre le digo a la gente que lo mejor de ser nuevo en un trabajo, empresa, papel o proyecto es que tienes carta blanca para hacer preguntas. Es la única forma de aprender. El truco consiste en ser suficientemente seguro y demostrar suficiente curiosidad para *seguir* haciendo preguntas, tantas como sea posible. «Como preguntadores, los seres humanos llegamos a nuestro punto más alto a los cuatro años, lo cual es un poco triste si lo piensas —me explicó Warren Berger, periodista y autor de *A More Beautiful Question*—. Más o menos a esa edad, hacemos cientos de preguntas al día, diseñadas para avanzar en nuestro aprendizaje o habilidades.» Pero, según envejecemos, nos vamos sintiendo excesivamente seguros de nuestros conocimientos o estamos excesivamente preocupados con dar la impresión de que no sabemos algo[1].

«A medida que asciendes como líder, mostrar curiosidad se vuelve aún más difícil, porque crees que sabes mucho y otras personas piensan lo mismo —me comentó Michael Bungay Stanier, autor de los superventas *The Advice Trap* y *The Coaching Habit*—. Pero, si lo piensas, mi papel como líder con experiencia consiste en usar mi sabiduría no para tener respuestas rápidas, sino para permitir que otras personas de mi alrededor comprendan los problemas, planteen sus propias soluciones y se aseguren de que no están haciendo ninguna estupidez... si das tu consejo en el momento oportuno. Y entonces, surgen cosas increíbles.» **Los aprendices activos hacen el esfuerzo de tener curiosidad en primer lugar y de distribuir sus consejos después,** para no ser víctimas de lo que Michael llama «el monstruo de los consejos», que surge de nuestra necesidad de darlos, salvar con ellos o controlar. «Darlos todos es imposible —me dijo—. Es imposible saberlo todo. Es imposible salvar a todo el mundo o salvarlo todo. Es imposible controlarlo todo.»

En lugar de eso, los aprendices activos redirigen la energía para seguir explorando y descubriendo. Cuando estuve en la junta de JPMorgan Chase, me eligieron para recopilar las opiniones de la junta y dar al CEO Jamie Dimon su valoración anual de rendimiento, porque yo me encargaba del desarrollo de la plantilla. Jamie formuló varias preguntas sobre todas las opiniones que le di: «Si la junta cree que debería estar más concentrado en X, ¿cómo puedo ser más eficaz en Y?». «¿Cómo crees que puedo mejorar en esto o aquello?» «¿Qué más me estoy perdiendo en ese aspecto?» Y Brian Cornell, el enormemente exitoso CEO de Target, me contó que se esfuerza por mantener su curiosidad mediante métricas de lenguaje, literalmente: intenta comunicar en una relación de 3:1 de preguntas y afirmaciones.

Sin embargo, la respuesta no está en un flujo pobre de preguntas que no mejoren tu pensamiento o aprendizaje. La clave estriba en formular *mejores* preguntas. En mi libro *Talking People with You*, enseñé la importancia de hacer preguntas que promuevan el conocimiento. Warren Berger cree que el antídoto es formular *preguntas más bellas*, que, según su definición «varían la forma en que percibimos algo o pensamos sobre ello, y eso puede servir como catalizador para provocar el cambio»[2]. Nancy Kline, la ganadora del premio Listener of the Year —y autora que mencioné en el capítulo anterior— utiliza la expresión «preguntas incisivas»: «Entre ti y un manantial de buenas ideas hay una suposición limitante —escribió—. La suposición se puede eliminar con una pregunta incisiva»[3].

Un ejemplo perfecto está en la diferencia entre la pregunta «¿qué *debemos* hacer?» y la más incisiva de «¿qué *podemos* hacer?». **Algunos investigadores han estudiado la diferencia y han descubierto que cuando usamos el verbo *deber*, limitamos el pensamiento de todo el mundo a las opciones más obvias o seguras**[4] **y, cuando usamos *poder*, abrimos nuestras mentes a un mundo más amplio de posibilidades**. Yo usé esa técnica cuando preguntaba a la gente sobre cómo podíamos expandir el negocio. La gente suele pensar en términos de crecimiento modesto, y desarrolla planes para conseguirlo. En lugar de aspirar a un crecimiento del cinco por ciento, a mí me gustaba preguntar cómo *podíamos* lograr que la empresa creciera un 10 %. (En la tercera parte del libro explicaré cómo es posible que simplificar para llegar a la pregunta más esencial produzca los conocimientos más importantes.)

Las preguntas modelo «¿Qué pasaría si...?» son una forma potente de despertar la imaginación de las personas y alejarse de suposiciones limitantes. Cuando intento desvincularme de mis propias suposiciones, suelo decir: «Si algún pez gordo llegara y quisiera quitarme mi trabajo, ¿qué haría?». Me encanta preguntar: «¿Qué harías si tuvieras mi trabajo?». Se lo he planteado a personas de todo tipo de profesiones, desde cocineros hasta miembros de juntas directivas. No podrías creer la cantidad de conocimientos que esa solitaria pregunta ha generado a lo largo de los años. La respuesta habitual que oía entre los trabajadores era una versión diplomática de «yo despediría a mi jefe». Eso me ayudó a descubrir dónde se necesitaba formación y desarrollo de liderazgo y, a veces, a personas que no estaban bien adaptadas. Los gerentes de los restaurantes me decían cosas como «yo eliminaría la mitad de la burocracia que tenemos que soportar» o «dejaría de intentar reducir el gasto en alimentos, porque se interpone en el objetivo de producir buenos productos». Formular esas preguntas era una gran forma de conseguir que la gente supiera que yo valoraba lo que pensaban y lo que les importaba.

Tanto si se quiere formular preguntas incisivas, preguntas más bellas o preguntas que promuevan los conocimientos, los aprendices activos las utilizan para superar los bloqueos y prejuicios que la mente crea, dejarse de tonterías y ayudar a la gente a generar mejores pensamientos, mejores ideas y mejores enseñanzas.

Marvin Ellison, CEO de Lowe's, me confesó lo importantes que fueron las preguntas cuando era un recién llegado a la empresa. Un día, se presentó en una tienda de Bullhead City (Arizona), una localidad donde el sueldo medio rondaba los 35000 dólares. En el interior, vio que unos empleados estaban montando una tarima para un expositor. Las tarimas son caras de hacer y mantener, y no se llevan bien con climas como el de Arizona, donde la mayoría de la gente tiene patios de cemento o de baldosas. Marvin se presentó al gerente de la tienda y dijo: «Pensaba que todos los patios de aquí eran de cemento». El gerente contestó que tenía razón. «Entonces, ¿por qué estamos montando una tarima?» «Porque es lo que nos ha dicho la oficina corporativa», respondió el gerente.

Al día siguiente, en un establecimiento de una tórrida esquina de Texas, Marvin vio que habían instalado un fogón en un patio. Una vez más, localizó al gerente de la tienda y, esta vez, también al jefe de distrito. «¿Por qué estamos instalando un fogón cuando la temperatura exterior es de 44 grados?» La misma respuesta: órdenes de la oficina corporativa.

Marvin se siguió topando con situaciones parecidas. Una pregunta tan sencilla como «¿Por qué estamos haciendo esto?» destapó un problema grave en la empresa: que los gerentes daban por sentado que tendrían problemas si se desviaban de los planes de productos y promoción que les llegaban de la dirección. No tenían poder para tomar la mejor decisión en cada tienda. Aquel descubrimiento llevó a un programa de formación intensiva en liderazgo y a un esfuerzo por desarrollar una expectativa cultural diferente.

Yo creo que las preguntas bellas o incisivas empiezan por lo más básico: ¿por qué hacemos cosas de una determinada manera o pensamos de determinada manera? Y ¿qué forma nueva de actuar o pensar nos puede ayudar a resolver un problema o conseguir algo mejor? A partir de ahí, seguimos el rastro del conejo con más preguntas para alcanzar un nivel más profundo de aprendizaje, y para demostrar que queremos entender mejor el pensamiento de otras personas.

Me gusta preguntar cuando se trata de intentar descubrir lo que yo llamo los «noes lentos». Estás en una reunión, hablando sobre una estrategia nueva, como cambiar un proceso, un producto o una estrategia de marketing. Algunos de los presentes no lo quieren hacer o no están de acuerdo con la estrategia, pero se lo callan. La Marina de los Estados Unidos tiene una táctica de comunicación («el silencio implica consentimiento») que utiliza para minimizar el contacto por radio entre barcos. En los negocios y en la vida, lo cierto es lo contrario: el silencio implica *desacuerdo* o, por lo menos, falta de compromiso. La gente no quiere decir «no» o parecer obstinado, así que no dicen nada en absoluto. Esos son los «noes lentos», y son la bestia negra de hacer las cosas bien. La gente se va molesta de las reuniones; no tienen la cabeza, el corazón o las manos en el asunto, así que ejecutan mal lo acordado o sólo hasta cierto punto. La única forma de descubrir los «noes lentos» es preguntar mejor, hacer preguntas directas que animen a la gente a compartir lo que están pensando de verdad, como, por ejemplo: «¿Qué es lo que más te preocupa, Bill?» o «¿Qué efecto tendrá esto en tu departamento, Ella?».

Hacer mejores preguntas concede a la gente el espacio necesario para afrontar sus propios prejuicios o suposiciones limitantes.

Como líderes, todos necesitamos gente buena a nuestro alrededor que esté dispuesta a desempeñar esa función para *nosotros*; gente que ayude a mejorar nuestras ideas y formas de pensar. Como hemos visto una y otra vez con determinados fracasos de ejecutivos de alto nivel, los grandes problemas pueden surgir cuando nadie está haciendo preguntas a los directivos. No me refiero sólo a la corrupción y al fraude, sino también a la toma de decisiones correctas. Hasta los líderes con la mejor de las intenciones pueden tener ideas estúpidas. Yo también he tenido unas cuantas, pero hay una que sobresale sobre las demás.

Acabábamos de lanzar Yum! cuando Andy Person, mi socio y cofundador, reunió un equipo de estrellas para nuestra junta directiva. Yo supe desde el principio que su contribución iba a ser muy importante. Durante nuestra segunda reunión, mostré mi entusiasmo con la nueva empresa y con la gran idea de construir una nueva sede empresarial. Quería crear la imagen de un líder de mercado global mediante un campus nuevo y un centro de formación de primera categoría. Los miembros de la junta no se opusieron a la idea, pero hicieron un montón de preguntas sobre lo que costaría, lo que obtendríamos a cambio de ese dinero y por qué ayudaría a la empresa.

Basándome en esas preguntas, acudí al equipo que estaba trabajando en el proyecto y abrí una discusión completamente nueva. Nos dimos cuenta de que teníamos una sede funcional, y de que no quedaría bien que gastáramos dinero en una sede nueva cuando teníamos una deuda de casi 5 000 millones de dólares (heredada de la separación de PepsiCo). Al hacer las preguntas adecuadas, la junta me ayudó a superar las suposiciones que yo tenía sobre lo que hacía falta para que la gente creyera en nuestra nueva empresa (sustancia, más que estilo).

Una última cuestión: cómo formulamos preguntas puede ser tan importante como qué preguntas formulamos. Bonnie Hill, una ejecutiva negra que estuvo en compañías como la Times Mirror Foundation y *Los Angeles Times* cuando no había muchas personas como ella en puestos de liderazgo, compartió conmigo un consejo excepcional, que a su vez recibió de un amigo: **no subestimes nunca la pregunta que vas a formular**. No empieces con «Puede que sea una pregunta tonta, pero...», «Probablemente, ya debería saberlo, pero...» o «Puede que esté equivocado, pero...». Si empiezas así, permites que la gente te subestime de inmediato y subestime la importancia de la pregunta que estás formulando, y terminas aprendiendo mucho menos.

Como guinda de todas estas enseñanzas, acudiré a una cita atribuida —seguramente, de forma incorrecta— al gran preguntador que era Albert Einstein: «Si tuviera una hora para resolver un problema y mi vida dependiera de la solución, dedicaría los primeros cuarenta y cinco minutos a determinar la pregunta adecuada; porque, cuando conozca la pregunta adecuada, podré resolver el problema en menos de cinco minutos». Es un magnífico recordatorio de que, si empiezas por formular buenas preguntas, aprenderás lo que necesitas saber para actuar bien.

Aprende a formular mejores preguntas

- ¿Cuándo has aprendido algo potente en tu vida o trabajo gracias a formular una buena pregunta en el momento adecuado? O ¿cuándo has formulado una pregunta que provocara una respuesta totalmente inesperada?
- ¿Hay algún aspecto de tu vida donde te sientas confuso, inseguro o como un novato? Si lo hay, ¿has formulado las preguntas suficientes para mejorar tu entendimiento?
- ¿Qué pregunta te podrías formular hoy que pueda marcar una diferencia sustancial en lo que aprendes y lo que ayudas a los demás a descubrir?

CAPÍTULO 10

QUITARSE LAS ANTEOJERAS

La frase «aparcamiento de casas rodantes» puede evocar todo tipo de estereotipos negativos: de pobreza e ignorancia, de niños de ropa raída y malas hierbas creciendo entre los soportes de un hogar móvil. Yo he sufrido esos estereotipos. Cuando le digo a la gente que crecí en parques de casas rodantes, veo sus prejuicios y cómo cambia su expresión. Piensan que tuve una juventud difícil o que tengo una experiencia limitada del mundo.

Sin embargo, sus imágenes y suposiciones no tienen nada que ver con la realidad de mi infancia. En muchos sentidos, no puedo imaginar una educación más idílica o una visión más amplia del mundo como las que obtuve *por* haberme criado en esos lugares, cambiando de ciudad cada pocos meses hasta mis doce años de edad. Pero eso también me ha enseñado a ser altamente sensible a los estereotipos y prejuicios —sobre todo, en lo tocante a las personas— y a formarme una opinión propia sobre las nuevas personas y los nuevos lugares. A lo largo de mi carrera, me ha ayudado a evitar juicios apresurados o injustificados. Aprendí que la mayoría de la gente tiene algo valioso que ofrecerte si tienes una mente abierta.

Los prejuicios inconscientes son asesinos de la comunicación eficaz, de las buenas ideas y de las enseñanzas importantes, porque subestimamos a las personas o circunstancias que ocultan. La mente humana es una máquina lógica, e intenta eliminar la ambigüedad cada vez que se la encuentra, para simplificar la toma de decisiones y que la vida parezca un poco más segura. Le gusta categorizar; le gusta desarrollar heurísticas o atajos mentales, y confía en plantillas basadas en nuestras experiencias pasadas. Como explican Stephen Klemich y Mara Klemich en *Above the Line*, cuando algo parecido a esas experiencias aparece delante de ti, la mente «saca la vieja plantilla, dice que "se parece bastante" y pone esa experiencia sobre el momento presente»[1]. Con esa plantilla llegan recuerdos, pensamientos, emociones y hasta sensaciones físicas. El problema es que el «se parece bastante» no se suele parecer mucho; sobre todo, si nuestras experiencias son limitadas. Y es entonces cuando nuestro pensamiento se vuelve más un obstáculo que una herramienta; es entonces cuando caemos víctimas de prejuicios que nos limitan y que nos pueden apartar del flujo de buenas ideas en nuestras vidas.

Si el cerebro no desarrollara esas categorías, atajos y plantillas, apenas seríamos capaces de tomar la decisión de salir de una estancia, porque no tendríamos almacenado el atajo de un pomo de puerta. Sin embargo, **los aprendices activos se esfuerzan conscientemente por no depender de suposiciones, categorizaciones generales y plantillas limitantes, en ellos y en los demás.**

¿Cómo lo hacen? Bueno, los dos capítulos anteriores —sobre escuchar y formular mejores preguntas— son un buen principio; pero, antes de llegar a eso, está la exposición. Tienes que hablar con la gente; con mucha gente distinta y, especialmente, con personas con las que no suelas interactuar. Y te tienes que poner en circunstancias distintas, donde puedas ver a la gente en acción. Esa costumbre ayuda a expandir tus experiencias, de tal modo que tus plantillas y categorías se vuelvan más anchas y abarquen más, y que tus juicios y toma de decisiones sean más flexibles.

Crecer cambiando de ciudad cada tres meses me ayudó a desarrollar mi propia perspectiva expandida de la ingente cantidad de personas que conocí y de mis propios instintos. Podía dar por sentado que lo que la gente me decía era verdad o podía hacer el esfuerzo de hablar con la gente, aprender de ellos y decidir por mí mismo.

Durante esos años, a mi madre le preocupaba el efecto que todas esas mudanzas tuvieran sobre mi educación, preocupación que compartió con mi profesora de Dodge City (Kansas), la señora Anschultz, quien la tranquilizó al instante. «David no ha terminado aún la educación básica y ya ha vivido en más sitios de los que la mayoría de esos chicos visitarán en sus vidas

—dijo la señora Anschultz—. No conozco a nadie que esté recibiendo una educación mejor que su hijo.» Yo me estaba exponiendo a lugares distintos, a personas distintas y a experiencias distintas que tal vez no habría tenido con una infancia más típica. Por ejemplo, fui uno de los pocos niños blancos en una de mis escuelas; eso me enseñó lo incómodo que puede ser estar en minoría, y luego me acordaba frecuentemente de aquellos meses cuando trabajaba con personas que se encontraban en situaciones similares.

Ray Scott, presidente y director ejecutivo de Lear Corporation, que fabrica asientos y sistemas electrónicos para marcas de coches de todo el mundo, se siente orgulloso de haberse criado en Flint (Michigan). Cuando era joven, su familia vivía en una zona difícil de la localidad, y me contó que esas experiencias le habían enseñado a ser humilde; aunque no le sirvieron de mucho cuando se mudó a Suecia, donde tuvo la responsabilidad de sanear un negocio en apuros, experiencia que ahora describe como una de las más desafiantes de su carrera. Llegó con esta actitud: soy el estadounidense. Sé lo que tengo que hacer. Encarrilaremos esto y tendremos éxito. «Yo tenía una idea sobre cómo iba a dirigir, y ningún respeto por la cultura sueca y su concepto de cómo debes motivar e inspirar.»

Ray tuvo problemas inmediatamente. Suecia tenía una cultura fuertemente igualitaria, y él no estaba permitiendo que la gente participara en el proceso. No estaba escuchando a la gente. Pero siguió por el mismo camino, pensando que la división en cuestión no había tenido éxito y que él sabía cómo cambiar eso. Todos los días recibía las quejas que los empleados habían enviado al sindicato.

Cuando ofreció un ascenso a un miembro del equipo especialmente dotado, el gerente le dijo: «No quiero que me asciendan».

«¿Qué quieres decir?», preguntó Ray, sin poder creer que aquella persona estuviera rechazando la posibilidad de ascender y supervisar los programas de otros gerentes.

«Que tengo todo lo que quiero —contestó—. Seguiré haciendo mi trabajo.»

«No, tienes que dirigir —dijo Ray—. Tiene que haber una jerarquía. Quiero asegurarme de que tú seas el responsable. Te darán un coche.»

«¿Para qué quiero un coche?»

«Para poder venir al trabajo en coche.»

«Tengo una bicicleta.»

«Pero aquí llueve todo el tiempo.»

«Ray, el mal tiempo no existe. Lo que existe es gente mal vestida.»

«Ganarás más dinero.»

«No quiero más dinero. Mis amigos me considerarían distinto a ellos.»

Al recordar aquella conversación, Ray me dijo: «Me di cuenta de que yo era muy unidimensional». La experiencia le enseñó a tener un respeto mucho mayor por el poder de la cultura, las experiencias vitales y las expectativas individuales. En la actualidad, dirige Lear a partir de esa guía; sobre todo, en lo relativo a su preocupación por la diversidad, porque las perspectivas diversas producen organizaciones más fuertes y resistentes, con mejores resultados. Por tal razón, siempre he creído en la idea de unidad en valores y diversidad en estilos: para animar a la gente a llevar sus perspectivas propias al trabajo.

Los aprendices activos reconocen que *todas las personas* tienen sesgos y prejuicios, sus propias categorías y plantillas y sus formas de ver el mundo. Hacen lo posible por superar eso, pero no confían ciegamente en las opiniones de los demás. Se forman su propio juicio a partir de lo que aprenden. Trabajan por superar el «efecto de foco», expresión que usan Chip Heath y Dan Heath en su libro *Decídete* para describir nuestra tendencia a dar demasiado valor a la información que está justo delante de nosotros, y que nos lleva a conclusiones o decisiones apresuradas sin haber considerado la información que está fuera de la luz del foco. Cuando alguien que conocemos y en quien confiamos nos dice «esto es así» o «esta persona es así», es fácil aceptarlo y no mirar más allá; pero, si queremos tener buenas opiniones propias, debemos mover el foco a nuestro alrededor y buscar más información.

Cuando dirigía empresas grandes, me encontraba con regularidad con alguien que estaba sentado solo en el comedor y le preguntaba si me podía sentar a su lado. Cuando esa persona superaba la sorpresa inicial de que un directivo quiera comer con él, la conversación fluía. Todas las veces, aprendía algo que no sabía antes. Un joven de marketing me dio buenas ideas sobre como formar a los nuevos empleados, basándome tanto en su experiencia como en la mía. A veces descubría qué pensaba la gente sobre las decisiones que tomábamos y adónde nos dirigimos como empresa. Además, expandía mi experiencia sobre la gente que trabajaba para la compañía y así podía desafiar mis categorías, atajos y plantillas.

Como CEO de Yum!, también tenía el privilegio de visitar nuestros restaurantes con frecuencia, y me reunía con trabajadores de primera línea que eran tan inteligentes como yo, pero no habían tenido las mismas oportunidades. Como se dedicaban a fregar platos, entregando pedidos o manejando una parrilla, daban por sentado automáticamente que no tenían nada que decir que mereciera la pena escucharse; era un gran error que yo siempre intentaba rectificar, y evitó que cometiéramos errores más de una vez. También fue la manera en que puse en marcha el principio que define la cultura de Yum!: una cultura donde todo el mundo marca la diferencia. Por ejemplo, cuando lanzamos nuestros trozos de pollo asado en KFC, todas las personas de la dirección pensaban que el producto que teníamos estaba bien como estaba; pero luego hablé con los cocineros de un par restaurantes nuestros y me enseñaron lo difícil que era preparar el producto con resultados consistentes en el mundo real. Aquello nos devolvió a la mesa de diseño. Gracias a esos cocineros encontramos un proceso más rápido y sencillo de preparación de un producto consistentemente bueno, lo cual nos ahorró muchísimo tiempo y dinero a largo plazo.

Bernie Marcus, cofundador de Home Depot, hacía lo mismo cuando era CEO. Se acercaba a los empleados de primera línea y les preguntaba a menudo: «¿cómo afrontas esto?» o «¿cómo haces eso?». De ese modo reunió algunas ideas increíblemente valiosas que ayudaron a crecer a Home Depot tan rápido como creció.

Antes de que verifiques tu propia opinión sobre las ideas que la gente comparte, tienes que verificar las suposiciones que estás haciendo y que limitan a la gente que está en tu esfera de influencia. Por ejemplo, cuando llegó a la dirección ejecutiva de IBM, Ginni Rometty vio que la empresa necesitaba tres cosas: una plataforma tecnológica nueva, nuevas habilidades y un cambio en su forma de funcionar como organización (ya sabes, ¡sólo lo fácil!). El problema más complicado de resolver era la contratación de talentos con las habilidades necesarias, porque la gente que se encargaba de la contratación partía de unas premisas falsas: que las personas con experiencia y al menos una titulación serían mejores. Sin embargo, IBM necesitaba desesperadamente habilidades digitales y no las conseguía. Sencillamente, no había suficiente gente formada en la base de talentos. Además, la tecnología se transforma radicalmente cada tres o cinco años, e IBM tenía demasiadas personas que no estaban interesadas en cambiar con ella.

En consecuencia, Ginni ayudó al equipo a hacer dos grandes cambios en la contratación. En primer lugar, empezaron a buscar talentos en institutos y centros de formación profesional y a realizar más cursos de formación y educación en la propia empresa, para encontrar las habilidades que más necesitaban. En segundo lugar, buscaron los rasgos de carácter que propician que las personas tengan éxito durante los cambios: curiosidad, determinación y energía. Cuando dejaron atrás sus suposiciones y sesgos sobre las titulaciones, los historiales y la experiencia, encontraron a personas que podían llevar el máximo valor posible a la empresa.

Todos hacemos juicios de valor en nuestra vida y nuestros trabajos, y a nadie le gusta reconocer que los hace. Las actuales conversaciones sobre desigualdad, discriminación y exclusión en nuestro país enfatizan ese hecho. Pero los seguimos haciendo. Los hacemos con desconocidos y amigos, con gente que nos desagrada y gente a quien apreciamos. Por ejemplo, yo me fui a comer con un viejo amigo que dirigía su empresa familiar y ahora está semijubilado. Me comentó que le preocupaba que su hijo no buscara su consejo o no aprovechara los conocimientos que él le había inculcado para resolver problemas clave. «Creo que es esnobismo generacional», dijo, usando una expresión que introdujo C. S. Lewis para expresar «la aceptación acrítica del clima intelectual común en nuestra edad y la suposición de que todo lo que esté pasado de moda está desacreditado»[2]. No, yo no seguiría los consejos de un médico formado en 1920, pero sé que algunos de los mejores consejos que me han dado en materia de negocios procedían de personas que me sacaban varias décadas y que procedían de tiempos en los que el liderazgo era muy diferente.

Por eso es tan importante que seas consciente de ti mismo. Cuando comprendas quién eres, cómo funcionas y dónde te estás dejando dominar por prejuicios y suposiciones (porque todos hacemos eso a veces), estarás en mejor posición para entender y verificar tus juicios.

Cuanto más te esfuerces por conocer ideas diferentes y puntos de vista de gente más diversa, más profundo y robusto será tu aprendizaje, y tus actos serán más eficaces.

Aprende a tener –y verificar– tus propias opiniones

- Tómate un minuto para preguntarte si estás prejuzgando cosas en tu vida o trabajo en este mismo momento. No es algo fácil. Intenta reflexionar sobre una situación que te parezca restrictiva o sobre una idea que quizás has desestimado por la persona que la propuso. ¿Cuál es el sesgo o suposición que está detrás de tu opinión? ¿Qué puedes hacer para verificar tus suposiciones?
- ¿Cómo puedes ampliar tus plantillas por el procedimiento de interactuar con más personas y aprender más sobre sus ideas y experiencias?
- ¿Has aceptado ciegamente alguna vez la opinión de alguien, sin buscar más perspectivas o aprender más por tu cuenta, y más tarde te has arrepentido? ¿Qué habrías hecho distinto ahora?

CAPÍTULO 11

¿TE ESTÁS ENGAÑANDO A TI MISMO?

P oco después de que Wendy y yo nos comprometiéramos, fui a Louisville a conocer a sus padres. Ella estaba ansiosa por saber qué impresión les daría, así que, a la primera oportunidad que tuvo, se llevó a
su madre a un aparte y preguntó: «¿Qué te parece?». En ese momento, ellas
podían oír la conversación que mantenía con los dos hermanos de Wendy,
Jeff y Rick, con los que estaba jugando al baloncesto en la entrada.

«Bueno —contestó mi futura suegra, Anne—. Es un hombre muy
ruidoso.»

Anne tenía razón. Wendy dice que soy como un enorme cachorro de
perro, siempre saltando, ladrando y meneando el rabo. Cuando estás en
cargos directivos, esa clase de entusiasmo te puede crear problemas, porque la gente lo confunde con el optimismo excesivo o incluso el delirio.
Pueden dar por sentado que no quieres saber nada de las explosivas realidades de una situación determinada, aunque lo único que quieras tú sea la
verdad.

Te daré un ejemplo: estoy increíblemente orgulloso de mi *podcast*, *How
Leaders Lead*. Creo que las conversaciones inspiran y ayudan a líderes de
todo el mundo. Si me preguntas algo, oirás (y verás) mi desbordante entusiasmo. Pues bien, tras llevar un año en ello, contratamos a un experimentado productor de *podcast* y creador de marcas, Tim Schurrer —que ahora
es CEO de David Novak Leadership—, para que nos ayudara a mejorar. Durante una reunión, cuando aún nos estábamos conociendo, le pregunté

cómo podíamos mejorar. Yo me di cuenta de que dudaba y vacilaba. Me daba respuestas vagas. Al final, le dije: «Tim, lo único que me importa es conseguir el mejor producto posible. ¿Qué crees que deberíamos hacer?». Eso hizo que se sintiera tan seguro como para poder decirme la verdad: que, comparados con otros *podcasts* de éxito, nuestras introducciones y finales no tenían la calidad suficiente. No estábamos atrayendo a la gente con una gran idea que los entusiasmara, y no la dejábamos con una noción clara al final, lo cual dañaba la lealtad de nuestra audiencia. «Está bien —dije yo—. ¿Qué hacemos para arreglarlo?» Tim nos dio un modelo mejor, lo implementamos de inmediato y mejoró nuestro *podcast*.

Los aprendices activos afrontan la realidad. Reconocen una verdad esencial: **la gente que se engaña a sí misma no aprende bien**. Se esfuerzan mucho por seguir el frecuentemente repetido consejo de mi mentor en Yum!, Andy Pearson: **aprende a ver el mundo tal como es, no como querrías que fuera**. Si sabes que las mejores ideas y los conocimientos más sólidos se basan en la realidad, ¿qué posibilidades tienes de estar abierto a ello, si te aferras a lo que *desearías* en lugar de reconocer lo que *es*? ¿Y cómo vas a saber dónde o cómo crecer y aprender si no conoces tu punto de partida?

Desgraciadamente, no solemos ver el mundo como es en realidad. Nuestros cerebros inventan historias (basadas en las categorías, plantillas y heurísticas descritas en el capítulo anterior) sobre todo lo que percibimos, a partir de nuestras experiencias, deseos y expectativas. Por el camino, cada vez que parece que falta información o es contradictoria, el cerebro llena los huecos o toma decisiones sobre qué información usar o descartar (sorpresa, sorpresa: le encanta la información que indica que su historia es correcta, problema denominado «sesgo de confirmación»). Un ejemplo que los neurocientíficos ponen todo el tiempo son las historias divergentes que cuentan personas distintas después de haber sido testigos del mismo hecho. Juran que lo que vieron es la verdad, aunque a menudo no lo sea, o, por lo menos, no sea la verdad. Las ilusiones ópticas son la manifestación visual del cerebro llenando huecos. El cerebro interpreta la información que recibe de una determinada manera, y no podemos dejar de verla así, aunque sepamos que no es la verdad o que no es real.

Básicamente, engañarse a sí mismo es fácil. Mucho antes de que los neurocientíficos pudieran empezar a describir cómo procesamos la información y creamos sentido a partir de ella, los grandes filósofos y pensadores ya sabían que era un reto. A principios del siglo XX, el influyente abogado Clarence Darrow dijo: «El ser humano no vive de la verdad, sino de las ilusiones que su cerebro concibe»[1].

¿Qué tiene que hacer entonces un aprendiz activo? Bueno, esto es el resto de lo que Darrow dijo: «Busca la verdad a toda costa y te liberarás, aunque no llegues a tocar los faldones de su chaqueta»[2].

Yo soy algo más optimista. Creo que podemos acercarnos a la verdad en muchas situaciones. Empieza por llevar más contadores de verdad a tu vida que te puedan orientar hacia la realidad. Pero no debes culpar a los demás de tu percepción de la realidad (ni basar tus opiniones en sus juicios). **Si quieres ver el mundo tal como realmente es, tienes que salir a cazar la verdad. Tienes que buscarla a toda costa.**

Un buen punto de partida es conseguir tanta información *objetiva* como sea posible y luego contrastarla con las ideas y opiniones que has oído. ¿Se basan esas ideas u opiniones en deseos, o se basan en hechos? ¿Son verdades completas o medias verdades? ¿La gente que las expresa *cree* saber o *sabe* de verdad? ¿*Revelan* los puntos ciegos o los ocultan? De lo que realmente estoy hablando aquí es del pensamiento crítico y analítico. En la actualidad, con toda la información que flota a nuestro alrededor, es más importante que nunca.

En su libro *Decídete*, Chip Heath y Dan Heath explicaron que un robusto proceso de toma de posiciones es más importante que los datos y el análisis, porque, en cualquier caso, los datos o nuestro análisis suelen estar sesgados. Interpretamos a partir de lo que deseamos, de lo que damos por sentado o de lo que pensamos, no de lo que *es*.

Los autores del libro describieron el trabajo de dos investigadores sobre la toma de decisiones, Dan Lovallo y Olivier Sibony, que analizaron más de dos mil decisiones empresariales y cómo se llegaron a tomar. «Cuando los investigadores compararon procesos y análisis para determinar cuál de los dos había sido más importante en la toma de buenas decisiones (las que aumentaron ingresos, beneficios y cuota de mercado), descubrieron que «el proceso importa seis veces más que el análisis». Un buen proceso puede llevar a un buen análisis, explicaron, pero un análisis sin buen proceso no produce las mejores lecciones. Necesitas los dos para orientarte hacia la realidad.

Entre los conjuntos de procesos y análisis que usábamos en Yum! estaba un estudio de detección de problemas. Pedíamos a los clientes que nos dijeran todas las cosas que estaban mal en una categoría específica, como por ejemplo un producto nuevo que no tenía buena recepción o sistemas de reparto que tardaban demasiado. Luego, debatíamos sobre los problemas, los ordenábamos según su importancia y frecuencia y profundizábamos en busca de posibles soluciones. La magia surgía cuando resolvíamos los problemas más importantes que se presentaban con más frecuencia, ése era siempre el camino de reflotar una empresa o dar un gran salto en cuota de mercado.

Cuando ves el mundo como realmente es, el paso siguiente está muy claro.

En el año 2000, Taco Bell reveló dos productos nuevos en su menú: el burrito relleno a la plancha y la quesadilla; eran sabrosos y gustarían a distintos segmentos de clientes. Nosotros estábamos seguros (palabra siempre peligrosa) de que nuestro beneficio anual crecería a medida que fueran apareciendo los nuevos productos en los restaurantes, pero las pruebas de mercado (nuestros análisis) eran deprimentes. Nuestros clientes no los estaban comprando. Teníamos que ir a la raíz del problema, así que utilizamos un *proceso* para entender *por qué* eran deprimentes. Lanzamos un estudio de detección de problemas para la marca Taco Bell y descubrimos que el principal problema que teníamos era de percepción: los clientes pensaban que nuestros productos estaban mal presentados. Cuando la comida para llevar representa el 70 % de tu negocio, tienes un problema enorme. Nadie quiere aparecer después de comer con manchas de salsa en la camisa o el regazo lleno de migas.

Despejado el enigma, y ya con un sentido claro de la realidad, empezamos de nuevo. ¿Qué importa más cuando comes en movimiento? La portabilidad. Así que creamos una nueva campaña publicitaria sobre nuestra quesadilla y la reposicionamos como «nueva, innovadora y manejable». Hasta contratamos a Jeff Bezos para que protagonizara un anuncio (que puedes encontrar en YouTube). En cuanto al burrito, lo presentamos como «económico, potente y portátil». Las campañas de portabilidad tuvieron un inmediato y fantástico éxito; tanto éxito, que decidimos crear un nuevo producto crujiente para llevar (el Crunch Wrap) y presentarlo como «bueno para llevar». También sabíamos que la mayoría de la gente consideraba que las hamburguesas eran el no va más de la comida para consumir en movimiento, así que creamos un nuevo eslogan: «No sólo de pan vive el hombre».

Esos productos y campañas produjeron un crecimiento de las ventas de casi dos dígitos en todo el país. Y todo lo que habíamos tenido que hacer nosotros había sido reconocer la realidad de nuestros clientes y orientarnos hacia ella mediante el proceso y el análisis.

Una de las mejores formas de ser mejor pensador crítico consiste en que nuestra información esté tan cerca de la fuente como sea posible. Si no vas tú mismo a la fuente, puedes acabar permitiendo que tu percepción influya una y otra vez sobre lo que oyes o aprendes. No sabrás si estás viendo la realidad. En Yum! enseñamos la idea de «girar primero a la izquierda» en nuestra formación de «clientemanía» para todos los líderes. Cada vez que entran en un restaurante, tienen que girar primero a la izquierda y hablar con los clientes, en lugar de pasar directamente al fondo para hablar con los gerentes o los miembros del equipo.

El difunto Ray Odierno, general de cuatro estrellas y antiguo jefe de Estado Mayor del Ejército de los Estados Unidos, utilizaba esa estrategia para valorar y formar a sus líderes. En lugar de preguntar a la gente qué tipo de líder era una persona determinada o cómo se comportaba la unidad, visitaba la unidad en persona y asistía a sus sesiones informativas. «Reconocía enseguida a los líderes que habían empoderado a sus subordinados», me contó; cuando les informaban, se involucraban, comprendían exactamente lo que estaba pasando y no tenían miedo de hablar. Era un medio abierto y feliz, y la gente que formaba parte de él era más innovadora y resolvía mejor los problemas. Ray también reconocía rápidamente las señales de que una unidad no estaba funcionando bien o de que un líder no estaba dirigiendo bien: «Sólo puede hablar el comandante. Todo el mundo parece a punto de quedarse dormido. No están realmente contentos. No están involucrados». Odierno iba a la fuente para valorar la realidad, algo especialmente importante en una organización jerárquica por naturaleza.

Cuando intentes ver el mundo como verdaderamente es, **es importante que no te dejes cegar por las buenas noticias**, defecto que un buen proceso te ayudará a superar. Un dicho común en los deportes es que un equipo nunca es tan bueno como parece cuando gana y nunca tan malo cuando pierde. La verdad suele estar en el medio: la de casi todas las situaciones de la vida y los negocios. Pero, cuando estás ganando, es aún más fácil que seas víctima del sesgo de confirmación y pienses que todo es maravilloso.

Jamie Dimon, legendario CEO de JPMorgan Chase y ex miembro de la junta de Yum!, compara constantemente sus empresas con las mejores de su clase en la industria financiera. Obviamente, le importan las mejoras internas; pero, tanto en los tiempos buenos como en los malos, quiere saber cómo se desempeñan en comparación con otras compañías exitosas del sector en cuestiones clave. Tu competidor puede ser una excelente fuente de información basada en la realidad. Cualquiera puede distinguir las empresas que siguen la pista y las que no. Sears no se fijó en el éxito de Walmart para entender las cambiantes realidades del mercado o las necesidades de los clientes, y Sears murió. Los directivos de Walmart prestaron mucha atención a lo que podían aprender de lo que estaba pasando en Target —y viceversa— y las dos son empresas boyantes.

Nosotros calificamos y clasificamos todos nuestros restaurantes, de arriba a abajo, midiendo el rendimiento en aspectos clave; esos recordadores de realidad impulsaron una competencia sana. También nos comparamos con nuestros competidores sobre cuestiones clave relacionadas con los clientes. Me encantó trabajar en una categoría donde el líder del mercado lo estaba haciendo bien. Nos dio una sencilla y vívida realidad contra la que poder valorarnos.

La gente suele decir que Jamie tiene un instinto increíble, y que sus opiniones basadas en el instinto son la fuente de su éxito. Cuando le pregunté al respecto, contestó: «Soy un friqui. Estudio y leo todo. Analizamos las cifras, los modelos, los hechos. Me fijo en la historia. Hago todo eso... A veces, las buenas respuestas están esperando a que las encuentren, y la forma de encontrarlas es trabajar en ello». La combinación de análisis, proceso y experiencia es lo que genera buenos instintos, me explicó.

Una gran forma de mantener los pies en la tierra es perseguir la verdad y, además, afrontarla. Los aprendices activos conocen la importancia de ser honesto y trasparente. **Dicen las cosas tal como son, porque saben que, cuando ellos las dicen, la posibilidad de que otros las digan también es mayor**. Es precisamente la forma en que Jamie dirige sus empresas, y por eso confían en él y lo respetan tanto.

Esa lección fue especialmente importante para Yum! en noviembre del año 2006. El día antes de celebrar nuestra reunión anual con los analistas de

Wall Street, supimos que algunas personas se habían contagiado de *E. coli* en cuatro estados del noreste. Los departamentos locales de salud rastrearon la fuente del contagio y descubrieron que procedía de Taco Bell. Fue una experiencia terrible para los que cayeron enfermos y asustó al público. Aunque el problema se reducía a un proveedor de productos del noreste, las ventas cayeron radicalmente en todo el país.

Lo primero que hicimos al conocer la noticia fue trabajar con el gobierno para localizar el origen del contagio. Rastrear una enfermedad es un proceso científico complicado, engorroso, que resulta difícil de acelerar, y el ritmo puede ser frustrante cuando diriges restaurantes. Antes de tener todos los datos nos vimos obligados a hablar con los inversores, la misma mañana en que el *New York Times* y el *Wall Street Journal* informaron sobre el brote.

La lección que aquel día nos recordó es ésta: si afrontas la realidad, la gente confiará más en ti y tendrá más fe en tus ideas o planes. Yo me encargué de que nuestro jefe de relaciones con los inversores iniciara la reunión con un informe sobre todo lo que sabíamos de la crisis, afirmando además que la prensa había hecho un buen trabajo, en nuestra opinión, al informar de ello. Sorprendentemente, nadie hizo preguntas sobre la crisis cuando llegó el turno de preguntas y respuestas. Como era tan obvio que estábamos afrontando la realidad —reconociéndola, investigando más y compartiéndola— nuestras acciones subieron de hecho. Y fuimos más allá. Descubrimos que la *E. coli* estaba en la lechuga, así que desarrollamos nuevos y mejores procesos para lavar nuestros productos.

Al final, cuando la realidad te da una patada, resistirse o negarlo no sale rentable. Óscar Muñoz, CEO de United Airlines, me dijo que, al principio de su carrera, lo trasladaron de PepsiCo —donde era una estrella en alza— a la compañía Coca-Cola. Era joven, no había llegado a los treinta, y se sentía muy seguro de sí mismo. En su nuevo cargo, pensó que la cultura de Coca-Cola y sus líderes eran algo formales o conservadores en comparación con los de PepsiCo, en cuya dirección había gente más joven y dinámica. Era la cultura de Atlanta contra la cultura de Nueva York. Durante una de sus primeras evaluaciones de rendimiento, su jefe le dio un baño de realidad: «Hizo algo mágico —me comentó—. Tomó el documento de recursos humanos, lo dobló, lo dejó a un lado y dijo: "Me gustaría compartir un par de cosas, en calidad de amigos". Yo pensé que quizá quería que saliera con su hija... pero continuó así: "Eres muy bueno en lo que haces, ¿sabes? Y, si alguna opinión te puedo dar al respecto, es que no eres tan bueno como crees que eres"». Aquella sencilla realidad ayudó a Óscar a comprender que aún tenía mucho que aprender de la gente con la que trabajaba, y que tenía que estar loco para desestimar su experiencia. A veces, un baño de realidad puede ser difícil de tragar, pero siempre nos ayuda a aprender más de las cosas correctas.

Es importante, así que lo voy a repetir: **la gente que se engaña a sí misma no aprende bien**. No son grandes solucionadores de problemas; no suelen optar por el mejor procedimiento, y se pueden perder algunas de las más importantes oportunidades. Así que busca la verdad a toda costa, y te regalarás a ti mismo un superpoder de aprendizaje especial, y también vital.

Aprende a ver el mundo tal como es

- Piensa en una época en la que *por fin* comprendiste la realidad de una situación. ¿Qué viste o aprendiste que te había pasado desapercibido hasta entonces? ¿Cómo cambiaste las cosas para seguir adelante?
- ¿Cómo te podría ayudar en tu vida acercarte más a la realidad y aprender algo vital ahora mismo? Un síntoma claro es que te sientas confuso, inseguro o incapaz de cambiar. ¿Qué hay en tu análisis o proceso que te impida alcanzar ese objetivo?
- ¿En qué aspecto de tu vida estás confiando en información de segunda mano, que sólo confirma tus ideas o que no abarca toda la verdad de una situación? ¿Cómo podrías llegar a la verdad o a su fuente, en lugar de eso?

CAPÍTULO 12

HACIENDO QUE 1+1 SEA IGUAL A 3

En los primeros tiempos de mi carrera, cuando aún trabajaba para una agencia de publicidad, me ascendieron a supervisor de la cuenta de Frito-Lay, que incluía una de sus principales marcas, Doritos. Yo estaba en el equipo encargado de encontrar ideas para sabores nuevos.

El sabor original de los Doritos era el del maíz tostado. Después llegó el sabor Nacho Cheese, un gran éxito y una extensión obvia: tomar el queso y ponerlo en la tortilla de maíz. Pero, cuando empezamos a investigar para el siguiente gran sabor, comenzamos por buscar en pasillos distintos a los que exponen esas tortillas, que nos pudieran llevar en la dirección de unas tendencias de sabores más amplios. Descubrimos lo que necesitábamos en el aliño de ensalada.

El negocio de aliños embotellados de ensalada consiste en crear sensaciones tan potentes al paladar que puedan superar a cualquier cosa donde se pongan. Ese intenso y descarado sabor era lo que queríamos para Doritos. El sabor Ranch era el aliño de ensalada que más se vendía por entonces, así que pensamos: «¿Por qué no ponerlo en los Doritos?».

También necesitábamos un nombre que fuera único y sedujera a los clientes. Por ejemplo, podríamos haber llamado Cheese Doritos al primer Dorito nuevo, pero lo llamamos Nacho Cheese Doritos para darle un algo extra, una táctica publicitaria que consiste en añadir una imagen única a algo ya existente.

Sin embargo, Ranch Doritos no iba a funcionar: nuestra imagen única tenía que ser de sabor *y* de actitud. Así nacieron los Cool Ranch Doritos, que siguen estando entre los favoritos de los fans muchos años después.

El proceso del Cool Ranch que seguimos revela el poder del pensamiento de búsqueda de patrones. **Un pensamiento de búsqueda de patrones es un tipo de aprendizaje de 1+1 = 3. Creas algo más grande que sus partes emparejando cosas que no están claramente relacionadas**, pero que juntas generan algo nuevo, excitante y potente. Necesitas descubrir las sutiles similitudes entre dos cosas que parezcan distintas a simple vista y, a continuación, saltar hacia una nueva idea, interpretación o acción.

Para prepararse para dicho salto, los aprendices activos se exponen a tantos patrones de tantas disciplinas como puedan. Tener curiosidad por el mundo que nos rodea, con la esperanza de descubrir una forma nueva de plantearse un problema o un modo nuevo de ver una oportunidad, es algo central en el aprendizaje activo. Los aprendices activos leen, escuchan, viajan, prueban cosas nuevas, exploran pasatiempos e intereses. Exploran tendencias y enseñanzas de distintas disciplinas, industrias, culturas. Luego, aplican lo que han aprendido a problemas u objetivos. Esa costumbre me ha ayudado a tener algunas de mis más exitosas ideas.

Tal vez pienses que el descubrimiento de un patrón es un momento «ajá» o un golpe de inspiración, pero los aprendices activos no esperan que ese momento se les presente: trabajan por encontrarlo; desarrollan el hábito de buscarlo. Peter Georgescu, presidente emérito del gigante Young & Rubicam y autor de *The Source of Success*, dijo sobre los patrones de pensamiento: «Una solución creativa es un salto, y ese salto se apoya, se alimenta y se nutre de las experiencias vitales. Cuanto más rica sea tu experiencia vital, más creativo serás». En su libro, ofrecía este consejo para perfeccionar tu pensamiento de búsqueda de patrones:

«Practica y refina la habilidad de encontrar patrones de hechos sin conexión entre sí en el mundo de la experiencia humana. Eso se puede aprender. El reconocimiento de patrones es uno de los elementos consistentes de los solucionadores creativos de problemas que tienen éxito en los negocios. Las lecciones pueden llegar de cualquier parte si afinas esa habilidad. Una vez, mientras leía un artículo del *Washington Post* sobre el sistema de irrigación azteca que llevaba agua a secos y áridos campos de México, me di cuenta repentinamente de cómo podía ayudar a reestructurar la organización de marketing de mi agencia. En el mundo de los negocios hay muchas historias de productos de enorme éxito, desde los Post-it hasta el Viagra, que se descubrieron tras ver una aplicación popular de algo originalmente desarrollado para un propósito completamente distinto»[1].

Puedes encontrar más ejemplos de patrones de pensamiento en soluciones innovadoras y creativas de toda la historia. R. Buckminster Fuller, arquitecto, diseñador e innovador, basó una de sus grandes invenciones arquitectónicas, la cúpula geodésica, en patrones estructurales que había visto en la naturaleza. Creía que los principios de diseño de la naturaleza debían influir en todo su trabajo, porque ya habían evolucionado para ser óptimos. La idea del Velcro fue del ingeniero George Mestral, que en 1948 volvió a casa después de sacar a pasear a su perro y descubrió que los dos estaban cubiertos de abrojos.

Sin embargo, algunas de nuestras mayores creaciones surgieron de patrones sin que el propio creador se diera cuenta. Temple Grandin (activista de la lucha contra el autismo) y Richard Panek (galardonado escritor de ciencia ficción) describieron el fenómeno en *El cerebro autista*. Por ejemplo, los matemáticos han analizado el trabajo de grandes compositores y encontrado patrones geométricos en sus ritmos, octavas y progresiones: «Por supuesto, los compositores no piensan sus composiciones en esos términos. No piensan en matemáticas. Piensan en música. Pero, de algún modo, se abren camino hacia un patrón matemáticamente sólido, que es otra forma de decir que es universal»[2]. Y no ocurre sólo en la música. «Los cuadros tardíos de Vincent van Gogh tenían todo tipo de patrones agitados y arremolinados en el cielo... Nubes y estrellas que pintaba como si fueran remolinos de aire y luz. ¡Y resulta que eso era exactamente lo que eran!» Los físicos modernos compararon los patrones de Van Gogh con la fórmula matemática de la turbulencia en líquidos y descubrieron que son casi idénticos.

Tanto si se presenta a propósito como intuitivamente, el pensamiento de búsqueda de patrones surge cuando estamos concentrados en ser aprendices multidisciplinares. Roger Goodell, comisionado de la NFL, es un buen ejemplo. Viaja de forma habitual a Silicon Valley porque lo ve como un hervidero de las más modernas e innovadoras ideas en el mundo de los negocios. Me dijo que está buscando «una nueva perspectiva y comprensión de lo que está pasando en la tecnología y con las empresas. No nos limitamos a mirar empresas con las que es probable que hagamos negocios: en realidad, miramos las empresas que admiramos, que están descubriendo nuevas soluciones usando su tecnología y sus productos. E intentamos ver cómo aplicar eso a la NFL, como conseguir que sea mejor». La conexión wi-fi en los estadios llegó a la NFL antes que a muchas organizaciones, gracias —en parte— a esos viajes.

Los aprendices activos buscan patrones... *activamente*. Roger sale de *caza* en busca de un patrón que le ayude a unir los puntos de una idea innovadora, del mismo modo en que nosotros buscamos el aliño de ensalada y encontramos Cool Ranch Doritos. Y, al igual que Tom House, el famoso entrenador de lanzadores de béisbol, al que suelen llamar «el padre de la moderna mecánica de lanzamiento».

Cuando Tom trabajaba para los San Diego Padres, Dick Dent —el entrenador jefe— ponía a los jugadores a practicar patrones de pase de fútbol americano para fortalecer los brazos, con sesiones de carreras y ejercicios de distintas disciplinas. «Me di cuenta de que todos mis lanzadores de élite lanzaban la pelota perfectamente, y de que los chicos con malas mecánicas no podían hacer una espiral ni tenían ninguna exactitud.» Eso hizo que se preguntara qué podía aprender si empezaba a trabajar con *quarterbacks*, así que grabó a algunos de los mejores, entre los que estaban Joe Montana y Dan Marino. «Analizamos la biocinética de los modelos de maniobras aéreas, y descubrimos que los *quarterbacks* tienen exactamente las mismas mecánicas que un lanzador.»

Esas mecánicas pasaron a ser el corazón de los entrenamientos de Tom, que las utilizó para ayudar a los lanzadores a seguir en la brecha hasta los cuarenta y tantos años. Después, pegó el salto de empezar a trabajar con jugadores de fútbol americano. Se reunió con Bill Belichick y le explicó que, con mecánicas adecuadas y un régimen de entrenamientos correcto, podía ayudar a Tom Brady a alargar su carrera. Y todos sabemos que Brady jugó a alto nivel hasta que finalmente se retiró, a los cuarenta y cinco años de edad.

Creo que los patrones más importantes y más fundamentales se pueden aplicar en todo tipo de sectores y disciplinas, atravesando fronteras y culturas. Son como los principios de diseño que Buckminster Fuller buscó en la naturaleza. Por ejemplo, una de las cosas que más me frustra en la vida es el mal liderazgo. Si profundizas en los datos, verás que hay una insatisfacción casi universal con la mayoría de los líderes. Yo he visto el potencial que despilfarran los malos líderes, y he visto lo que un buen liderazgo puede conseguir. Es el problema que he intentado resolver durante las últimas décadas. Por eso impartí, cuando dirigía Yum! Brands, el programa titulado *Llevando a tu equipo contigo*, y por eso escribí un libro basado en él: porque vi un patrón. Muy pocas de entre las más de un millón de personas que trabajaban para Yum! en todo el mundo habían recibido algún tipo de educación real en liderazgo a lo largo de su vida.

Empecé a mirar otras iniciativas educativas de éxito y observé que la mayoría empiezan bastante pronto. ¿A qué estás esperando —me pregunté— para enseñar a la gente a dirigir cuando tienen veinte, treinta o cincuenta años? Y, a continuación, me pregunté qué pasaría si lograba introducir las ideas de mi programa en la educación que ya se estaba dando en escuelas e institutos. De ahí surgió el programa Lead2Feed, descrito en el capítulo 8 (ahora se llama Lead4Change). ¿Por qué no podíamos hacer algo parecido con los estudiantes universitarios? Y así es como creamos el Novak Leadership Institute de la Universidad de Missouri. Toma un exitoso programa de desarrollo de líderes, añade la infraestructura de las facultades y la pasión de los profesores que quieren que los alumnos se involucren en la vida de sus comunidades y conseguirás algo mayor que la suma de sus partes.

Los mejores patrones a aprovechar son los que parecen universales, como los principios matemáticos. Cuando estábamos desarrollando la cultura de Yum!, que habíamos lanzado en 1997, mucha gente me dijo que era imposible que pudiéramos aplicar la cultura de la empresa en todo el mundo; sobre todo, porque yo quería inyectar energía y diversión en ella. La división internacional fue particularmente reacia. La sensación era que no puedes transferir valores porque los valores son locales y las culturas son diferentes. Pero entonces, Peter Hearl, vicepresidente de nuestra división internacional, me dijo: «Mira, David, he viajado por todo el mundo y trabajado en muchos países, y eso es una absoluta estupidez. Los buenos valores son universales. Necesitamos tener una cultura para todos los miembros de la empresa, con independencia de dónde estén». Encontramos una forma de forjar una cultura basada en valores universales que permitiera estilos y adaptaciones locales, y eso fue crucial para nuestro éxito. Demostramos que algunos patrones pueden provocar un salto adelante a pesar de barreras, fronteras y costumbres.

Mediante el simple hecho de leer este libro, ya estás desarrollando tu pensamiento de búsqueda de patrones. Puede que no tengas ningún interés por convertirte en director ejecutivo de una corporación global o comisionado de la NFL, y puede que no sepas nada de béisbol, pero las experiencias de todas las personas que aparecen en estas páginas influirán en tu forma de pensar; y, como resultado de ello, quizá descubras algo que te ayude a conseguir lo que *tú* quieres hacer.

Aprende a buscar patrones

- La última vez que se te ocurrió una solución o idea especialmente creativa, ¿fue por un golpe de inspiración? ¿Qué patrón aplicaste? ¿Dónde lo habías descubierto?
- ¿Cuánto tiempo dedicas a explorar fuera de tus experiencias vitales y laborales habituales? ¿Dónde te estás exponiendo a distintas disciplinas o industrias?
- Piensa en un desafío al que te enfrentas o a un problema que has estado intentando resolver. ¿No has buscado aún patrones o ideas en fuentes no habituales? Y, en caso negativo, ¿adónde podrías acudir?

CAPÍTULO 13

LA QUIETUD QUE LLEVA A LA ACCIÓN

La primera vez que Wendy sugirió que fuera a una iglesia local, después de habernos mudado a Louisville (Kentucky), yo dije: «No me interesa». No es que no tuviera ningún tipo de creencia religiosa: sencillamente, no veía qué podía ofrecer una misa. Yo tenía potentes y preconcebidas nociones sobre esa experiencia, y no quería malgastar las mañanas de los domingos con un sermón.

«Creo que esa iglesia te gustará», insistió Wendy, que llevaba unas cuantas semanas yendo a ella. Es la persona que mejor me conoce, así que decidí probar.

El primer sermón que oí fue sobre tener una visión del futuro y lo importante que es cuando se busca una vida con sentido. Fue en 1995, cuando llevaba poco tiempo como presidente de KFC, y eso era exactamente en lo que estábamos trabajando: sin una visión positiva, inspiradora, no nos podríamos convertir en una empresa fuerte. Me dio la impresión de que el sermón estaba hecho a mi medida, así que regresé al domingo siguiente... y tuve la misma experiencia. De hecho, cada vez que iba, tenía la sensación de que el sermón estaba pensado para mí, porque trataba de algún asunto en el que yo me estaba debatiendo en el trabajo o la vida.

Soy de creencia cristiana, pero comprendo que no todo el mundo la comparte. No intento convencerte de que vayas a mi iglesia. Reconozco que mi experiencia tuvo más que ver conmigo y con lo que necesitaba en mi vida que con la iglesia en sí misma. Más allá de la perspectiva de los sermones, asistir a misa me ofreció la oportunidad de establecer relaciones con otras personas, y me ofreció información sobre la comunidad local y sobre cómo nos podíamos involucrar en ella. Pero es posible que el mayor beneficio, lo que yo creo que más necesitamos todos, fuera el tiempo y el espacio que abrió en mi vida a la reflexión profunda.

Cuesta tener una perspectiva de aprendizaje en el mundo sin desarrollar la práctica de la reflexión. Muchos, muchos de los aprendices activos que he conocido a lo largo de mi vida hacen de la reflexión una prioridad, una costumbre, con independencia de que sea a través de la práctica de su fe, de la meditación o del simple hecho de estar tranquilamente sentados. Aprenden más sobre sí mismos, sobre los otros y sobre el mundo mediante el procedimiento de sacar tiempo para sopesar ideas o desafíos en profundidad. Es una de las razones por las que Google tuvo su norma del 20 % durante años: la expectativa de que sus trabajadores dedicaran el 20 % de su tiempo —lejos de las exigencias de sus empleos diarios— a explorar ideas interesantes, desarrollar habilidades nuevas o pensar en el futuro y en las posibilidades de la empresa.

Hace nueve años, más o menos, descubrí que otras personas de mi red de contactos estaban en un camino espiritual similar, así que me sumé a un grupo de estudios bíblicos que se reúne los lunes por la mañana. Es una parte importante de mi semana. Nos ofrece a todos un sitio seguro para compartir nuestros problemas o lo que está pasando en nuestras vidas, para explorar nuestra gratitud por lo que se nos ha dado y para examinar nuestra responsabilidad a la hora de hacer el bien en el mundo. Los debates fuerzan el análisis profundo y el examen de uno mismo, dos cosas de las que andamos cortos la mayoría. Aprendemos de los demás, extraemos enseñanzas de los pasajes que discutimos y nos obligamos a *reflexionar* honrada y abiertamente.

En *The Way of Gratitude*, Galen Guengerich, líder de la All Souls Unitarian Church de Nueva York, escribe: «Si alguna vez has buscado una noción más profunda del sentido de tu vida, una comprensión más persuasiva del propósito de tu vida o una experiencia más cautivadora de la alegría», entonces eres un buscador espiritual[1]. No es una etiqueta con la que mucha gente se sienta cómoda, aunque puede significar lo que se quiera. Galen compartió la historia de una cena con un grupo de jóvenes adultos que habían descubierto el camino a la iglesia. Les preguntó qué les había atraído de ella, qué habían dicho a sus amigos sobre su experiencia y por qué habían empezado a ir a misa: «La respuesta fue unánime —escribió—. Ninguno había dicho nada. Formar parte de una comunidad religiosa no es aceptable entre los jóvenes de nuestra edad; por lo menos, en la ciudad de Nueva York. Nuestros amigos habrían pensado que estábamos locos, mal de la cabeza... Cada vez hay más gente que ve la espiritualidad como algo a lo que se puede prestar atención si se desea, pero no es algo que se deba practicar colectivamente y, desde luego, no en público».

Si estás de acuerdo con esa afirmación, o crees que el tipo de exploración espiritual que he descrito no está hecho para ti, pregúntate esto: **¿estás sacando tiempo en algún espacio de tu vida para tener conversaciones sinceras y sensibles sobre lo que valoras, sobre tus propósitos, sobre qué das al mundo y cómo vives tus valores?** Esa clase de reflexiones colectivas puede estar entre las más potentes en términos de lo que aprendes sobre ti mismo y los demás, y de la forma de expandir las posibilidades en tu vida. Pero nos sentimos incómodos con ellas. Están al nivel de las conversaciones sobre dinero. No hay muchas personas que les concedan tiempo o espacio.

Incluso en el trabajo, donde se supone que debemos ser creativos y reflexivos, no es nada común que se saque tiempo para una reflexión, ni a solas ni en pequeños grupos. Juliet Funt, autora de *A Minute to Think*, describió el reto de intentar producir un trabajo de alto valor en días llenos de reuniones, llamadas y tareas, sin tiempo para sentarse tranquilamente y pensar. «No funciona —me comentó—, y ése es el motivo por el que todo el mundo trabaja de noche, los fines de semana, a primera hora de la mañana y en un torturador turno extra después de que los niños se acuesten.» Hubo un tiempo en el que podías ver a un directivo mirando por la ventana en su despacho, relajado (algo para lo que yo solía sacar tiempo) y pensabas: «Es la hora dorada, están cocinando el futuro del negocio, están escribiendo nuestra historia». Ahora, la respuesta es distinta. La contemplación es algo que la gente esconde porque «en una oficina normal —decía Juliet—, alguien va a aparecer de repente y te va a decir: ¿Qué estás haciendo? ¿Qué estás haciendo? ¿Qué estás haciendo?».

Los aprendices activos combaten la tendencia a abarrotar todos los momentos de su día. Adoran los instantes de tranquilidad. Por ejemplo, a mí me encanta estar en un avión, inalcanzable. Es una situación en la que, de hecho, se me ocurren algunas de mis más potentes ideas, cuando tengo momentos «ajá», cuando decido afrontar grandes cambios. Y también saco tiempo para la tranquilidad por las mañanas; escribo en un diario las cosas a las que estoy agradecido; leo un proverbio y reflexiono sobre su significado. Son esos momentos tranquilos los que te impulsan hacia delante. **Es la quietud que lleva a la acción**.

En una maravillosa charla TED, Barbara Oakley, profesora de ingeniería y autora de *Aprender a aprender*, explicó cómo aprendemos cosas que son difíciles o muy distintas de las que ya conocemos[2]. Ella lo sabe de sobra, porque suspendió en matemáticas y ciencias y no empezó a explorar la ingeniería como carrera hasta que estaba cerca de cumplir los treinta, tras varios años como especialista en ruso y lenguas eslavas. En su conferencia describió dos modos de pensar: el concentrado y el difuso. El modo concentrado es exactamente lo que parece: cómo pensamos cuando intentamos ejecutar una tarea o memorizar algo. Nuestro pensamiento suele estar confinado a los caminos neurológicos que ya hemos creado, y el modo difuso es una más «relajada gama de estados neuronales», que permite que nuestro pensamiento despegue, amplíe su alcance y procese o incluso cree nuevas ideas. Cuando estamos aprendiendo necesitamos los dos modos y, cuando nos sentimos atascados en nuestra forma de pensar, incapaces de entender un concepto, incapaces de desentrañar un desafío, necesitamos especialmente el modo difuso.

¿Cómo llegamos allí? Dando un descanso a nuestra mente. Permitimos que vague y salte de idea en idea y pensamiento en pensamiento hasta que, al final, se establece una conexión y descubrimos algo. Es el poder práctico del tiempo dedicado a reflexionar. Yo he descubierto todo tipo de ideas útiles en la vida y el trabajo cuando relajaba la mente y dejaba que el sermón que estaba escuchando me llevara hacia nuevas e interesantes direcciones.

James Gorman, presidente y CEO de Morgan Stanley, me dijo que, en la vida, siempre nos las tenemos que ver con la siguiente cosa que nos haga perder la perspectiva o nos distraiga e impida ver lo importante. «Es como estar frente al mar, mirando las olas. Querrías que se detuvieran un momento, pero no se detienen... Tienes que encontrar la forma de dejar de estar plantado en la orilla, encontrar un lugar tranquilo debajo de un árbol y dar tiempo a tu mente para que pueda reflexionar y pensar.»

Para James, ese espacio se crea cuando sale al exterior y hace ejercicio. Para mí, es algo parecido. Todas las casas que he comprado tenían un enorme y majestuoso árbol en el jardín o unas vistas impresionantes. No hay nada como la naturaleza para inducirte a reflexionar sobre la conexión de todas las cosas, sobre algo mayor que tu propia importancia personal y sobre la gratitud por la belleza de todos los días.

Creo que aprendemos y tenemos la inspiración para seguir aprendiendo cuando nos tomamos tiempo para meditar sobre los grandes misterios de la vida, para sentir gratitud y para sopesar nuestra conexión con los demás y nuestra responsabilidad hacia ellos. Podemos encontrar inspiración para reflexionar y compartir —y el aprendizaje derivado de las dos cosas— en muchos sitios. Pero, dejando a un lado de dónde saques el tiempo, cómo te aproximes a esa práctica o qué inspiración te ofrezca, concede tiempo en tu vida a la reflexión profunda. Puede que te sorprenda el universo de ideas y conocimientos que descubrirás en tu propio pensamiento. Y sopesa la posibilidad de pasar parte de ese tiempo con otras personas, para poder compartir lo que descubras.

Aprende a reflexionar

- Si sumas los minutos, ¿cuánto tiempo crees que dedicas cada semana a la reflexión profunda, a permitir que tu mente deambule o se deje llevar, simplemente?
- Piensa en una época en la que te enfrentabas a un problema, un desafío o una idea compleja y, cuando te alejaste de ello y permitiste que tu mente vagara, lo viste súbitamente claro. ¿Dónde puedes hacer eso en tu vida, ahora mismo, para descubrir algo esencial?
- ¿Adónde acudes en busca de inspiración, momentos de gratitud e iluminación?

CAPÍTULO 14

MANTÉN LOS PIES EN LA TIERRA

Wendy, mi esposa, tiene una forma muy delicada de hacerme saber cuándo me estoy pasando. Me da una cariñosa patada en la psique diciéndome: «Aquí no eres el CEO».

Ese hecho estuvo claro desde el principio de nuestra relación.

Nos conocimos en la universidad, y pensé que era la chica más bella del campus. La adoré a distancia tres años, y sólo confesé lo que sentía a mis amigos. Por fin, estando en un pub durante el último año de carrera, captó mi probablemente nada sutil mirada y gritó desde el otro lado de la barra: «¡Eh, Novak! ¿Cuándo vas a tener los arrestos de invitarme a salir?».

Nos casamos menos de un año después.

Definitivamente, Wendy es mi codirectora ejecutiva. Sin ella nunca habría llegado tan lejos ni en mi carrera ni en mi vida. Es *específicamente* buena en ponerme firme: impedir que mi ego se infle demasiado y que mi confianza en mí mismo se desinfle en exceso. Por ejemplo, cuando la *Chief Executive Magazine* me nombró CEO del año en el 2012, yo estaba increíblemente orgulloso, porque es un honor que te otorgan tus pares (votan otros directores ejecutivos, que eligen entre una lista de nominados). Me invitaron a una cena en la que yo tenía que dar un discurso. Cuando entramos, me encontré rodeado de fotografías de antiguos galardonados: Andy Grove, de Intel; Herb Keller, de Southwest Airlines; Larry Bossidy, de Honeywell, y muchos más. Wendy pasó la vista por las imágenes de aquellos gigantes empresariales y dijo: «¿Qué demonios haces *tú* aquí?».

Los dos rompimos a reír, y yo contesté: «Me estaba haciendo la misma pregunta».

No es que Wendy no creyera que yo mereciera algún reconocimiento. Sólo fue una respuesta honesta ante todo el talento y el prestigio que había en la sala; especialmente, en comparación con el lugar del que nosotros procedíamos. Esa anécdota pasó a ser el principio de mi discurso, y el local se vino abajo.

He aprendido que los mejores líderes —y aprendices activos— tienen una insólita combinación de confianza y humildad. La confianza es importante, porque nadie te sigue si no cree que sabes adónde vas y que encontrarás una forma de llegar; pero, si la humildad no atempera esa confianza, se convierte en arrogancia. Tal es el regalo que Wendy me da: alimenta mi confianza y me da dosis de humildad cuando la situación lo exige; y eso es lo que me ha ayudado a seguir aprendiendo entre mis altibajos personales.

La humildad no consiste solamente en reconocer que no puedes hacer algo solo, al margen de qué sea ese «algo», bien porque simplemente no puedas, bien porque no sabes lo suficiente o bien porque no sería tan divertido o satisfactorio si lo haces solo. Ninguno de tus grandes éxitos son sólo tuyos, y esa es la razón de que los aprendices activos piensen más desde el término «nosotros» que desde el término «yo». Cuando vas por el mundo con esa perspectiva, te abres a las ideas, opiniones y experiencias de la gente que te rodea.

La confianza no es más que la esperanza de que encontrarás una forma de ganar, de algún modo. Esa esperanza procede de la experiencia y el aprendizaje, pero el «algún modo» casi siempre depende de un equipo, tanto si son tus colegas como si son las personas a las que diriges o tu familia y amigos. Yo diría que tener confianza de verdad es casi imposible *sin* tener humildad.

Juntas, las dos te conceden una saludable insatisfacción con el *status quo* que impulsa tu deseo de aprender y crecer. En *Above the Line*, Stephen Klemich y Mara Klemich (profesor de liderazgo y neuropsicóloga, respectivamente) escribieron cuatro principios universales que explican por qué hacemos los seres humanos las cosas que hacemos. Su modelo se basa en una investigación psicológica en profundidad y en décadas de pruebas y ajustes. En él, el orgullo dirigido por el *ego* (se podría llamar «arrogancia») y la humildad *valiente* son opuestos, y tienen objetivos opuestos. El orgullo del ego alimenta la *promoción* personal, mientras que la humildad valiente fomenta el *crecimiento* personal. Cuando somos fuertes en humildad, estamos «abiertos a las oportunidades de aprender de cualquier persona o experiencia. No tenemos miedo de intentar cosas nuevas o nuevas formas de alcanzar objetivos o de admitir que no sabemos algo o que necesitamos ayuda»[1]. Los otros comportamientos que su investigación vincula a la humildad —sobre todo, ser auténticos y estar orientados hacia los logros— son los tipos de comportamiento que asociamos a la *confianza*, lo cual demuestra que la humildad y la confianza son las dos caras de la misma moneda.

En algún momento, mientras avanzas en tu carrera y acumulas experiencia y pericia, te enfrentarás a un dilema. Como dijo mi amigo y director de la junta John Weinberg, puedes crecer o hincharte. **Las personas de egos hinchados no pueden ser aprendices activos, porque no creen que tengan mucho que aprender.** Piensan que tienen todas las respuestas que necesitan o la capacidad de encontrar dichas respuestas por sí mismos. Ese tipo de pensamiento no alimenta la confianza de verdad: alimenta el miedo, porque todo depende de ti.

Brian Cornell, director ejecutivo de Target, busca la humildad a través de un cambio de pronombre en sus equipos. «Siempre he creído que las mejores cosas que han pasado en los negocios con los que yo he tenido algo que ver se produjeron cuando cambiaron los pronombres... Cuando escucho que alguien dice: "Brian afirma que hay que hacer esto", sacudo la cabeza.» En lugar de verlo como un signo de lo brillante que es o de lo mucho que la gente lo respeta, lo ve como lo que es de verdad: un síntoma de que otras personas no se sienten propietarias de una idea o de un plan determinados, que no se sienten empoderados y no creen en ellos. «Pero cuando oigo el cambio de pronombre, y la frase se convierte en "Esto es lo que *vamos* a hacer, esto es en lo que *creemos*, esta es *nuestra* estrategia y éste es *nuestro* plan", pasan cosas mágicas», y los grandes resultados se empiezan a materializar. Hay pruebas que lo demuestran. Los investigadores han descubierto que las empresas dirigidas por directores ejecutivos que usan más el lenguaje del «nosotros» en sus cartas a los accionistas producen mejores rendimientos[2].

Para mantener la humildad a largo plazo, tienes que estar concentrado en el «nosotros». **Aprenderás, crecerás y cruzarás la línea de meta a**

través de las contribuciones de otras personas. Lauren Hobart, CEO de Dick's Sporting Goods, parece entender eso de forma innata. Cuando hablamos, derivó todas las conversaciones sobre sus logros hacia su equipo. Cuando me interesé por el éxito de la plataforma de comercio electrónico de Dick's, dijo: «En primer lugar, no es sólo cosa mía. Hay un ejército entero de personas que han estado forjando la tecnología y el comercio electrónico de Dick's durante muchos, muchos años... desde mucho antes de que yo llegara a Dick's». Y cuando le pregunté cómo se generan las ideas en la empresa, contestó: «Recibimos una tonelada de inspiración e ideas de los gerentes de las tiendas. «Ed [Stack, fundador y presidente], el equipo entero de liderazgo y yo misma visitamos las tiendas con más frecuencia que casi cualquiera de las empresas que conozco... Comprobamos el entorno y cómo le va en general al establecimiento; pero, sobre todo, nuestro objetivo consiste en escuchar a la gente de las tiendas y descubrir dónde creen que están las oportunidades. Algunas de nuestras mejores ideas han surgido de las tiendas.»

Eso es igualmente cierto en el trabajo que hemos hecho en la Lift a Life Novak Family Foundation. Estamos fuertemente centrados en nuestros socios, en las personas que dirigen nuestros programas y en las que están en primera línea, logrando que las cosas ocurran. Por ejemplo, Margaret Duffy ha sido directora ejecutiva del Novak Leadership Institute de la Universidad de Missouri desde que lo fundamos, en 2016. Le he dicho muchas veces que la única razón por la que no dudamos en financiar el instituto fue que sabíamos que tenía una directora que lo podía sacar adelante. Sus ideas para convertir el programa *Llevando a tu equipo contigo* —que había desarrollado y perfeccionado yo en Yum!— en un acreditado programa de liderazgo de doce horas de créditos para estudiantes universitarios fueron inestimables. Cada vez que me reúno con el presidente de la universidad (Mun Choi) para hablar del instituto, le hago saber que el éxito del programa es en gran medida de Margaret.

Hubo un tiempo en el mundo de los negocios cuando saberlo todo, la actitud de «mi camino o mi autopista», se veía como el camino hacia el éxito. Es una idea pasada de moda que, probablemente, no funcionó nunca. La gente así suele tocar techo enseguida, es desdichada o vuelve desdichados a los demás. Tienen limitaciones en lo que pueden conseguir porque no son aprendices eficaces.

Cuando me ascendieron para dirigir la cuenta de Frito-Lay en la agencia de publicidad, yo sólo tenía veintinueve años. Mis jefes me pusieron a trabajar con Jack Byrum, un legendario formador de imagen que había trabajado con Johnny Carson y otros famosos, para aprender cómo parecer más maduro y seguro. Lo más importante que aprendí de Jack fue lo contrario de esa visión pasada de moda del liderazgo: «No mires arriba. No mires abajo. Mira siempre hacia delante», me dijo. Lo que quería decir era que no eres mejor o peor que nadie, con independencia de tu posición, tu edad o tu experiencia. Byrum creía en proyectar una potente imagen de «hombre/mujer importante», pero si tu ego parece más grande de lo que debe ser, nadie te verá como un líder creíble. En la actualidad, cuando me reúno con personas jóvenes, me encanta que me miren directamente a los ojos y me digan lo que quieren decir, en lugar de lo que creen que yo quiero oír.

Cuando se trata del *aprendizaje* humilde, otra costumbre vital a desarrollar es decir «no lo sé», una idea a la que aludí por encima al referirme a cómo aprender de la gente que sabe más que tú. El profesor John Wooden hablaba sobre esa costumbre todo el tiempo. Por ejemplo, cuando reclutó a Kareem Abdul Jabbar (conocido entonces como Lew Alcindor), nunca había formado a un jugador de más de dos metros diez, al que describió como un jugador *súper* alto. Reconoció su carencia y acudió a jugadores que también eran súper altos, como Wilt Chamberlain, para conocer qué les habían enseñado; y acudió a los entrenadores de dichos jugadores para descubrir los mejores enfoques. Yo tuve la suerte de conocer a Wooden porque uno de nuestros franquiciados, además de buen amigo mío, Eddie Sheldrake, había jugado al baloncesto para él. La mañana que pasé en la modesta casa de Wooden fue una de las más fascinantes de mi vida. Parecía exudar sabiduría sin ningún esfuerzo, aunque era increíblemente humilde y generoso.

La disposición a decir «no lo sé» se convirtió en imperativa para la mayoría de nosotros a principios del año 2020, con la aparición del Covid-19. No teníamos ni idea de lo que iba a pasar. Acudimos a los profesionales de la salud en busca de guía, pero había un problema: que ellos tampoco lo sabían. Era un virus nuevo, y se estaban esforzando por hacer estimaciones aproximadas sobre cómo se iba a comportar. Los líderes de la salud estaban en un brete especialmente duro. Madeline Bell, CEO del mundialmente famoso

Children's Hospital de Filadelfia, me dijo: «En tiempos de crisis... a veces tenemos que desarrollar músculos nuevos». Y el nuevo músculo que ella tuvo que desarrollar se empezaba a sentir cómodo diciendo «no lo sé». Madeline siempre había tenido la sensación de que, como CEO, debía tener respuesta para todas las situaciones. Cuando el Covid-19 se empezó a extender, y el hospital se enfrentó a una crisis financiera, eso no fue posible.

En mitad del caos, la revelación que la ayudó en su puesto directivo fue que la gente no necesitaba que ella supiera nada; sólo necesitaban comprender que había un proceso para conseguir respuestas. La escucha y la comunicación abierta fueron sus herramientas preferidas, pero derivar la toma de decisiones a los equipos de liderazgo fue aún más importante que eso. Dichos equipos eran personas con talento que estaban más en contacto con lo que pasaba en sus departamentos y grupos. Sabían más que ella, y tenían que responder con rapidez durante la crisis. Si se hubieran aferrado por completo al poder de la toma de decisiones, la crisis habría sido peor. Y sólo a través de su modelo de humildad pudieron concentrarse en ser flexibles, estar abiertos a ideas y posibilidades y aprender.

Demasiadas personas empiezan a oler su propio aroma mientras ascienden, pero Nathan Smith evita esa trampa del ego. Todos los años participó en el National Senior-Junior Championship, un torneo de golf de Florida; yo soy el golfista mayor y Nathan, el joven; Nathan es un *amateur* magnífico que ha participado en cuatro Masters y ganado cuatro veces el torneo US Mid-Amateur, además de ser capitán del equipo de la American Walker Cup del 2025 (una competición de aficionados entre los Estados Unidos, Gran Bretaña e Irlanda). Está claro, es un jugador significativamente mejor y con más logros que yo; pero, cuando jugamos y doy un golpe terrible, lo que me dice es esto: «Somos buenos, socio. Somos buenos». Me tranquiliza y me hace saber que me cubre las espaldas. Deja su ego a un lado y reconoce el poder que tenemos como equipo.

Lo han dicho gurús de la gestión como Tom Rath y John Maxwell; lo han dicho el pastor Rick Warren y el actor Clint Eastwood; hasta lo ha dicho El Anciano del *Doctor Strange* de Marvel, y se llama «la más sencilla y significativa lección de todas».

No se trata de ti.

Si puedes aprender esa lección, lo puedes aprender casi todo.

Aprende a ser humilde y a tener confianza

- Piensa en algo que hayas conseguido recientemente. ¿Quién te ayudó a lograrlo? ¿En qué contribuyó?
- ¿Has permitido alguna vez que tu ego se interponga en el camino de una buena idea o de una oportunidad de aprender? ¿Cómo te sentiste? ¿Cuál fue el resultado?
- ¿Qué experiencia, situación o persona de tu vida te mantiene con los pies en la tierra? ¿Quién te dice «Aquí no eres el CEO»?

CAPÍTULO 15

ELIMINA EL «NO SE HA INVENTADO AQUÍ»

Una vez trabajé para un líder al que le encantaba arrogarse las ideas ajenas. «Podemos reducir los costes si hacemos X, Y y Z», decía alguien, y él contestaba: «Vaya, mientras conducía esta mañana estaba pensando lo mismo». O yo entraba en su despacho un lunes por la mañana y decía: «Esta campaña sería más eficaz si hiciéramos A, B y C», y él comentaba: «Se me ocurrió exactamente lo mismo este fin de semana, mientras jugaba al golf».

A decir verdad, yo le presentaba montones de ideas, así que es posible que algunas se superpusieran; pero sabes que algo es un problema cuando se convierte en una broma en la oficina. La gente del equipo hablaba en la sala de descanso sobre los planes que tenía para el fin de semana o las vacaciones y alguien decía: «Vaya, yo estaba pensando exactamente lo mismo», arrancando montones de carcajadas.

Creo en dirigir hacia arriba (y hacia abajo y hacia los lados), de modo que decidí que aquel hombre necesitaba oír la verdad, porque su actitud empezaba a afectar a la moral y a erosionar el respeto que le tenían. Yo sabía que su costumbre era hija de la inseguridad, así que empecé con un reconocimiento sincero: «Eres un líder fantástico e inteligente. No hay duda de que mereces el puesto que tienes». Y luego, añadí: «No puedes estar pensando todo el tiempo lo mismo que pensamos todos. Es importante que celebremos las ideas de otros, para que sigan compartiéndolas. Creo que, si haces eso, conseguirás más innovación y todos tendremos un equipo con más éxito».

Funcionó. Abandonó su costumbre y se convirtió en un líder más eficaz. La gente adoraba trabajar con él, y las bromas de la sala de descanso desaparecieron.

La mayoría de las buenas ideas están delante de nosotros, ya sea en la práctica o en la cabeza de alguien. Por eso empecé la primera parte del libro con la idea «Aprende de». Pero, si quieres animar a otras personas a compartir activamente ideas y conocimientos contigo, demuéstrales que tienes una mente abierta y un corazón dispuesto a compartir el mérito, o incluso a concedérselo todo. **Los aprendices activos celebran las ideas ajenas. Y como las celebran, reciben más buenas ideas, lo cual acelera su aprendizaje y expande sus posibilidades**.

En Yum! basamos nuestra cultura en el reconocimiento deliberado: reconoce y celebra el comportamiento que quieres promover, y conseguirás más comportamientos así. Uno de los que intentábamos promover era el de compartir conocimientos. En una enorme empresa global como la nuestra, las buenas ideas surgen por todas partes, pero no siempre se extienden a todas partes. Si podíamos encontrar las mejores ideas y distribuirlas por la empresa, ayudarían a que todos los restaurantes mejoraran. Los líderes que compartieran sus mejores prácticas ganarían gratificaciones más altas, cosa que dijimos a toda la compañía. El equipo de KFC de Australia generó más innovaciones de productos nuevos que cualquier otro: filetes de pollo deshuesado, brochetas de pollo y la Variety Big Box Meal, ideas que se implementaron en muchos sitios. Como reconocimos los méritos de los miembros del equipo, siguieron innovando y compartiendo lo que se les ocurría, y eso aumentó el potencial de todo el mundo.

Sin embargo, el simple hecho de que la gente comparta una buena idea no implica que otros la vayan a adoptar. A menudo, la gente rechaza buenas ideas porque no son *suyas*, porque «no se han inventado aquí». Lo veíamos con frecuencia. Las buenas ideas chocaban contra el «puede que a ella le funcione, pero a mí no me funcionaría» o el «sé lo que estoy haciendo».

Yo quería eliminar ese «no se han inventado aquí» y lograr que la gente se preguntara en su lugar: «Si ha funcionado con ellos, ¿por qué no va a funcionar con nosotros?». Así que también pagamos primas mayores a los equipos que hacían un buen trabajo adaptando e implementando ideas nuevas procedentes de otras tiendas. Con toda esa celebración (y compensación) de las buenas ideas, y de cómo se llevaban a cabo o mejoraban, la práctica de convertirse en productor de conocimientos se extendió y tuvo un enorme y positivo efecto para la empresa.

Hasta cuando no estamos de acuerdo con la totalidad de la idea de alguien, podemos celebrar la parte en la que estamos de acuerdo. Larry Senn, el mentor que ya he citado varias veces, me enseñó la técnica de «apreciar... para aumentar la eficacia»: empieza por expresar lo que te gusta de la idea de una persona, lo que crees que funcionaría o lo que es especialmente creativo o útil. Al celebrar tú lo bueno, la persona en cuestión estará menos a la defensiva, y se tendrá el escenario correcto para mantener una conversación productiva sobre cómo lograr que esa idea sea aún más eficaz. Cuando un miembro del equipo directivo de Yum! presentaba una idea nueva, todos nos sentábamos alrededor de la mesa, hablábamos en primer lugar sobre lo que nos gustaba de ella y, a continuación, expresábamos nuestras opiniones sobre la forma de mejorarla. A la gente le gusta hablar de sus ideas, así que mantén la conversación en ese punto y presenta tus pensamientos como contribuciones.

En la época en que yo estaba ayudando a crear la cultura de Yum!, ya había tenido grandes modelos a seguir en la práctica de compartir los méritos. A principios de los noventa, cuando estaba trabajando en Pepsi-Cola, las aguas embotelladas eran el segmento de crecimiento más rápido del negocio de las bebidas. Wayne Calloway, el presidente de entonces, siempre preguntaba: «¿Cuándo vamos a entrar en el negocio del agua?». Era improbable que fuéramos a descubrir un exótico manantial sin explotar en alguna montaña, así que nos concentramos en adquirir una empresa ya existente de agua embotellada. Pero un día, Wayne formuló una incisiva y bella pregunta que lo cambió todo: «¿Por qué no podemos utilizar nuestras embotelladoras y hacer nuestra propia agua?». Wayne nos ayudó a comprender que a los clientes no les importaba de dónde procedía el agua; sólo les importaba su pureza. Rápidamente se nos ocurrió una forma de purificar el agua que ya estábamos usando en las embotelladoras de Pepsi y creamos Aquafina, que llegó a ser la número 1 de las aguas embotelladas en los Estados Unidos.

Aquí está la clave: fue la idea de Wayne Calloway y la insistencia de Wayne Calloway las que nos empujaron hacia el negocio del agua, pero Wayne nunca pidió ni recibió reconocimiento alguno por Aquafina. Dejó que la gloria fuera nuestra.

Wayne me enseñó que el éxito es un bien tangible que los líderes aprovechan para que otras personas se sientan bien con ellas mismas y ayuden a crecer y a aprender a toda la organización. **Los líderes deberían ser responsables de lo que va mal y renunciar a llevarse el crédito de lo que va bien.** Y cuanto más alto asciendes en la organización, más importante es que des crédito a otros, especialmente cuando eres el CEO y la cara pública de la empresa. Puede que la gente ponga las pérdidas sobre tus hombros, pero también pondrá las ganancias. Cuando abrí un centro de cuidados infantiles en el centro de apoyo a los restaurantes de Yum!, recibí muchos elogios por mi emprendedor liderazgo; desde luego, yo era consciente de lo que estaba pasando y estaba contento por ello, pero mi implicación se limitó a eso. La idea y su ejecución fueron cosa de Anne Byerlein, nuestra jefa de personal, así que me aseguré de que la gente —sobre todo, los periodistas— acudiera a ella, para que se centraran en *su* emprendedor liderazgo.

Siempre habrá personas (como cierto exjefe mío) que quieren llevarse el crédito de ser fuente de buenas ideas y de estrategias con éxito. Es fácil que caigas en esa trampa cuando asumes un nuevo cargo directivo. Puede que te quieras centrar en lo que el líder anterior no hizo bien. Pero puedes usar el ejemplo de Steve Kerr para evitar esa trampa. Cuando Steve sustituyó a Mark Jackson (que no había conseguido el campeonato de la NBA) como entrenador de los Golden State Warriors, no se concentró en lo que Jackson no había logrado ni en el motivo por el que se había quedado corto. En lugar de eso, aprovechó todas las oportunidades que tuvo para reconocer el trabajo de Jackson por haber hecho un equipo fuerte, que estaba preparado para triunfar. En su primer año llevó a los Warriors a ganar el campeonato, el primero que se conseguía en cuarenta años, y dio gran parte del mérito a Jackson. Por supuesto, cuando le pregunté por aquel equipo que encabezó la liga y se distinguió por un estilo de juego basado en los pases que hizo historia, respondió así: «Bueno, heredé un excelente equipo de pasadores».

Admito que una de las cosas de las que me arrepiento en mi profesión es la de haber sido crítico con un líder previo y haber incidido en exceso en la debilidad del equipo y de las ideas que habían fracasado. Cuando llegué a la presidencia de KFC, hice demasiadas críticas al régimen anterior por su incapacidad de mejorar las ventas y trabajar con las franquicias, por ejemplo. Pero sus esfuerzos facilitaron que lo que yo hice después tuviera más éxito, aunque sólo fuera por aprender de lo que ellos habían intentado y no había salido bien.

Cuando Frank Blade se convirtió en CEO de Home Depot (2007), no siguió mi ejemplo, sino el de Steve Kerr. La junta tuvo que convencerlo para que aceptara el cargo, porque él no creía que estuviera cualificado. Era abogado comercial y no tenía experiencia ni en mercadotecnia ni en venta al por menor. Una de las primeras cosas que hizo cuando aceptó el cargo fue llamar a su hijo, que casualmente era gerente de una tienda de Home Depot. Le dio la noticia y su hijo rompió a reír. Pensó que Frank estaba bromeando. Frank lo convenció de que no era una broma, y le habló de su primer desafío: tenía que grabar un mensaje en vídeo para proyectarlo en la sala de descanso de todas las tiendas, que llegaría a los 350000 asociados, y no estaba seguro de lo que debía decir. Home Depot no iba bien y la moral estaba por los suelos. ¿Cuál era el mensaje correcto que les debía transmitir?

Su hijo volvió a reír, dijo «buena suerte, papá» y, acto seguido, guardó silencio un momento y le dio una idea brillante: «Si quieres, te digo cómo empiezo yo mis reuniones. Leo un fragmento de *Built from Scratch*», un esclarecedor libro de Bernie Marcus y Arthur Blank —fundadores de Home Depot— sobre cómo crearon y desarrollaron la empresa. En todas las reuniones, el hijo de Frank celebraba las ideas y los principios fundacionales que les habían dado éxito desde el principio.

Es posible que otros directores ejecutivos hubieran querido enfatizar cómo iban a poner su huella en las cosas, qué iban a cambiar y cómo resolverían los problemas que los directivos anteriores no habían podido resolver. Sin embargo, en su primer mensaje a los asociados, Frank habló sobre la pirámide invertida, una idea central del libro de los fundadores. Arriba, en la zona más alta, están los clientes; debajo, los asociados y los trabajadores y ejecutivos de apoyo, y, por último, en el minúsculo triángulo inferior, el CEO. Envió un mensaje muy claro: que lo que más importa es la gente, y que las ideas y actitudes que importan más son las de los clientes y los asociados. A partir de ese día encontró otras formas de homenajearlos, lo cual lo ayudó a dirigir exitosamente Home Depot durante un periodo difícil (la Gran Recesión empezó un año después de que asumiera el cargo).

Frank Blade es una de las personas más inteligentes que conozco, pero siempre digo a la gente que no tienes que ser tan listo para ser CEO. Sólo tienes que poseer la inteligencia necesaria para reconocer las buenas ideas de la gente lista.

Yo apliqué las lecciones aprendidas de Frank mientras establecíamos la fundación familiar. Cuando pedí a Ashley Butler —mi hija— que asumiera el cargo de directora ejecutiva, quería que encontrara su propio camino, que encontrara su propia identidad como líder y que tuviera confianza en sus habilidades y decisiones. Yo deseaba que mi confianza en sus ideas y capacidades brillara ante cualquiera que interactuara con la fundación, y la única forma de conseguirlo era asegurarse de que yo no proyectaba una sombra larga. Tenía que celebrar sus ideas sin someterlas a las mías. Al controlar mi ego y mi entusiasmo, le di espacio para que pudiera hacer cosas magníficas. Obviamente, celebraba sus ideas a lo grande, pero también con sutileza. Cuando alguien quería hablar conmigo sobre la fundación, derivaba inmediatamente la conversación hacia Ashley o lo dirigía a ella. Ahora, la gente sabe que ella es la persona a quien deben acudir en primer lugar, porque ella es la fuerza motora que se oculta bajo nuestro trabajo en educación infantil, el Dare to Care Food Bank de Louisville y el Wendy Novak Diabetes Institute.

Recuerda que la gente va por la vida con todo tipo de ideas brillantes atascadas en sus cabezas. Escuchar y formular buenas preguntas es importante, pero si damos crédito a la gente y celebramos sus ideas, los animamos a seguir innovando y compartiendo... Y entonces, todos aprendemos más, juntos. Reconocer los méritos es esencial para la colaboración.

Aprende a celebrar las ideas ajenas

- ¿Has sentido alguna vez que la gente que te rodea se guarda sus mejores ideas? Si lo has sentido, ¿por qué crees que es?
- ¿Siempre das a los demás la cantidad justa de crédito por sus ideas y contribuciones? ¿Cómo se lo das?
- ¿De quién es la idea o contribución que podrías celebrar hoy? ¿Qué cambiaría esa celebración en cómo te sientes y cómo te comportas?

CAPÍTULO 16

CONFÍA EN LA GENTE

Siempre he sido un líder de la Teoría Y.

En 1960, Douglas McGregor, profesor de dirección de empresas del MIT, describió dos tipos de liderazgo en el comportamiento humano en su libro *El lado humano de las empresas*. Los que están en la Teoría X creen que hay que coaccionar, controlar y amenazar a los empleados para que hagan un buen trabajo y asuman responsabilidades; los que están en la Teoría Y creen que la gente es generalmente creativa e ingeniosa, y que está dispuesta a asumir responsabilidades si se la trata bien.

Creo en dirigir organizaciones basándome en el supuesto de que el 99.9 % de casi todas las personas quieren hacer un buen trabajo, no uno malo o incluso mediocre. Confío en sus buenas intenciones.

Los aprendices activos comprenden el poder de la confianza y lo aprovechan para aprender más y más deprisa. Confiar en las buenas intenciones nos ayuda a superar nuestra natural desconfianza y a escuchar con una mente abierta. Nos ayuda a superar los prejuicios contra las ideas de personas que quizá no parecen estar de nuestro lado, algo que frecuentemente no es más que una historia que nos hemos montado con ellos. Cuando vamos más allá de ese tipo de pensamiento, somos más colaborativos y conseguimos que se actúe mejor con más rapidez.

Sin embargo, esa clase de confianza no llega siempre de forma natural. Estamos demasiado atentos a posibles amenazas en nuestro entorno. Estamos demasiado inclinados a interpretar los actos de la gente a través de una lente negativa; sobre todo, cuando nos hallamos en presencia de un conflicto o problema de larga duración. No quiero que pienses que soy un ingenuo, ni quiero sonar como si fuera un optimista ingenuo. Mis mayores decepciones vitales no están relacionadas con el resultado de los negocios o las ideas que fracasaron, sino con la gente que traicionó mi confianza. Pero *sé* que partir de una posición de confianza sigue mereciendo la pena.

En 1994, Wayne Calloway, presidente de PepsiCo, me preguntó si quería presidir KFC (en aquella época, yo era jefe de operaciones de la división de bebidas de Pepsi-Cola). Fingí que necesitaba tiempo para hablarlo con mi familia, aunque sabía que le daría un sí; y también sabía que Wendy me apoyaría en esa decisión. Ardía en deseos de empezar.

Cuando acepté el empleo, recibí más llamadas telefónicas de condolencia que de felicitación. Wayne me había pedido que aceptara el trabajo porque yo tenía fama de haber ayudado a cambiar el rumbo de empresas con problemas, y KFC —que dependía de PepsiCo— estaba en apuros: no había cumplido su plan de negocios en ningún momento y llevaba *siete años seguidos* sin superar las ventas del año anterior. Desde las franquicias, que poseían el 70 % de los restaurantes de KFC, la dirección era un puñado de forasteros a los que no les gustaba el pollo frito y no creían que KFC pudiera batir a nuestros competidores. Además, tenían la mayoría de los votos de marketing, lo cual significaba que lo controlaban todo, desde la publicidad hasta los productos nuevos; y solían votar en bloque... contra nosotros. La confianza estaba tan rota en aquella época que los franquiciados nos iban a denunciar por un asunto de derechos territoriales.

Yo había heredado un negocio en decadencia y un destrozado sistema de franquicias que amenazaban con declararnos la guerra.

Empecé a trabajar en KFC un lunes. Se había programado una conferencia con los franquiciados del sistema para ese miércoles, y los jefes de los departamentos me instaron a cancelarla. «Oh, no —repliqué yo—. Estoy deseando conocerlos.» Aunque solo sirviera para decirles que tenía muchas ganas de trabajar con ellos, yo iba a tener esa reunión.

Cuando llegó el miércoles, una de las primeras cosas que dije fue ésta: «Quiero que sepan una cosa: adoro el pollo frito de Kentucky», y era cierto. Luego declaré: «Miren, no conozco este negocio, pero voy a pasar por todo el proceso de aprendizaje. Voy a averiguar qué se piensa en las líneas del frente y voy a escuchar a nuestros clientes. Después, compartiré lo aprendido con vosotros y os preguntaré cómo se puede solucionar lo que no funciona. Juntos vamos a desarrollar un plan que cambie el rumbo de este negocio».

Era un grupo de gente dura, y yo sabía que, con independencia de lo que les dijera, seguirían concentrados en el asunto del contrato, de modo que añadí: «Sé que hay un problema con el contrato, pero no podemos arreglar el negocio si nos peleamos entre nosotros. Si no trabajamos juntos, no habrá ningún negocio por el que luchar. Ni siquiera voy a hablar del contrato hasta que arreglemos este negocio, así que no se molesten en sacar el tema».

Empezamos a enderezar el negocio en menos de un año y, en gran parte, lo conseguimos porque comenzamos a recuperar la confianza. Redondeamos al alza en lugar de la baja, partiendo de la base de que los franquiciados eran algo más que sus comentarios amargos o sus actos más agresivos; y eso los ayudó a devolver nuestra confianza. **En cualquier relación, tanto profesional como personal, alguien tiene que confiar más o confiar antes en romper la inercia y generar un impulso positivo.**

La estrategia que usé, y que tú puedes usar cuando te cueste superar tu escepticismo o cambiar de actitud, fue la de *concentrarse en los objetivos comunes*. Cuando dedicas más tiempo a pensar en los puntos en común que tienes con otra persona o grupo que en las divergencias, puedes esquivar la tendencia natural a considerar que los demás son una amenaza.

Empecé a cambiar la actitud de todos los que trabajaban en la empresa mediante el procedimiento de «sacudir el sistema», lo cual significa tomar las actitudes predominantes o las opiniones generales y darles la vuelta. Anuncié a todo el mundo en el edificio: «Hemos odiado a los franquiciados durante tanto tiempo que eso nos está matando. A partir de ahora, adoramos a los franquiciados; los adoramos por completo. Queremos trabajar con ellos, queremos aprender de ellos y queremos que sientan nuestro afecto. ¿Por qué? Porque no tenemos elección». Yo nos veía como si fuéramos un gran grupo unido, con una larga lista de objetivos comunes, un grupo donde todos nos apoyábamos en los demás para tener éxito.

Además, los franquiciados son emprendedores; muchos habían empezado sin nada y habían llegado a ser multimillonarios gracias a unas organizaciones bien dirigidas que gestionaban más de cien restaurantes. Tendríamos que haber estado locos para no escucharlos, no aprender de ellos y no apoyarnos en ellos; pero antes, teníamos que dejar de verlos como si fueran el enemigo. A pesar del voto en bloque, a pesar de la denuncia, debíamos confiar en ellos y en sus intenciones.

Yo ya tenía suficiente experiencia para ser consciente del poder de la confianza. Stephen M. R. Covey lo llama «la velocidad de la confianza», que también es el título de su exitoso libro; porque, cuando la confianza en un ámbito determinado es alta, todo se mueve más deprisa. Stephen me había dicho que había tenido una revelación durante sus primeros tiempos como CEO de Covey Leadership Center, la compañía que había fundado su padre, Stephen R. Covey. La empresa estaba trabajando con dos proveedores para producir un producto: uno era un socio de toda confianza, y todo el trabajo con ellos era tan rápido como fácil; el otro era de baja confianza, y su relación requería de inspecciones, procesos y reuniones extraordinarias, así que era lenta y costosa. Stephen empezó a ver el mundo a través de su lente de confianza y velocidad y, al cabo de un tiempo, la validó con una investigación y se convirtió en el centro de los programas de su empresa dedicados a generar confianza.

Nuestra situación con los franquiciados era una prueba anecdótica perfecta. El progreso en importantes iniciativas había sido tan lento como si camináramos en la melaza, y eso tenía que cambiar. Los miembros del departamento de finanzas dirían que la empresa mejoró por los nuevos productos, pero yo siempre digo que fue un triunfo del espíritu humano, porque sólo empezamos a generar o descubrir las ideas que llevaron a los nuevos productos cuando empezamos a confiar entre nosotros lo necesario para poder trabajar juntos.

Te pondré el ejemplo de los palitos de pollo, que originalmente se llamaban Crispy Strips. ID (Investigación y Desarrollo) no sabía cómo distribuirlos a escala nacional en una época en la que todo el mundo parecía tener algún tipo de palitos de pollo; todos menos nosotros, la empresa famosa por preparar bien el pollo. Yo llevaba alrededor de siete meses en KFC cuando supe que había una franquicia en Arkansas que vendía Crispy Strips y cuyas ventas habían crecido un nueve por ciento.

Las cadenas de restaurantes dependen de la familiaridad y la consistencia. Cuando un franquiciado desarrolla una línea de productos propia, todo suele ser un gigantesco «no». En los viejos tiempos, antes de que nos concentráramos en desarrollar la confianza y la colaboración, te garantizo que el franquiciado en cuestión no nos habría dicho lo que estaba haciendo y, si nosotros lo hubiéramos descubierto por nuestra cuenta, habríamos ido y lo habríamos aplastado como a un bicho por cambiar los productos sin permiso.

En lugar de eso, enviamos a nuestros equipos de ID y mercadotecnia a ver qué tal le iba. Él los llevó a su proveedor, quien les enseñó cómo podíamos ofrecer ese mismo producto a escala nacional. Aquel descubrimiento se convirtió en el producto nuevo con más éxito que KFC había introducido en el mercado desde la receta original del Coronel. *Y además*, enviamos un mensaje a los franquiciados: que confiábamos en sus intenciones y que ellos podían confiar en las nuestras; que sólo queríamos apoyar las ideas exitosas y buenas. Todo cambió ese día.

Poco después, solventamos el problema del contrato. Concedimos a los franquiciados los tres kilómetros de exclusividad alrededor de sus restaurantes que querían, y nosotros obtuvimos permiso para contratar y despedir a nuestras agencias de publicidad, lo que nos dio más control del mercado. Una disputa de casi diez años se había solucionado de forma justa porque habíamos aprendido a confiar.

La confianza resulta muy rentable; sobre todo, en equipos u organizaciones. Crea ámbitos de seguridad psicológica, que según Amy Edmondson, profesora de la Harvard Business School y autora de *La organización sin miedo*, son una mezcla de confianza y respeto. Su investigación ha demostrado que, **en las empresas que se esfuerzan por eliminar el miedo, la gente es más proclive a decir lo que piensa, compartir ideas, decir la verdad, ser innovadora y aprender de los otros.** Se esfuerzan al máximo con individuos en beneficio del conjunto.

Brad Richards, ganador en dos ocasiones de la Copa Stanley (con Tampa Bay Lighting y Chicago Blackhawks) y de un galardón al jugador más valioso de una ronda clasificatoria, hablaba sobre lo crucial que fue aquello para la capacidad de sus equipos de tener éxito en los partidos de alta presión y exposición de las eliminatorias. A veces, la primera línea de hockey sobre hielo, los jugadores más importantes del equipo, no lo hacen bien; entonces, los entrenadores sustituyen por jugadores de la segunda o incluso tercera líneas. Para esos jugadores, eso puede ser muy relevante, porque no siempre tienen ocasión de participar en los grandes partidos. En los equipos menos seguros, esos momentos pueden llevar al resentimiento y los celos; los jugadores de primera línea no quieren compartir los focos, no quieren que otros miembros del equipo los superen, y los de segunda línea permiten que su deseo de brillar los impulse sobre el hielo, lo cual no crea un buen equipo. Sin embargo, los equipos con éxito son grupos donde todo el mundo confía en que todos los jugadores quieren lo mejor para el equipo; confían en las intenciones positivas de los demás, así que pueden ofrecer apoyo y ánimos auténticos. Y juntos, ganan.

Mi *podcast* se creó a partir de la confianza y la seguridad. La mayoría de mis invitados son directores ejecutivos de grandes empresas de capital abierto, y algunos casi nunca conceden entrevistas. El mío fue el primer *podcast* que hizo Dave Calhoun, CEO de Boeing. Lo contrataron para dirigir la empresa durante la crisis posterior a los accidentes de dos de sus 737, en los que fallecieron 346 personas. La compañía estaba sujeta a una investigación, su cultura estaba en duda, y tuvo que trabajar mucho para revertir la situación. Pero fue a mi *podcast* porque confía en mí.

Los invitados saben que nos los voy a engañar para que digan lo que no deben, y que no voy a usar ningún tipo de cebo como táctica en mis entrevistas. Dicho esto, también saben que seré justo y que los interrogaré sobre situaciones complicadas, porque son algunos de los momentos más importantes que pueden compartir con los oyentes. La confianza y la seguridad permiten que la gente muestre su vulnerabilidad, y eso es lo que hace tan potentes nuestras conversaciones.

Por importante que sea que confiemos en las intenciones positivas, si queremos que la gente confíe en nosotros, nos tenemos que comportar del mismo modo. Tenemos que construir un depósito de confianza al que poder recurrir, y, como afirma Stephen Covey, nuestra integridad es un factor crucial en ello.

Por ejemplo, cuando tuvimos la idea de crear el Novak Leadership Institute en la Universidad de Missouri y nos comprometimos a financiarlo con una donación enorme, la universidad se comprometió a proporcionar una sede permanente, dedicada en exclusiva al instituto: un nuevo centro de bienvenida que se iba a llamar Novak Leadership Institute. Nosotros supimos que ese nuevo edificio daría aún más legitimidad al instituto, enfatizaría la dedicación de la universidad a la educación en liderazgo y atraería a los estudiantes porque sería una ventaja competitiva.

Años después de aquel compromiso, el edificio sigue sin existir. Los costes al alza de la construcción, problemas en la cadena de suministros y el

Covid-19 conspiraron para detener el progreso. Yo podría estar enfadado por el incumplimiento de un acuerdo; podría patalear y amenazar; o me puedo fijar en el trabajo que sí se está haciendo, el increíble liderazgo de Margaret Duffy y las otras formas de apoyo de la universidad, confiando en que, al final, se construirá. La dirección de la universidad ha construido un depósito de confianza al que recurrir, así que confío en que, mientras trabajamos hacia dicho objetivo, seguiremos colaborando y aprendiendo nuevas formas de hacer del instituto lo que queremos que sea.

Cuando alguien comete un error o no consigue respetar un compromiso, nuestra confianza se pone a prueba; pero **tenemos la frase «error honesto» por una razón. Pensar que ha existido una intención negativa nos aparta de las posibilidades y experiencias positivas.** Eric Church, premiado compositor y cantante de *country*, experimentó eso de un modo tan grande como un estadio. Sus espectáculos empiezan con una enorme bandera, tan ancha como el escenario, del país o estado de los Estados Unidos donde se encuentre. Una noche, tras haber ido a visitarme, me contó la historia del espectáculo en Texas, donde, por algún motivo, colgaron la bandera tejana boca abajo.

De repente, la multitud empezó a abuchear e insultar, y él no sabía por qué. Cuando se dio cuenta de lo que había pasado, pidió inmediatamente disculpas y les dijo que solventaría el problema y pondría la bandera bien.

Eric y yo hablamos sobre la reacción del público. Yo me pregunté en voz alta qué porcentaje de los presentes habría pensado que alguien había cometido un error honesto y qué porcentaje se lo había tomado de forma personal y había pasado a la ofensiva contra un artista al que habían pagado una buena suma de dinero para poder verlo. ¿Por qué iban a querer enfadar Eric y su equipo a decenas de miles de sus seguidores?

Todos somos humanos; todos perdemos los estribos, manejamos mal una situación delicada, no demostramos tanta compasión como deberíamos o tomamos malas decisiones. Cuando estamos del lado del que recibe, si podemos respirar hondo, encontrar un poco de empatía y confiar en que la otra persona tenía buenas intenciones que no han salido bien, podemos evitar una ruptura total del flujo de ideas, el aprendizaje y la colaboración.

Hace poco leí una notable definición de confianza: «La confianza es una relación de dependencia»[1]. ¿Acaso no nos apoyamos todos entre nosotros cuando queremos aprender, crecer o expandir nuestras posibilidades? Podemos elegir apoyar esa relación o podemos destrozarla. Si elegimos la segunda opción, nos estamos limitando a nosotros mismos; si elegimos la primera, las posibilidades son infinitas.

Aprende a confiar en las buenas intenciones

- ¿Eres un líder natural de la Teoría X? ¿O de la Teoría Y? Si eres de la Teoría X y no confías en que tus empleados quieren hacer un buen trabajo sin que los coacciones, ¿hay alguna prueba de tu equipo o compañía que te pueda convencer de lo contrario?
- ¿Has desestimado alguna vez una idea porque no confiabas en la persona que la había tenido y más tarde descubriste que era una gran idea? ¿Estaba justificada tu falta de confianza?
- Si piensas en tu vida actual, ¿hay algún problema de confianza en algún aspecto que esté ralentizando tu aprendizaje o crecimiento? ¿Puedes ser el primero en ampliar la confianza? ¿Cómo?

TERCERA PARTE

APRENDE POR

«La experiencia es la maestra de todas las cosas.»
Julio César

CAPÍTULO 17

BLOQUEADORES Y CONSTRUCTORES

A mis cuarenta y pocos años tuve que tomar una decisión difícil. Era 1997; llevaba tres años en la presidencia de KFC y, en colaboración con los franquiciados, habíamos corregido el rumbo de la empresa. Roger Enrico, presidente de PepsiCo, me dijo que quería que yo asumiera la presidencia de Frito-Lay, la división de aperitivos.

Era una magnífica oportunidad de dirigir una mayor y más prestigiosa división de la empresa (PepsiCo tenía tres divisiones centrales: bebidas, aperitivos y restaurantes). Yo ya había tenido cargos directivos en las otras dos divisiones, y pasar tiempo en la tercera era un paso lógico hacia asumir papeles más importantes en la corporación.

Pero rechacé la oferta y, sin duda alguna, fue la mejor decisión que pude tomar.

Yo había aprendido algo importante sobre mí mismo: que trabajar en restaurantes me encantaba. Adoro la comida; sobre todo, el proceso de crear nuevas recetas y nuestros productos para que la gente disfrute de ellos con sus familias. Me gusta el proceso de marketing para los restaurantes y las valoraciones inmediatas sobre las campañas. Y me gustan las personas, los empleados de primera línea y los clientes, que siempre me hacen pensar en mis padres.

Comprender eso sobre mí mismo me permitió perseguir lo que me hacía feliz en lugar de seguir ciegamente el camino esperado, algo que he hecho muchas veces durante mi carrera. Al perseguir a mis constructores de felicidad (que cambiaron con el tiempo), me sentí comprometido, energizado e interesado en lo que estaba haciendo. Aprendí más porque *quería* aprender más, y todo ese aprendizaje potenció mis oportunidades. No mucho después de rechazar el cargo en Frito-Lay, PepsiCo anunció un plan para escindir los restaurantes y convertirlos en una empresa nueva de capital abierto. Mi decisión de permanecer en los restaurantes me llevó al puesto de CEO de Yum! Brands, el mejor trabajo que podía imaginar, y que tuve el privilegio de ostentar durante diecisiete años.

Los aprendices activos saben que aprendemos mejor cuando sentimos más emociones positivas. En el artículo *The Neuroscience of Joyful Education*, la neuróloga, profesora y autora Judy Willis explica lo esencial de la investigación que respalda esta idea: «La verdad es que, cuando eliminamos la felicidad y la comodidad de las aulas, alejamos a nuestros alumnos del procesamiento de información eficaz y del almacenamiento de recuerdos a largo plazo»[1]. Cuando nos sentimos motivados y comprometidos y encontramos placer en el proceso educativo, obtenemos refuerzos neuroquímicos positivos como la dopamina y la serotonina, que ayudan a potenciar nuestra memoria y a que la información fluya con más libertad por el cerebro. Aprendemos más, hacemos mejores conexiones (pensamiento con patrones), lo que aprendemos se queda mejor en nuestra memoria y se nos ocurren más cosas.

Este es el primer capítulo de la tercera parte del libro, que trata sobre aprender haciendo, y el mejor sitio para empezar es aprender haciendo lo que te da placer. Cuando empiezas por ahí, todo lo demás es más fácil.

Alberto Carvalho, quien fue superintendente del sistema de educación pública de Miami-Dade y ahora es superintendente del sistema público de Los Ángeles, me dijo: «Nunca he conocido a nadie que tenga un éxito asombroso en algo que no ama y en lo que no destaca. La experiencia y la pasión son imbatibles». Su propio amor por el aprendizaje y su pasión por el poder de la educación para transformar vidas lo ayudó a dar un vuelco al distrito de Miami-Dade; lo ayudó a conseguir que las cosas se hicieran en el plano de lo político y de lo comunitario, especialmente en favor de los alumnos más vulnerables y sus familias.

Alberto no habría sido tan eficaz si su trabajo no le hubiera dado tanto placer, y el distrito no habría disfrutado de un viaje educativo tan poderoso bajo su liderazgo.

Ed Herlihy me contó que disfrutar en nuestro trabajo también aumenta nuestra tenacidad y nuestra ética profesional, que a su vez potencian el aprendizaje. Cuanto más comprometido estás, más dispuesto estás a invertir en aprender hasta las cosas más difíciles. Ed lo sabe mejor que nadie; es un abogado legendario de fusiones y adquisiciones, que representa a compañías inmersas en batallas de absorciones y organizaciones al borde del colapso. En el año 2008, Hank Paulson, secretario del Tesoro de los Estados Unidos, pidió a Ed que ayudara al Tesoro a decidir qué hacer con la crisis inmobiliaria y financiera. Ed ayudó a orquestar la adquisición hostil (la mayor de la historia de los Estados Unidos) de los gigantes financieros Fannie Mae y Freddie Mac por parte del Gobierno (quedaron bajo el control de un interventor). «Teníamos que reestructurar acuerdos financieros muy complejos —me confesó Ed—, y eso dio paso a un periodo de seis meses durante los que trabajé veinticuatro horas al día y siete días a la semana. No tuve ni un día libre ni un mal descanso.» Durante esos seis meses, Ed pasó de ayudar al Tesoro a representar al Bank of America en la compra de Merrill Lynch; luego ayudó a Morgan Stanley a convertirse en un *holding* bancario y, a continuación ayudó a Wells Fargo a cerrar el acuerdo de Citigroup con Wachovia, para poder adquirir ésta. «Tardé seis meses en cerrarlos [los acuerdos] y seis meses en recuperarme.»

«En lo que hacemos, o estás en el juego o no lo estás», me dijo. Cuando hablamos, aún estaba disponible las veinticuatro horas del día, y llevaba ocho meses así, por un acuerdo complejo del que, por supuesto, no me dijo nada. Pero esas horas interminables de aprendizaje y acción se le hacían cortas. «Adoro la empresa. Me apasiona el trabajo... Es algo que me estimula de verdad.»

El disfrute es nuestra fuente de propósito, pasión y misión. Y la parte más placentera del aprendizaje.

Desde luego, perseguir el placer requiere que sepas dónde encontrarlo en tu vida y tu trabajo. No hay mucha gente que se plantee qué los hace más felices, más allá de cosas que no están necesariamente bajo su control. Cuando escribí *Hazte cargo de ti*, en colaboración con el profesor de rendimiento Jason Goldsmith, afrontamos de inicio esa cuestión. Si te vas a entrenar para tener éxito, necesitas saber hacia qué te estás entrenando. Jason y yo sugerimos que la gente empezara por buscar bloqueadores de placer en su experiencia vital (recordar lo negativo se nos da mejor que recordar lo positivo) y después buscara sus constructores de placer.

Prueba a preguntarte esto: ¿qué se está interponiendo en el camino de mi disfrute? Si no estás seguro, recuerda alguno de tus peores días, o un trabajo que te frustró o te hizo sentir insatisfecho o deprimido. ¿Por qué fue tan difícil para ti? ¿Hubo alguna cosa específica que tuvieras que hacer y temieras hacer? ¿Había alguna persona o equipo con los que tuvieras que trabajar que te desanimara?

Estoy seguro de que se te ocurren ejemplos. Todos odiamos nuestros trabajos de vez en cuando. Pero, aunque se te ocurran ejemplos, puede que nunca hayas sopesado o analizado lógicamente el *motivo* por el que estabas insatisfecho en una situación o ámbito particulares.

Me gustaría poder darte un buen ejemplo de ese tipo de reflexión a partir de mi propia vida, pero no me suelo sentir así. Y no creo que los aprendices más activos tengan mucha experiencia al respecto; al menos, no durante mucho tiempo. **Cuando los aprendices activos se encuentran en una situación demasiado llena de bloqueadores de placer, encuentran la forma de salir de ella o aprenden a esquivar los bloqueadores rápidamente. Saben que, si no lo hacen, se estancarán**. También saben que el simple hecho de que un empleo o situación no estén precargados de constructores de placer no significa que se haya tomado una *decisión equivocada*; sólo significa que tienen que encontrar el modo de esquivar los bloqueadores.

Eso tiene este aspecto en la práctica: hace más o menos siete años, antes de que rechazara el empleo de Frito-Lay, dejé el trabajo de jefe de marketing de Pizza Hut —un trabajo que adoraba— para asumir el cargo de vicepresidente ejecutivo de marketing y ventas de la división de bebidas de Pepsi-Cola. Estaba encantado con la oportunidad, pero también tenía mis dudas. Las cuatro personas que habían ostentado previamente el cargo se habían estancado o se habían buscado rápidamente otro empleo; era una verdadera posibilidad de fracasar o triunfar del todo. Tendría que haber visto las señales de lo que iba a pasar cuando tomé el *Wall Street Journal* el primer día y leí este titular: Wojak, *nombrado jefe de marketing de Pepsi* (a mi padre y mi madre les molestó bastante más que a mí que escribieran mal mi nombre).

Al principio, todo parecía estar mal. Cuando estaba en Pizza Hut me divertía generando nuevas y excitantes ideas con un equipo de personas entusiastas, y lográbamos grandes cosas; pero en Pepsi, la cultura estaba atrincherada, el ambiente de trabajo era frío y, en cuanto a los planes de marketing y publicidad, estaban «establecidos». Mis esfuerzos por inyectar diversión y pasión en el ambiente o en nuestras ideas no se recibían bien. Además, Pepsi era más jerárquica que Pizza Hut y, cuanto más alto estabas en el escalafón, menos tenías que hacer. Todos los días escuchaba: «Ya lo haremos por ti». Y yo no quería eso.

Estuve fuera de juego durante los primeros meses, la única época en mi carrera en la que no ardía en deseos de ir a trabajar por la mañana. Pero supe que, si perseveraba, encontraría una forma de que el cargo encajara conmigo. Sólo tenía que descubrir un desvío para esquivar mis bloqueadores de placer y empezar a hacer las cosas a mi modo.

La oportunidad adecuada se presentó con Mountain Dew. Yo creía que la marca tenía más potencial del que pensábamos. Por entonces, las muy establecidas guías de marketing de Mountain Dew exigían de una imaginaría acuática tranquilizadora: arroyos y lagos de montaña; cosas «rurales», de «aire libre». Yo quería dar una imagen nueva, algo con lo que disfruto siempre porque es una tarea creativa y colaborativa. Quería sacar a Mountain Dew del campo y llevarla a la ciudad, hacerla más popular; pero no lograba convencer a Alan Pottasch, el legendario jefe de publicidad de Pepsi, el padre de «la generación Pepsi».

En consecuencia, esquivé el sistema y acudí a otra leyenda, Phil Dusenberry, jefe de la agencia de publicidad BBDO, para que creara una campaña para la *Diet* Mountain Dew, porque nadie estaba prestando demasiada atención a eso.

Phil y su equipo crearon una campaña donde se presentaba a «los chicos Dew», cuyo eslogan era *been there, done that**. La gente se quedó con la frase al instante (crear una expresión que forme parte de lo vernáculo es el sueño de todo vendedor, y aún sonrío cuando oigo que alguien la usa). Diet Mountain Dew se convirtió en nuestra bebida de crecimiento más rápido, así que extendimos el esfuerzo al Mountain Dew normal con la campaña más afilada y más energética del *Do the Dew*, centrada en deportes extremos. Tuvo *mucho* éxito. Al concentrarme en mis constructores de placer logré esquivar los bloqueadores, volví a estar en el partido.

¿Cuáles son tus constructores de placer? ¿Cómo los puedes perseguir? Piensa en algunos de tus *mejores* días o trabajos, en tiempos en los que te sentías especialmente resuelto, poderoso, optimista y feliz. ¿Qué estaba pasando? ¿Qué estabas haciendo? ¿Con quién lo estabas haciendo? ¿Qué

---

* Ya lo viví, ya lo superé.

cosas específicas te hacían sentir feliz, entusiasmado o lleno de energía? Intenta localizar ejemplos de bloqueadores de placer y pregúntate esto: ¿qué me habría hecho más feliz en esas situaciones?

A veces, encontrar el placer en un trabajo o en la vida depende de las cosas pequeñas que se acaban convirtiendo en cosas grandes. Jesse Cole, propietario del Savannah Bananas, el equipo de baloncesto de exhibición, me dijo que se enfrentó a un desafío durante la primera época de su carrera. Estaba totalmente concentrado en su siguiente paso profesional, en convertirse en director general, socio o propietario. Estaba impaciente y, al mismo tiempo, sus progresos no le estaban dando demasiada satisfacción. Tras indagar en su alma, tuvo una revelación: «Lo que más alegría me da es ver que otras personas se lo pasan en grande, se divierten y adoran lo que hacen —me confesó—. Compartir, enseñar y divertirme con otros me da más placer, más éxito y más gratitud». Y eso fue lo que decidió hacer.

Los Savannah Bananas son como los Harlem Globe Trotters. Dan un espectáculo para los seguidores y permiten que los seguidores ayuden a crearlo. Los aparcacoches llevan disfraces de bananas; las entradas son de rascar y oler; una orquesta da la bienvenida a los aficionados al estadio; el entrenador baila entre jugada y jugada; el equipo interpreta comedietas en los descansos, y Jesse suele estar en las gradas con su esmoquin de color amarillo brillante y su sombrero de copa, animando. Hacen lo que sea con tal de que los espectadores se diviertan.

Toda esa diversión genera un montón de éxito. Venden todas las entradas todas las temporadas, y tienen una enorme lista de espera.

Jesse escribe una carta diaria de agradecimiento a cualquiera que haya tenido un impacto sobre su vida o negocio, y me envió una donde describía lo que había aprendido de mis libros y cómo lo utilizaba. Yo me emocioné y quedé tan intrigado que tuve que hablar con él. Me dijo que ya había escrito más de mil cartas de agradecimiento y, más tarde, cuando aceptó mi invitación a salir en mi *podcast*, dijo: «Eso me da placer y me da felicidad... pero también extiende mi gratitud a alguien más».

Perseguir el placer ayuda a repartir gozo, lo cual crea una especie de ciclo virtuoso de aprendizaje.

Cuando persigo un trabajo que me da placer, desarrollo un entusiasmo contagioso, y eso me ayuda a atraer personas con talento a mi misión, lo cual me ayuda a su vez a aprender más y más deprisa. Eso fue indiscutiblemente cierto cuando me contrataron para dirigir el marketing de Pizza Hut en 1986, cuando la empresa había pegado un bajón. Necesitábamos ideas nuevas, gran colaboración y talento de primera categoría. Sin embargo, nuestra sede estaba en Wichita (Kansas), un sitio que no se considera una de las mecas del mundo de los negocios; pero la gente va a cualquier lugar si creen que pueden formar parte de una apasionante historia de crecimiento. Yo puse en práctica lo que creo que es una de mis mejores virtudes empresariales. Contratamos a personas de General Mills y Procter & Gamble y atrajimos talento de las grandes ciudades. Casi todos los que trabajaban en ese departamento se habían sumado para convertirse en superestrellas. Creo que puedo afirmar, sin pecar de ególatra, que mi entusiasmo estuvo relacionado con su decisión de unirse a nosotros. Si la gente cree que tiene una oportunidad de crecer, una ocasión de perseguir sus propios constructores de gozo y un ambiente positivo, se presenta.

Creamos la icónica campaña de publicidad *Makin' it great*, que se convirtió en nuestro grito de guerra. Introdujimos exitosas pizzas de especialidades (Meat Lover's, Cheese Lover's, Pepperoni Lover's). Creamos noches para los niños, ofreciendo *paninis* personales gratis y mini *kits* de juegos. Firmamos acuerdos con productores de películas, el torneo de baloncesto de la NCAA y muchos más. Adorábamos el trabajo que estábamos haciendo y el ambiente en el que lo estábamos haciendo. De repente, teníamos volúmenes de clientes de fines de semana los martes por la noche. Batíamos récords de ventas constantemente.

El cliché de la importancia de amar lo que haces es uno de los más antiguos, por una buena razón. Es esencial para avanzar. Si no te gusta lo que estás haciendo ahora, tienes que seguir buscando. Cuando tenía casi cincuenta años, mi hermana Susan decidió que estaba quemada en su puesto de directora de división de una empresa de residencias de ancianos. Soñaba con abrir su propia boutique de ropa, así que un día encontró el valor necesario para dejar su trabajo y perseguir su pasión. Abrió su propia tienda, que llamó *Sisters*, y no había un día que no estuviera deseando ir a trabajar. El negocio tenía sus dificultades, pero Susan era más feliz que nunca. Ser feliz en las dificultades es mejor que ser desdichado en el éxito. De lo único de lo que se arrepentía era de no haberlo hecho antes. La vida es demasiado corta para no hacer lo que te gusta, para no perseguir la felicidad si tienes ocasión.

Cuando encuentres tu felicidad, haz lo que sea necesario para aferrarte a ella. Un buen ejemplo es Jim Nantz, el comentarista deportivo ganador de un premio Emmy, la voz de la NFL en la CBS, la March Madness de la NCAA y el Masters de la PGA. En la década de 1990, la ABC tenía un puesto libre en *Good Morning America*, y Roone Arledge, jefe de ABC Sports, quería que Jim lo ocupara. Arledge lo llamaba todos los días y Jim intentó darle largas para tener tiempo de pensarlo. Le dijo a Roone que estaba de viaje de negocios en Italia y que volvería a casa a la semana siguiente, pero que se tenía que ir inmediatamente a Los Ángeles por otro trabajo. «¿Podríamos quedar la semana que viene?», le preguntó Jim.

Jim volvió de Italia, cambió su equipaje por otro, durmió unas cuantas horas y se dirigió al aeropuerto. Y cuando subió al avión, ¡descubrió que Roone Arledge estaba en el asiento contiguo! Durante seis horas, Roone se dedicó a venderle el trabajo: más dinero, una agenda de viajes menos frenética y otras ventajas. Jim se sintió honrado, por supuesto; pero, al final, tuvo que rechazarlo. «No lo llevaba en el corazón», me dijo. Adoraba los deportes, sabía cuáles eran sus constructores de felicidad, y ya había encontrado el trabajo que lo conectaba a dicha felicidad.

Si quieres maximizar lo que puedes aprender en una semana, un mes o un año, busca lo que te dé placer. Aprende a aprender sobre *ti* y, acto seguido, actúa a partir de lo que descubras. Te sorprenderá lo lejos que puedes llegar.

Aprende buscando la felicidad

- ¿Has analizado alguna vez tus constructores de felicidad? Si no lo has hecho, tómate tiempo para analizarlos ahora. ¿Cuáles son las cosas que te ha gustado hacer en tus distintos trabajos, papeles o aspectos de tu vida? Profundiza en los matices, esos factores centrales específicos que marcan la diferencia.
- ¿Hay algo que hayas perseguido o hayas aprendido totalmente por tu cuenta, sin demasiada motivación externa, porque te apasionaba? ¿Te pareció más fácil el proceso de aprendizaje?
- ¿Te gusta el trabajo que haces en la actualidad? En caso negativo, ¿hay alguna forma de perseguir tus constructores de felicidad en el empleo que ejerces? ¿En qué podría consistir?

CAPÍTULO 18

TODOS LOS DEMÁS ESTÁN OCUPADOS

Allá por la década de 1990, cuando yo estaba ascendiendo en Pepsi-Co, las plumas *fountain* de Montblanc eran un símbolo de estatus para los directivos, una especie de insignia en el bolsillo de la camisa de los ejecutivos. Yo me busqué una para sentirme parte del club; sobre todo, porque no tenía algunas de las insignias que tenían mis colegas, como una maestría en administración de empresas o un título obtenido en una universidad prestigiosa. Pocas semanas después me la metí en el bolsillo sin la caperuza, y la negra tinta formó una enorme mancha, arruinándome la camisa. Enfadado, tiré la pluma al otro lado de la habitación y la rompí.

No volví a comprar otra. Me tomé aquel momento como un signo, un recordatorio de que yo no era un tipo de plumas de Montblanc. Sencillamente, no iba conmigo.

Quizás conozcas la cita que se suele atribuir a Oscar Wilde: «Sé tú mismo; todos los demás están ocupados». Lo que escribió de verdad era más descreído: «La mayoría de las personas son otras personas. Sus pensamientos son los pensamientos de otros; sus vidas, una imitación y sus pasiones, una cita»[1]. Puede que, por mis antecedentes y por los prejuicios potenciales asociados a ellos, haya estado casi toda la vida esforzándome por ser yo mismo, por entender qué persona soy, en qué puedo contribuir, en qué creo, cuál es mi propósito y cuáles mis pasiones; pero, si no hubiera seguido ese camino, me habría perdido muchas lecciones.

Los aprendices activos saben que cuesta aprender cuando tu energía mental está concentrada en intentar ser alguien que no eres tú. En lugar de tener curiosidad y mostrarte abierto, estás a la defensiva; elevas barreras y reprimes tu brillo; y entonces, la gente que te rodea hace lo mismo. Cuando la gente no es auténtica, la mayoría nos damos cuenta y confiamos aún menos.

Marvin Ellison, presidente y CEO de Lowe's, fue uno de los pocos líderes negros de la década de 1990. «Prácticamente no había diversidad en las directivas —me contó—. No había nadie que se pareciera a mí. Había muy pocas personas que hubieran estado casi toda su carrera en trabajos de campo. Y no había nadie del Sur. Así que miraba a mi alrededor y me sentía como si fuera la única persona de todo el ámbito empresarial que tenía un aspecto, un pensamiento o un pasado como el mío.»

Pocos meses después de asumir el cargo, su esposa le preguntó qué tal le iba, porque parecía estresado. El trabajo no es muy duro, dijo él. Sabía lo que estaba haciendo, pero no tenía la sensación de encajar o de poder tener éxito en esa cultura. «Mi esposa me miró y me dijo: intenta ser tú mismo. Relájate, sé tú mismo y mira si funciona». Su consejo le hizo acordarse de las palabras de su padre: «Puede que no tengamos el coche más bonito; puede que no vivamos en una casa linda; puede que no lleves la mejor ropa todos los días. Pero recuerda siempre que nadie te puede ganar en ser tú. Así que, cada vez que sientas que no estás consiguiendo lo que crees que mereces, limítate a concentrarte en ser lo mejor que tú puedes ser».

Fue un momento «ajá» para Marvin. **«Me di cuenta de que, al encajar, estaba haciendo dos trabajos. Desempeñaba el empleo por el que me pagaban y, además, el empleo de ser alguien que yo no era. Tenía un turno doble, mientras todos los demás sólo tenían uno.»** Marvin cambió su forma de afrontarlo. Se empezó a vestir con un estilo que era profesional, pero más cercano a su personalidad, su ascendencia cultural y sus preferencias, en lugar de intentar fundirse con los demás. Sin embargo, aquello sólo fue superficial. Los cambios importantes se produjeron en lo que comunicaba y cómo lo comunicaba:

> Cuando me sentaba en una reunión, si había algo que en mi opinión no era correcto, lo mencionaba; pero lo mencionaba con datos y de una forma constructiva. Y luego pensaba: soy la única persona negra de este lugar. Dejadme que ofrezca cierta diversidad de perspectiva para

asegurarnos de que estamos tomando las decisiones adecuadas para un grupo determinado de consumidores. Yo compartiré pensamientos, anécdotas e ideas sobre la comunidad negra y formas en las que podemos ser más eficaces.

Antes de darme cuenta de lo que pasaba, la gente se me empezó a acercar. Querían saber lo que pensaba. Me invitaban a formar parte de grupos de proyectos y grupos de focalización, porque yo ya no parecía un producto básico... Estaban interesados en lo que yo tenía que decir porque era único, refrescante y escaso. Aprendí que, como hombre negro en los Estados Unidos, como ejecutivo negro en un mundo donde no había muchas personas con mi aspecto, lo mejor que podía hacer era ser tan bueno como fuera posible, tan auténtico como pudiera ser... en una forma que fuera progresiva, que fuera educativa, que ayudara a mejorar la organización llevando mis experiencias únicas, mi vida única y mi perspectiva única a la conversación.

Los aprendices activos como Marvin persiguen la autenticidad a través del reconocimiento de sus habilidades y valores únicos, averiguando qué les importa a ellos y por qué y aprovechándolo a continuación para tener un impacto positivo.

Muchos estudios han demostrado que ese sentido de la autoestima puede influir en nuestra capacidad de aprender. Los investigadores han descubierto que los niños con buena autoestima, con conciencia social y emocional y comprensión de sus fortalezas, rinden más en clase. Yo he visto su profundo efecto en nuestro trabajo con Global Game Changers, que ofrece un programa de educación primaria completamente gratuito de aprendizaje social y emocional. Jan Helson, cofundadora de Global Game Changers, procede del sector de la producción de alimentos y, cuando le preguntamos sobre lo que inspiraba a la organización, nos dijo que había visto a trabajadores de la planta de alimentos que, tras recibir una crítica constructiva de un encargado, se iban a comer y ya no volvían. Su confianza en sí mismos era tan baja que el simple hecho de señalar un error u ofrecer ayuda era un golpe que no soportaban. Jen se dio cuenta de que muchas personas de las que ejercían esos trabajos podían no haber tenido oportunidades para desarrollar una autoestima fuerte durante su juventud; y, cuando llegaban a su empresa, carecían de las herramientas necesarias para aceptar la crítica y *aprender*.

Jen formó equipo con su hermana Rachel para encontrar la respuesta a esta pregunta: ¿qué podemos hacer para desarrollar la autoestima, la empatía y una actitud de servicio en una fase de la vida tan temprana como sea posible?

Su modelo se basa en el aprendizaje basado en las fortalezas y en los beneficios de estar concentrado en los demás para tu propio bienestar. En lo tocante a los niños, lo simplificaron de un modo precioso: «mi talento + mi corazón = mi superpoder». El programa enseña a los niños a ser lo mejor que son, porque ése es el camino que lleva a marcar la diferencia, y en eso consiste ser un aprendiz activo. Entienden que la mejor forma de incidir de forma positiva en las circunstancias y la gente es llevar toda su maravillosa forma de ser a una situación determinada. Cuando mi hija Ashley Butler, jefa de la Lift a Life Novak Family Foundation, se enteró de la existencia del programa, me lo contó enseguida. Inmediatamente decidimos que nuestra fundación ayudaría a financiarlo. El trabajo que la organización ha hecho en las escuelas —sobre todo, en las comunidades con dificultades— ha sido transformador.

En general, todos queremos ser nosotros mismos; nos hace más felices, contribuimos más y aprendemos y crecemos más deprisa. Pero eso no significa que sea fácil. Nuestra «cultura de la comparación» (especialmente, en los grandes medios y las redes sociales) hace que luchar contra el mensaje de que debemos intentar parecernos a otras personas sea cada vez más difícil.

Bill Rhodes, CEO de Auto Zone, tuvo la suerte de haberse criado escuchando el mensaje opuesto. «Mis padres me enseñaron que no hay ídolos —me contó—. Nunca serás el mejor atleta, nunca serás el más guapo, pero sólo se trata de ser lo mejor que *tú* puedas ser. Así que me paso el día diciendo que no quiero ser otra persona.»

La otra gran carga es la disfuncional cultura empresarial que envía el mensaje de que sólo ciertas personas añaden valor. Una encuesta de PwC a más de 52000 personas mostró que uno de los principales factores en la gente que estaba sopesando la idea de dejar su empleo era el de saber si podían ser ellos mismos en el trabajo: el 66 % dijo que sentir que podían serlo era muy importante o extremadamente importante[2]. Como líder, he luchado siempre que he podido por eliminar las trabas que esa cultura puede crear. **Sabía que no podíamos tener éxito si no aprendíamos todos de**

los demás, y que eso sólo podía suceder si el conjunto incluía la perspectiva única y el talento de todo el mundo.

Tuve la primera prueba real sobre la ruptura de esas barreras cuando llegué a la presidencia de KFC, en 1994. Yo dividía mi tiempo entre Connecticut y Louisville (Kentucky), la sede de KFC, para que Wendy pudiera terminar su maestría y Ashley pudiera acabar su curso escolar. Durante mi primer vuelo entre las dos ciudades estaba entusiasmado y atemorizado a la vez; había querido ser «presidente de algo» durante mucho tiempo, y tal vez creas que, en consecuencia, había tenido mucho tiempo para averiguar *qué tipo* de presidente quería ser, pero no lo había averiguado. La inmensidad de mi nuevo empleo me abrumó. Mis actos, mis decisiones y la forma de afrontar el trabajo todos los días tendrían un impacto en la vida de los 100 000 empleados del equipo. Fue un vuelo de profunda reflexión para mí.

PepsiCo era esencialmente la universidad donde yo había obtenido mi maestría en administración de empresas, con muchos profesores brillantes de los que aprender; y, a pesar de sus esfuerzos por ser lo contrario, PepsiCo siempre había sido una empresa fundamentalmente vertical. En la cúpula directiva había tendencia a mantener una distancia emocional que establecía barreras entre ti y la gente que trabaja para ti.

Eso no iba conmigo. Siempre había sido un patito feo, uno que llevaba caros trajes de Brooks Brothers con la cola asomando por detrás y una pluma de Montblanc manchándole la camisa; pero ahora era el hombre al que todo el mundo miraría como modelo de nuestra cultura, y parecer un miembro del equipo como otro cualquiera era aún más importante para mí. Yo era quien en última instancia tomaría las decisiones, pero aquello no iba a ser como PepsiCo; no podía serlo, porque no encajaba conmigo. Y, al darme cuenta de ello, me liberé de la necesidad de intentar estar a la altura de un ideal, de un *ídolo*, de lo que se supone que debe ser un presidente. Puede que parezca algo sin importancia, pero para mí fue una revelación e influyó en todo lo que hice a partir de entonces.

Me *encanta* ganar, pero actúo desde la idea de que nos podemos divertir y ser positivos mientras ganamos, de que ser alegre y lograr que la gente se sienta bien con sus contribuciones es la mejor forma de ganar; y como comprendía eso sobre mí mismo, hice algunos cambios inmediatos que engendraron una nueva cultura empresarial basada en el reconocimiento y las personas. Quería que todos nos tomáramos el negocio en serio, pero tomándonos *menos* en serio a nosotros mismos. Quería desarrollar una atmósfera relajada y desenfadada que desenfatizara los títulos y la jerarquía y animara a todo el mundo a trabajar juntos, apoyarse los unos a los otros y divertirse.

Empecé con nuestra sede, que renombramos como «centro de apoyo a los restaurantes» (una definición nada jerárquica; de hecho, fuimos la primera empresa que utilizó ese tipo de lenguaje con su propia sede). Estábamos en una mansión de estilo anterior a la Guerra de Secesión estadounidense, construida por el otrora presidente de KFC y más tarde gobernador de Kentucky John Y. Brown, con intención de que se pareciera a la Casa Blanca. Estaba abarrotada de antigüedades caras y cuadros originales. Yo me sentía como si trabajara en un museo, y no en un museo divertido, de modo que me deshice de casi todos los muebles antiguos y sustituí muchas de las obras de arte por cuadros de la gente de nuestro equipo, idea que saqué de una visita a Southwest Airlines. Creamos el Paseo de los Líderes, un corredor lleno de imágenes históricas de nuestras marcas y de fotografías de personas que se habían distinguido por su gran rendimiento. Instituí el premio Pollo de Goma (del que te contaré más en el capítulo 27) para reconocer los logros de los empleados. Esos cambios ayudaron a aliviar el ambiente, pero sólo funcionaron porque la gente podía ver que era mi estilo de verdad. Llevé mi autenticidad al trabajo, y otros también llevaron las suyas. Marqué una enorme diferencia en nuestra capacidad para cambiar rápidamente el rumbo del negocio.

¿Cómo puedes alcanzar ese grado de comprensión y conciencia de ti mismo? Cada persona afronta el problema de modo distinto; pero, si has llegado a estas alturas del libro, es que ya has empezado. Por ejemplo, en el capítulo 1 compartí la idea de crear una cronología de tu vida y examinar cómo se han moldeado tus valores; en el capítulo 2 hablé sobre analizar la clase de espacios donde aprendes mejor y, en el capítulo anterior, sobre ejercitar los constructores de felicidad. Si has estado reflexionando sobre esos y otros ejercicios, has estado construyendo tu conciencia de ti mismo.

Cuando tienes esos cimientos, **sólo se trata de llevar tu forma de ser al momento presente, para que estés cómodo y tengas una mente suficientemente abierta para aprender las lecciones e ideas importantes según vayan surgiendo.** Pam Sherman, ejecutiva de liderazgo, profesora de comunicación y experta actriz, usa técnicas de actuación para conseguirlo.

Ha creado un ejercicio que se llama «Ensayarte a ti». «Ensayar suena extraño cuando estás hablando de ser auténtico y sincero —escribió Pam—, pero la mayoría de nosotros ha reprimido aspectos de su ser durante mucho tiempo. Tenemos que practicar para sacar a la luz todo nuestro carácter y, de ese modo, poder sentirnos cómodos y naturales al momento»[3]. Intenta imaginar una clase de situación en la que te esfuerzas por ser auténtico; quizá sea cuando tienes que compartir una opinión en una reunión, hablar en público (yo tuve ese problema durante años) o mantener una conversación difícil con alguien; cualquier situación de las que te suelen hacer pensar: «¡Vaya! Ojalá hubiera dicho o hecho...». Cuando se te ocurra una, pregúntate qué hay en la situación que te impida ser tú mismo; y luego, pregúntate qué efecto tendría en la situación que fueras X, Y o Z (en función de tus valores, tus fortalezas, tu objetivo). ¿Que diría tu personaje? ¿Cómo sería tu lenguaje físico? Y, por último, la próxima vez que te encuentres en dicha situación, intenta interpretar el «personaje» que has ensayado.

Will Ahmed, fundador de WHOOP, una empresa tecnológica de salud y deporte, me dijo que acudió a la meditación para afrontar el reto de ser él mismo en su papel. Había llegado a un punto crítico en el desarrollo de la empresa; había conseguido diez millones de dólares y creado un equipo de quince o veinte personas. Es una fase del crecimiento que puede resultar dura para muchos emprendedores. «Me sentía como si hubiera perdido el control —me confesó—. Me sentía desequilibrado. Me sentía como si las cosas salieran de mi boca y no fuera consciente de lo que había dicho hasta después.» Según me contó, estaba en un constante estado reactivo. «Supuse que aprender a meditar me ayudaría, y me ayudó de verdad. El proceso de la meditación es un proceso poderoso que te permite mirarte a ti mismo en tercera persona, no sólo durante la meditación misma, sino el resto de tu vida.» Dijo que, en un momento determinado, oyó una voz narrando lo que iba a hacer, alertándolo de síntomas de que no estaba siendo como verdaderamente era. «Esa habilidad de estar un paso por delante de ti mismo, en lugar de un paso por detrás, me cambió la vida.» Todo se redujo a entenderse mejor, a comprender mejor sus fortalezas y debilidades, a saber quién quería ser de verdad, auténticamente.

Sé que todo el mundo te está diciendo últimamente que medites. Empieza a sonar como si fuera una píldora mágica que cura cualquier enfermedad. Y puede que pienses que la meditación no está hecha para ti. Pero décadas de investigación demuestran que las técnicas de atención plena funcionan, así que encuentra una que te puede ayudar a ganar claridad sobre quién eres y cómo lo muestras en distintas circunstancias y papeles.

Si quieres indicar al mundo que estás abierto a nuevas ideas y perspectivas, demuéstralo siendo transparente *tú*. Trabaja el sentirte cómodo en tu propia piel. Pero debo advertirte una cosa: no uses la autenticidad como excusa. Uno de los peores descarrilamientos que se pueden sufrir en la vida es consecuencia de estar tan atrincherado en intentar defender quién eres que te impida ver las oportunidades de crecer y de tener mayor conciencia de ti mismo. Mientras creces, concéntrate en el impacto positivo que sólo tú puedes tener. Es un camino más satisfactorio que la alternativa, y es esencial para ser aprendiz toda la vida.

Aprende siendo tú mismo, tu mejor versión

- ¿Cuáles son tus fortalezas y habilidades? Describe en pocas palabras qué aspecto tiene tu forma de ser en distintas clases de situaciones.
- ¿En qué aspectos de tu vida actual (en partes específicas de tu trabajo o en cosas que persigues fuera del trabajo) brillan realmente esas fortalezas y habilidades? ¿Qué hay distinto en tu comportamiento y tu actitud sobre el aprendizaje en dichas situaciones? ¿Qué hay distinto en tu crecimiento personal?
- ¿En qué aspectos de tu vida no estás siendo tú? ¿Y por qué? ¿Qué podrías hacer al respecto?

CAPÍTULO 19

«AÚN NO»

Ashley Butler, mi hija, ha demostrado ser una líder excepcional como directora de la Lift a Life Novak Family Foundation. Tiene una potente combinación de habilidades analíticas y pensamiento creativo, que aprovecha para desarrollar y promover poderosas soluciones comunitarias a grandes desafíos como la educación infantil, el hambre y la diabetes. Una de las claves de su éxito es su habilidad para superar la tendencia natural que tenemos muchos de nosotros a quedarnos en nuestra zona de confort. Ashley aprendió —y tú puedes aprenderlo, en calidad de aprendiz activo— a empujarse a sí misma, o permitir que otros la empujen suavemente, hacia territorios inexplorados.

Cuando Indra Nooyi, ex directora ejecutiva de PepsiCo, aceptó una invitación a mi *podcast*, yo quería que hablara sobre su nuevo libro autobiográfico, *Mi vida plena* (si quieres un curso avanzado sobre aprendizaje activo, lee su maravilloso texto).

Indra escribe sobre la conciliación de la vida profesional y familiar, y cómo aprender a ser una directiva comprometida que también es una madre comprometida. A mí me pareció que el episodio saldría mejor si no la entrevistaba yo, sino Ashley. Tenían valores, pasiones y experiencias comunes; sobre todo, en lo tocante a las mujeres con puestos directivos y a la mejora de la infraestructura del cuidado de los niños. Se lo mencioné a Indra y estuvo de acuerdo en que la perspectiva de Ashley daría pie a una gran conversación.

Pero, cuando le pregunté a Ashley si quería entrevistarla, su respuesta fue un «no» rotundo. Se sentía incómoda con la idea de entrevistar a Indra. Creía que las experiencias, las ideas y el mensaje de Indra merecían una informada y robusta discusión, y su mayor miedo era no estar a la altura de la conversación. Tenía miedo de dejarnos en mal lugar a Indra y a mí, así que me preparé para ayudar a Ashley a salir de su zona de confort.

En primer lugar le dije que su admiración por Indra la convertía en la persona perfecta para mantener esa conversación, *porque* hacerle justicia era muy importante para ella. Le recordé que había escuchado todos los episodios que yo había hecho y que me había entrevistado a mí en uno de ellos. Mi hija tiene buen ojo sobre lo que hace interesante una entrevista. Le dije que era una oportunidad única en la vida para mantener una conversación que deseaba con una de las mujeres con más éxito del mundo, y que, si la rechazaba, se arrepentiría. Pero también le recordé que Indra era sólo una mujer trabajadora que intentaba marcar la diferencia en el mundo, y que solamente sería un encuentro entre dos personas con pasiones comunes.

Sin embargo, lo que la terminó de convencer fue mi última pregunta: «¿Has considerado por un momento la posibilidad de que quizá no lo hagas mal? ¿De que podría ser una experiencia verdaderamente divertida y placentera?». A la mañana siguiente aceptó la oferta y, por supuesto, lo hizo perfecto. Además, y lo que es más importante, las opiniones y el reconocimiento que recibió de Indra la están ayudando a salir de su zona de confort con más frecuencia.

Recuerda que la tercera parte del libro está dedicada íntegramente a *aprender haciendo*. Los aprendices activos reconocen que se aprende muy poco haciendo lo mismo una y otra vez. Aprendes mucho haciendo cosas nuevas y, especialmente, cosas que están fuera de tu zona de confort. Acostumbrarte a estar cómodo haciendo cosas que te incomodan es la forma de conseguir avanzar en tu aprendizaje y tu capacidad. Los aprendices activos ejercitan eso todos los días.

No siempre es fácil. A veces sentimos que no estamos preparados para un reto incómodo por motivos tácticos. No tenemos las habilidades necesarias todavía. Pero hay una solución sencilla para eso: encuentra la forma de suplir tus carencias y aprende lo que se necesita para afrontar el próximo desafío importante en tu vida o tu carrera.

La dificultad mayor estriba en que a ninguno de nosotros le gusta intentar cosas nuevas; sobre todo, cosas difíciles. Los psicólogos y economistas lo llaman «sesgo del *status quo*»[1]. Nos sentimos atraídos por la seguridad y lo seguro, y valoramos más cosas que *ya* tenemos que las cosas que están a nuestro alcance, aunque sean las que queremos. Esto provoca que los nuevos desafíos —aunque se trate de oportunidades apasionantes— resulten estresantes y que, por tanto, tiendan a despertar emociones negativas.

Si eso fuera lo único que te detiene, probablemente encontrarías la motivación necesaria para romper con el *status quo*; pero hay otro anclaje mental más complicado que te impide intentarlo: tus limitantes creencias. En *Fast Forward*, Wendy Leshgold y Lisa McCarthy, dos expertas líderes y formadoras, explican que todos tenemos creencias que nos limitan:

- Sobre nosotros y lo que somos capaces de hacer.
- Sobre nuestras circunstancias y lo que nos permiten.
- Sobre otras personas y sobre si nos ayudarán a tener éxito o no.

Piensa en alguna ocasión en la que dijiste o pensaste algo como esto: *No tengo lo que hace falta para hacer ese trabajo*, *A mi jefe no le importa mi carrera* o *Con mi horario de trabajo, no tendría tiempo*. El problema está en que tu cerebro interpreta que esas creencias son correctas, lo cual te aparta de la posibilidad de que no lo sean.

Para superar ese obstáculo, reconoce que el pensamiento es lo que te está deteniendo, ataca las creencias y prejuicios con hechos y realidades y, a continuación, sustitúyelas por pensamientos más positivos, para que puedas reunir la confianza y la motivación necesarias para pasar a la acción. Los psicólogos lo llaman «reevaluación cognitiva»[2]. Leshgold y McCarthy utilizan tres preguntas para ayudar a la gente a empezar:

1. «¿Cuál es la creencia que te limita?» No solemos pasar mucho tiempo analizando nuestro propio pensamiento, así que es importante que empecemos por ahí.
2. «¿Cuál es el coste que tiene esa creencia en tu vida?» Cuando permitimos que nuestro pensamiento limite nuestras posibilidades, siempre pagamos un precio.
3. «[Imagina que] Has renunciado a esa creencia y ya no tiene efecto en tu vida. ¿Qué es posible ahora?» Imaginar un mundo *sin* limitaciones nos anima a dar un salto de fe[3].

Ese fue el proceso que recorrí con Ashley. Ella creía que estaba capacitada para entrevistar a Indra. Cuando por fin me lo confesó, la insté a considerar el coste, la oportunidad perdida y el arrepentimiento. **Para los aprendices activos, ésa es la cuestión relevante, porque el coste del *status quo* suele ser el estancamiento en el aprendizaje y el crecimiento, y eso es más incómodo que el estrés del cambio.** Y luego, le pedí que imaginara un resultado completamente diferente y mucho más positivo que el que había imaginado.

Como entrenador de rendimiento deportivo, Jason Goldsmith —con quien escribí *Hazte cargo de ti*— se apoya fuertemente en la reevaluación cognitiva; sobre todo, en una aproximación llamada «reconducir». Ayuda a sus clientes a cambiar de actitud y superar el negativo y dubitativo *y sí...* del cerebro. Su estrategia preferida de reconducción es convertir tus «no» en «no todavía». Si te estás planteando un desafío y te sorprendes pensando en todos los motivos por los que crees que no puedes hacerlo o no estás preparado, añade la palabra «todavía» al final de tus argumentos. Como explica Jason: «Una pequeña palabra ha cambiado la ecuación. El "no lo he hecho antes" ya no equivale a "no es posible". Y ese cambio deja espacio a la fe».

La estrategia de Jason y de otros como él te ayuda a gestionar la ansiedad de no saber cómo hacer algo o no saber si tendrás éxito. Eso fue indiscutiblemente cierto en el caso de Molly Fletcher, una agente que representaba a algunos de los jugadores y entrenadores más notables de todos los deportes. La han llamado «la Jerry Maguire femenina»; pero, al principio, no habría imaginado que ése era su futuro. Elegir una carrera dominada por hombres le planteó muchos desafíos, pero ella también se planteó desafíos a sí misma desde los primeros días: «En la vida nos decimos con frecuencia: "¿Eso es posible? ¿Qué pasaría si...?"», me dijo. En su primer empleo en una pequeña agencia que dependía fundamentalmente de *recomendaciones* externas, le preguntó a su jefe si tenían un plan de crecimiento. Cuando él dijo que no, ella sugirió que empezaran a *reclutar* clientes en lugar de esperar recomendaciones. Trazó un plan de negocio y, dos semanas después, estaba en marcha.

«Allí estaba yo, en Georgia Tech, apoyada en una valla con ojeadores y entrenadores, mascando chicle y tabaco y reclutando chicos», me contó. Ser una reclutadora competitiva y aumentar su lista de clientes la puso aún más en primer plano como mujer. «Yo solía ser la única mujer [allí]. Me ponía detrás de los bateadores en los entrenamientos, y los entrenadores gritaban a los chicos que se acercaban a hablar conmigo: "¿Qué estás haciendo ligando con esa?". Mis chicos solían decir: "Es mi agente", y los entrenadores replicaban: "¿En serio?".»

La sorpresa y la duda podrían haber alimentado la creencia limitante de que no podría tener éxito, y estoy seguro de que tuvo experiencias desagradables que no compartió conmigo; pero luchó activamente contra ese tipo de pensamiento y siguió obligándose a actuar fuera de la zona de confort. «Para mí, fue reconocer la oportunidad para reconducir el momento. Pasé del *puede que no encaje en este sitio, puede que solo sea un sitio para chicos* y *no añado ningún valor* al *soy diferente, puedo conectar con estos jugadores de un modo diferente* y *puedo mejorar sus vidas de un modo distinto.*» Esa reconducción activa la mantuvo interesada y abierta a las posibilidades. Y cada vez que superaba un obstáculo, desde cambiar el rumbo de la empresa hasta entrar en más deportes nuevos, pasando por dejar de ser agente para convertirse en portavoz, aprendió sobre ella misma, su sector y su mundo.

Los aprendices activos abrazan los grandes desafíos. En mi caso, es posible que el mayor desafío que *me busqué* yo mismo en mi carrera fue el de presentarme al cargo de jefe de operaciones de Pepsi-Cola. Me habían ofrecido otros empleos, y todos tenían sentido: habría sido un tipo de marketing aceptando nuevos cargos de marketing; pero quería uno de los dos puestos de jefe de operaciones que se habían creado en una reestructuración. Desde luego, y como mencioné en el capítulo 3, yo no tenía experiencia en operaciones. Y sabía que, como aspirante, tampoco tendría el rotundo apoyo de nuestro presidente, Wayne Calloway.

Los ejecutivos de PepsiCo tenían el privilegio de comer con Wayne cada trimestre. Durante una de aquellas comidas me preguntó dónde me veía en el futuro, profesionalmente hablando. Yo me alegré tanto de que me lo preguntara, que solté: «Quiero ser presidente de una división de PepsiCo».

«David, eres un hombre de marketing verdaderamente bueno», dijo él. Yo supe lo que eso significaba: que, aunque confiaba en mis habilidades mercadotécnicas, no me veía de presidente. Él era un financiero serio y tranquilo, y yo le parecía un tipo creativo, apasionado y alegre. Sin embargo, insistí sutilmente hasta que él dijo: «Si quieres, te haré presidente de marketing». Pero no era el título de presidente lo que yo quería; quería el gran desafío de dirigir una empresa, de ser responsable de las pérdidas y los beneficios, de implementar ideas sobre la cultura y de todo el crecimiento —del *aprendizaje*— personal y profesional asociado a ello. Se lo dije tal cual, pero él siguió derivando la conversación hacia el marketing.

Si quería cambiar su percepción, necesitaba experiencia en campos ajenos al marketing. El cargo de jefe de operaciones, que se presentó no mucho después de aquella comida, era la oportunidad perfecta para impedir que mi curva de aprendizaje no se aplanara *y* para demostrar de qué era capaz. Supuse que lo que me faltaba en términos de experiencia lo podía equilibrar con dedicación y deseo de aprender. Le rogué a Craig Weatherup, presidente de la división, que me concediera la oportunidad. A pesar de sus dudas, Wayne y Craig decidieron probar.

Ayudó algo que yo hiciera una oferta con la esperanza de que no la pudieran rechazar: «Dadme el cargo seis meses y, si no creéis que estoy haciendo un gran trabajo, volveré a mi trabajo anterior y haré lo que queráis en marketing, sin rencores, sin preguntas. Incluso me podéis despedir si queréis». Estaba tomando el control de mi carrera, y creo que los dos respetaron eso.

El cargo de jefe de operaciones resultó ser todo lo que esperaba. Aprendí sobre operaciones, por supuesto, pero aprendí más sobre cómo aprender y aprender deprisa. Paso a paso superé nuevos obstáculos, expandí mi capacidad de liderazgo, solventé problemas y demostré lo que podía hacer. No me echaron a los seis meses, y tuve tanto éxito que, cuando necesitaron un presidente que reflotara KFC, me dieron el visto bueno. Obviamente, yo no lo sabía por entonces, pero lo que estaba aprendiendo me iba a servir para mi futuro cargo de CEO de Yum!, otro papel desafiante por el que luché.

Ahora bien, ¿cómo me convencí a mí mismo de salir de mi zona de confort?

Bueno, no estoy seguro de que en aquella época hubiera podido decir qué hice, pero utilicé una técnica de reevaluación cognitiva que se llama «examinar la prueba», una forma de combatir con hechos nuestra inclinación a centrarnos en lo negativo; con pruebas, con realidad. Objetivamente, yo tenía pruebas de sobra de que podía tener éxito y de que podía tener el apoyo de Craig y de Wayne. Craig ya me había demostrado que tenía fe en mí, y sabía que Wayne respetaba mi talento y habilidades. Y, aunque no tenía experiencia en operaciones, conocía nuestro sector, a nuestros clientes y los problemas que debíamos afrontar. Además, había sido directivo durante años, y tenía experiencia en desafíos radicalmente distintos y en solventar problemas muy difíciles. La *prueba* ofrecía más motivos para confiar en mi éxito que en mi fracaso, aunque mi cerebro se empeñara en dudarlo. (También utilicé esa técnica con Ashley y la entrevista del *podcast*, intentando orientarla hacia la realidad de que tenía todas las habilidades necesarias para hacer un buen trabajo).

Cada vez que afrontas un nuevo reto y tienes éxito, estás recogiendo pruebas que puedes usar para convencerte a ti mismo de afrontar el *siguiente* desafío. Pronto se volverá menos incómodo, o hasta se convertirá en costumbre.

Por ejemplo, cuando yo dejé Yum! (2016) me estaba jubilando oficialmente; pero no tenía intención de alejarme cabalgando hacia la puesta de sol. Lancé David Novak Leadership, trabajé para desarrollar el negocio y, cuando quise llevar mi alcance aún más lejos, descubrí los *podcasts*.

Cuando empecé, sabía aún menos de ellos de lo que sabía sobre ser jefe de operaciones cuando asumí el cargo. Nunca había escuchado —y mucho menos, creado— uno; pero me zambullí, investigué lo necesario, formulé un montón de preguntas, encontré el apoyo adecuado y tiré de mi red de contactos en busca de potenciales invitados. *How Leaders Lead* ha acabado en el top 1 de los *podcasts* de negocios gracias a mi habilidad para gestionar la ansiedad de no saber cómo hacer algo y el apoyo de otras personas que me ayudaron a sentirme cómodo fuera de mi zona de confort.

Ahora que el *podcast* va viento en popa, me estoy planteando nuevos desafíos. El actual, aunque no lo creas, es componer canciones *country*; pero tendrás que esperar hasta el final del libro para saber más al respecto.

No todo lo nuevo que hacemos está enormemente alejado de lo que sabemos. No todos los retos nos fuerzan a alejarnos muchos kilómetros de nuestra zona de confort. Pero cuando afrontamos nuevos desafíos, aprendemos más sobre lo que podemos hacer, y eso abre muchas posibilidades en nuestras vidas. Además, cuando otras personas ven que nos expandimos y aprendemos, los inspiramos a encarar *su* siguiente oportunidad, aunque parezca remota. Y entonces, estamos creando un ambiente donde todo el mundo crece y aprende más, juntos.

Aprende buscando nuevos retos

- ¿Qué nuevo reto tuviste que encarar el año pasado? ¿Qué pasó? ¿Qué pruebas puedes obtener de la experiencia que te puedan ayudar la próxima vez que tengas que variar tu rumbo para afrontar un nuevo desafío?
- ¿Hay algún reto nuevo que estés rehuyendo o sobre el que estés dudando? ¿Qué pensamiento o creencia te refrena? ¿Cómo puedes reconducir la situación, para que sea más fácil decir «sí»?
- ¿Hay algún desafío para el que crees no estar preparado, pero que podría ser una gran oportunidad de crecimiento? ¿Qué es lo peor que podría pasar si no sale bien? ¿Puedes encontrar una forma de limitar los efectos secundarios?

CAPÍTULO 20

PREPARA TU CEREBRO

S i estás leyendo este libro de modo continuado, sabrás que tengo pasión por mi *podcast*, *How Leaders Lead*. Ya he hablado del trabajo que costó su creación, de los expertos a los que consultamos y de cómo conseguimos ser un medio de referencia entre los mejores *podcasts* de nuestro género. Sin embargo, creo que el verdadero valor del *podcast* se deriva del trabajo que ponemos en cada episodio; sobre todo, de cómo lo preparo yo.

Empiezo antes de tener siquiera un invitado potencial. Sé que mi invitación tiene que ser convincente, lo cual implica aprender un poco sobre los posibles invitados y sobre qué aspectos del liderazgo querrían hablar conmigo. Conozco a muchos invitados potenciales y sé que les gusta compartir su sabiduría; pero algunos no suelen conceder entrevistas, así que tengo que reflexionar sobre lo que se necesita para que confíen en mí.

Cuando dicen «sí», comienza el trabajo de verdad. Empiezo leyendo artículos y viendo vídeos de ellos, hablando o contestando a entrevistadores. Si han escrito un libro, lo leo en su totalidad o en gran parte. También acudo a conocidos comunes en busca de información e historias frescas. Mientras aprendo sobre ellos, me planteo preguntas específicas que puedan llegar al corazón de su forma de dirigir, y reúno datos que pueda utilizar para ayudarlos a explayarse. Además, pienso en la persona, en cómo se comunica y en cómo voy a dirigir yo la conversación (ahora mismo, estoy aprendiendo formas ingeniosas de interrumpir).

La preparación de cada episodio me lleva ocho horas, más o menos. Uno de los *podcasts* que más me ha costado preparar fue el de mi conversación con Jason Kelly, director ejecutivo de Ginkgo Bioworks. Su compañía crea microorganismos que se usan para fabricar otros productos. Eso es biología de alto nivel, cercana a la ciencia ficción. Cuando estaba en la universidad, yo huía de las clases de ciencia como si fueran la peste, así que tenía que investigar verdaderamente a fondo si quería tener la confianza necesaria para mantener siquiera una conversación. Tuve que leérmelo todo no una vez, si no dos —y a veces, tres— para entenderlo.

También ayudo a mis invitados a prepararse. No les adelanto mis preguntas porque quiero que la conversación fluya con naturalidad, pero comparto mi proceso, incluyendo el hecho de que el corte final necesita de su aprobación, así que se pueden relajar y ser ellos mismos. Además, los dirijo a algunos de los invitados que me ayudaron a producir grandes episodios, esperando que escuchen y aprendan.

Obviamente, lo que hago es preparar mi cerebro y el cerebro de mis invitados, para que podamos tener conversaciones robustas que enseñen aún más a los oyentes y a mí mismo. Yamini Rangan, CEO de HubSpot, recogió ese testigo y salió disparada. Cuando apareció, sabía tanto de mí como yo de ella. Había leído mis libros, mi biografía y los artículos que había escrito. Su preparación me animó a hacerlo mejor que nunca, y nuestra preparación combinada generó una conversación dinámica y entretenida. Me recordó lo importante que puede ser para los demás que una persona se presente preparada, y cómo puede cambiar su compromiso y aumentar su grado de curiosidad.

En *Fast Forward*, Wendy Leshgold y Lisa McCarthy se refieren a la interrelación entre escucha y curiosidad. Explican que nuestra forma de exponernos a la información —hasta cuando creemos que no nos interesa— puede concentrar nuestra atención y provocar que el cerebro rellene las lagunas de nuestro conocimiento:

Tendemos a describir nuestro grado de interés en términos de blanco y negro, como algo que está fuera de nuestro control. O algo nos parece interesante o no nos lo parece. Si no nos lo parece, no tiene sentido que nos expongamos a ello. De hecho, podemos cambiar nuestro grado de interés en casi todo. Pero, cuando crees que no estás interesado, es más que probable que *no sepas lo suficiente* para que te interese [...].

Cuando escuchamos lo necesario para obtener un poco de información, nuestro cerebro empieza a incorporar lo aprendido a lo que ya sabemos. Ese proceso enfatiza las lagunas de nuestros conocimientos, lo cual nos lleva a preguntarnos qué nos estamos perdiendo[1].

Esta lección es cierta para todo tipo de acumulación de información, no sólo para escuchar (aunque es una de las mejores). Cuando preparo un *podcast*, siento más curiosidad cuanto más aprendo sobre un invitado, y eso produce una conversación más interesante. La preparación potencia nuestra curiosidad y prepara el cerebro para recibir nuevas ideas y nueva información.

Los aprendices activos saben que una buena preparación nos ayuda a obtener el máximo aprendizaje posible de cualquier experiencia. Aprendemos a través del proceso de prepararnos, y aprendemos aún más cuando estamos preparados. Cuando yo estoy preparado para mis *podcasts*, puedo estar presente y concentrado. Puedo escuchar con toda mi atención y guiar mejor la conversación. Eso me ayuda a descubrir más ideas, para que todos aprendamos más.

Jim Nantz, comentarista deportivo ganador de un Emmy, actúa desde la misma actitud. «Todo espectáculo es tu espectáculo más importante», me dijo. «Nunca des nada por sentado... Por respeto a tu audiencia y por respeto al tema que estés cubriendo, tienes que hacer una investigación profunda y detallada.» Jim sigue creando sus propias tablillas, el resumen de los detalles importantes de cada jugador, del deporte que se trate. Apunta los datos a mano porque le ayuda a recordar mejor la información y, mientras otras personas del sector se limitan a detalles de alto nivel, él incluye detalles de sus vidas y de sus estadísticas, con códigos de colores. «Esa profundidad de conocimiento es lo que me permite hacer lo que hago... En lo tocante a mi trabajo, es responsabilidad mía, así que no dejo la investigación en manos de otros».

En *Shift Your Mind*, Brian Levenson, entrenador de rendimiento de atletas y ejecutivos, explora las diferencias entre preparación y rendimiento. La actitud que necesitamos para cada uno es distinta, dice. «La preparación implica aprendizaje, crecimiento y mejora, y el rendimiento es pura ejecución, un acto o patrón de comportamiento diseñado para alcanzar un objetivo»[2]. Jim Nantz puede rendir —sacando historias y estadísticas aparentemente de la nada, mientras responde a una jugada reciente y da paso al experto que lo acompaña— gracias al tiempo que dedica a aprender, mejorar y analizar (hasta escucha y critica sus propias transmisiones).

Peyton Manning, uno de los mejores *quarterbacks* de todos los tiempos, me contó que tuvo una vez un entrenador que le dijo que era tan lento que no podría desaparecer de la vista mientras corría ni en una semana. Peyton sabía que no era el jugador más fuerte ni el más rápido del campo, así que necesitaba una ventaja. «La preparación fue lo que me dio esa ventaja en el fútbol americano. No podía llevarme por delante a nadie y, desde luego, tampoco lo podía dejar atrás. Pero, por lo menos, podía estar más preparado que ellos.»

Cuando nos preparamos, creamos conexiones neuronales que facilitan y suavizan la acción. En lugar de tener que concentrarnos en ejecutar esas acciones en el momento, podemos concentrarnos en lo que pasa delante de nosotros, reunir información importante y reaccionar en consecuencia. Luego, cuando se presenta una oportunidad de llevar nuestro aprendizaje al siguiente nivel, de afrontar un nuevo reto o de hacer algo nuevo o diferente, estamos preparados.

Brian Roberts, director ejecutivo de Comcast, lo llama «deambular por el borde». Cuando estuve con él en la junta de Comcast, me quedé maravillado con su habilidad para divisar la siguiente oportunidad y abalanzarse hacia ella. Me ha confesado que asiste a tantas conferencias como puede; sobre todo, a conferencias sobre tecnología. Pasa tiempo en Hollywood, está en contacto con artistas y creadores de contenido, y siempre está buscando el siguiente acuerdo, la siguiente asociación inteligente, la nueva forma de plantearse la distribución de contenidos. Se mantiene en posición de aprender, de conocer a gente y de estar informado, así que está preparado para actuar cuando llega el momento. Es mucho tiempo invertido para un momento que *quizá* se presente, pero es una inversión que le ha hecho tener mucho éxito.

Por supuesto, **no toda preparación es igual. La buena preparación es deliberada**, como descubrió el resolutivo psicólogo Anders Ericsson en su investigación sobre los profesionales de primera categoría. En su libro *Número uno*, Anders habla de la práctica deliberada, pero sólo de la práctica deliberada con ayuda de un entrenador en un campo sólidamente establecido. «Como la práctica deliberada se desarrolló específicamente para ayudar a la gente a estar entre los mejores en el mundo de lo que hacen, es la aproximación más potente al aprendizaje que se ha descubierto hasta ahora»[3].

Fíjate en el ejemplo de Brian Roberts. Sus esfuerzos pueden parecer descuidados, como si sólo estuviera «deambulando» alrededor de gente lista y creativa que está esperando a que caiga un rayo, pero estaba asombrosamente concentrado en el objetivo de descubrir la siguiente gran idea que ayudara a Comcast a batir a un competidor en el mercado, atraer nuevas audiencias o innovar de algún modo. Esa concentración deliberada lo ayudó a conseguir información e ideas vitales.

Anders estudió cómo se convierten las personas en expertos de primera categoría, pero creo que tres de sus cuatro condiciones de la práctica deliberada se pueden aplicar a cualquier clase de preparación seria:

- Trabaja hacia un objetivo específico.
- Concéntrate intensamente en mejorar (o aprender).
- Sal de tu zona de confort.

La anterior podría ser fácilmente una definición de aprendizaje activo. Cuando estoy preparando un *podcast*, estoy cumpliendo en algún grado con casi todas esas condiciones.

Jack Nicklaus, a quien muchos consideran el mejor golfista de la historia, las cumplió de manera indiscutible. Era altamente específico y deliberado, y se concentraba en desafiarse a sí mismo. «Creo que estar preparado es probablemente lo más importante en cualquier aspecto de la vida», me dijo. Por ejemplo, siempre se concentraba a principios de año en prepararse para el Masters, jugando en campos que lo podían ayudar a mejorar su juego en el Augusta National Golf Club, donde se celebra la competición anual. Me dio pruebas del poder de la preparación al contarme una historia de una vez en la que no estuvo preparado. En el Abierto de Estados Unidos de 1985, se quedó fuera del corte por primera vez en casi veinte años, y no pudo clasificarse para jugar en la ronda final del torneo. Admitió que no estaba preparado; había estado ocupado, trabajando como comentarista de ABC. «Lo único peor que no pasar el corte —dijo entonces— es tener que seguir aquí... y hablar con todos los que están jugando mientras tú miras.» Como consuelo, se fue a un McDonald's a comer una hamburguesa en compañía de su esposa, Barbara, quien vio un mensaje adecuado en las tazas *Happy*

Meal del restaurante. Al día siguiente, cuando Jack se despertó, una de esas tazas estaba al lado de su cama, con su café matinal. ¿Qué decía el mensaje? «No hay excusa para no estar convenientemente preparado.» Porque, como Jack dijo, «si no estás preparado, no vas a rendir».

Durante años tuve una almohada en mi dormitorio con un bordado que decía, simplemente: «PLAN». Era una forma de recordarme que dedicara tiempo todas las noches a prepararme para el día siguiente, para revisar mis reuniones, leer los informes de los analistas, revisar proyectos importantes, etcétera. Todas las mañanas me preparaba para rendir en ese objetivo. Hacía ejercicio, escribía mi diario y me concentraba en la gratitud. Y hacía todo eso con el objetivo de rendir al máximo por el millón aproximado de personas de todo el mundo que confiaban en que yo tomara buenas decisiones para la empresa.

Aún sigo ese ritual de preparación todos los días, con las mismas expectativas altas; porque nunca sabes exactamente qué te deparará el día o qué oportunidades de aprender se pueden presentar.

Aprende preparándote

- ¿Te has sorprendido alguna vez sintiendo cada vez más curiosidad o estando más interesado por un asunto cuando te has visto obligado a aprender algo al respecto? ¿Cómo puedes aprovechar ese efecto en tu vida o trabajo?
- Piensa en un momento en el que no estuvieras preparado (si le puede pasar a Jack Nicklaus, nos puede pasar a cualquiera). ¿Cómo te sentiste entonces? ¿Dónde estaba tu atención o concentración? ¿Crees que quizá perdiste una oportunidad de aprender?
- Cuando estás bien preparado para una situación, actuación, conversación o reunión, ¿en qué es distinta tu concentración? ¿En qué son distintas tu actitud o tu recepción de las ideas?

CAPÍTULO 21

LOS CIMIENTOS QUE NO SE PUEDEN HUNDIR

Ésta es una de mis citas preferidas, que tengo enmarcada en mi despacho:

La forma fácil es eficaz y rápida; la difícil, ardua y larga. Pero, a medida que el tiempo avanza, la fácil se vuelve más difícil y la difícil, más fácil. Y con el paso de los años en el calendario, se hace cada vez más evidente que la forma fácil descansa peligrosamente sobre tierras arenosas, mientras **la difícil construye sólidos cimientos de confianza que no se pueden hundir**.

¿Quién dijo eso? El coronel Sanders.

Cuando asumí la presidencia de KFC, su legado se alzaba imponente. Había logrado que el negocio fuera un éxito con un presupuesto exiguo, pero manteniendo los más altos niveles de calidad. Después de que una nueva desviación de una autopista arruinara su exitoso restaurante, se dedicó a vender puerta a puerta su receta original de pollo frito, a los sesenta y cinco años de edad. En diez años, llevó el Kentucky Fried Chicken a más de seiscientos establecimientos de los Estados Unidos, Canadá e Inglaterra.

El coronel Sanders era un aprendiz activo, y los aprendices activos comprenden que buscar atajos o tomar el camino fácil, evitando el trabajo duro, trunca tu aprendizaje y limita tus resultados. **Eliminas el hacer que te habría dado el aprendizaje.**

Conseguir los conocimientos más importantes y los mejores resultados suele implicar tomar el camino difícil. Hacer lo difícil también te ayuda a luchar contra la tiranía del incrementalismo. En el sector del servicio de comidas hay una fábula clásica sobre las servilletas: para ahorrar dinero, el dueño de un restaurante decidió comprar servilletas más baratas, que eran medio centímetro más pequeñas. Le ahorró un montón de dinero. Al año siguiente, viendo el éxito del recorte, compró servilletas más finas y ahorró un poco más. Al año siguiente, las compró aún más pequeñas... y el gasto en servilletas se duplicó. Los clientes, que antes solían usar una, ahora usaban dos o tres.

Cuando las empresas se concentran demasiado en la reducción de costes, que puede llevar a recortes para aumentar beneficios, pierden su ventaja al final. El crecimiento duradero y sostenible es hijo de *hacer el trabajo duro* de mejorar tus productos y tener contentos a tus clientes.

Eso mismo nos puede pasar a nosotros, como individuos. Tomar el camino fácil te pone en un rumbo que puede terminar en un sitio muy distinto al que esperabas. Y se puede convertir en costumbre con más rapidez de lo que imaginas.

El autor Ryan Holiday escribió en su éxito de ventas *El ego es tu enemigo* que «la grandeza procede de principios humildes; surge del trabajo duro»[1]. Eso es tan cierto para los negocios como para la gente. Yo aprendí la lección muy pronto. Mis padres sólo tenían educación secundaria, pero trabajaron duro para mejorar sus vidas. Mi madre consiguió un empleo de contable, aprendiendo contabilidad por su cuenta, y, al final, se convirtió en controladora de una empresa.

Mi padre pasó cuatro años en las carreteras, avanzando en la National Geodetic Survey, y terminó trabajando en la sede de Washington D.C. Era el único entre sus colegas que no tenía un título de ingeniero. Imagínatelo hace décadas, con sólo quince años de edad, dejando su casa en verano y marchándose a Nebraska para trabajar en el ferrocarril. Mintió y dijo que tenía dieciséis para que le dieran un empleo que consistía en pintar puentes. Así es como lo describe en sus memorias, *Home is Everywhere*:

Al principio me tenían en un andamio, pintando el lateral del puente. Luego, mi trabajo cambió y me tenía que tumbar boca abajo en un pequeño trineo enganchado a las vigas diagonales del puente, y pintar la viga según bajaba. Era como deslizarse por una barandilla, salvo que utilizaba una cuerda para controlar mi velocidad y no deslizarme demasiado deprisa. Yo no estaba ni atado ni nada. Sólo me tenía que agarrar... En el trineo, tenía un cubo lleno de pintura. Por entonces, mezclaban la pintura con creosota para que durara más. Cuando hacía calor, la creosota se calentaba y me quemaba la piel; sobre todo, la cara, porque estaba tumbado boca abajo, con la cara pegada a lo que pintaba. Pinté puentes todo el verano y, al final, mi cara estaba achicharrada[2].

Más adelante, su buena disposición a hacer faenas duras le permitió apoyar a su familia. Nos enseñó esa ética del trabajo, que se convirtió en la base de mi éxito. Yo podaba jardines de niño, y mi padre inspeccionaba mi trabajo y me obligaba a hacer exactamente lo que me habían pedido, para poder ganarme los tres dólares que me pagaban. Durante mi paso por el instituto y la universidad, yo aceptaba cualquier empleo con tal de ganar dinero. Un verano trabajé para el North Kansas City School District limpiando las escuelas. Tenía que limpiar todos los pupitres, y su parte inferior era especialmente desagradable. En la facultad trabajé recogiendo basura y fregando suelos en un centro comercial de la zona. Me ganaba mi sueldo, pero también aprendí a apreciar el trabajo duro y a la gente que lo hace. Y aprendí el poder del reconocimiento: hasta en esos empleos, que para mí eran temporales, era importante que alguien te dijera: «Bien hecho». Aprendí que todos los trabajos son dignos cuando se trata a la persona que ejerce el trabajo con dignidad.

Esas lecciones me acompañaron durante toda mi carrera. Como directivo, si visitaba un restaurante y veía desperdicios en el suelo, los recogía; si veía mesas sin limpiar, las limpiaba. Cada vez que asumía un cargo nuevo (en Pizza Hut, Pepsi-Cola o KFC) dedicaba tiempo a los trabajos esenciales: preparaba pizzas, conducía furgonetas de reparto, empanaba y freía pollo y servía regularmente a los clientes. Eso aumentaba mi apreciación del trabajo, de la gente que lo hacía y de cómo les afectaban mis decisiones. Además, así establecía relaciones con los miembros del equipo, lo cual los animaba a compartir conmigo lo que habían aprendido. Por el procedimiento de hacer las cosas duras, creé una cultura y un ambiente que me ayudó a aprender más.

A los líderes se les enseña a delegar, pero tienes que hacer lo posible por no desconectarte; sobre todo, de los trabajos fundamentales del

negocio y de la gente que los lleva a cabo. Tony Xu, fundador y CEO de DoorDash, convirtió esa sensibilidad en la base de su negocio. Me contó que también había heredado su ética laboral de sus padres, quienes se mudaron de China a los Estados Unidos cuando él tenía cinco años. La familia carecía de ahorros y sus ingresos eran muy bajos, porque su padre estaba terminando la carrera de Matemáticas. Su madre, que había sido médica en China, ejerció tres trabajos durante doce años para mantenerlos, y ahorró hasta el último centavo que pudo mientras se sacaba *su* título. Al final, ella echó mano de sus ahorros y abrió una clínica médica que sigue funcionando en la actualidad.

Visto eso, quizá no sea extraño que Tony y sus socios impulsaran DoorDash financiera y operacionalmente. «Una de las cosas en las que siempre he creído, tanto en los negocios como en otros aspectos de la vida, es que tienes que entender las cosas hasta en los detalles más pequeños. Y no las puedes entender si no ejerces todos los trabajos del mundo en cuestión.» Durante los dieciocho primeros meses de su negocio, sus socios y él se encargaron de todas las entregas. «Mientras mis compañeros de clase [de Standford, donde se acababa de sacar su maestría] seguían con sus vidas y disfrutaban de grandes vacaciones, yo iba de aquí para allá con mi Honda.»

Y estaba *aprendiendo* sobre logística y entregas, cosas que verdaderamente marcaron la diferencia en la capacidad de DoorDash de convertirse en uno de los primeros y mayores servicios de su clase. Hasta hoy, todas las personas de la compañía dedican tiempo todos los meses a hacer entregas y servir a los clientes.

Si te desconectas del trabajo duro que hay que hacer, es posible que dejes de aprender las cosas que importan más.

Reconozco que yo fui afortunado en el mismo sentido en que lo fue Tony Xu. No todo el mundo recibe la educación de trabajo duro que nosotros recibimos de jóvenes. La mayoría de nosotros evita las cosas duras por la potencia de nuestro «sesgo de conveniencia» y el principio hedonista. David Rock, psicólogo, autor y fundador del Neuro Leadership Institute, explica:

Procuramos avanzar hacia cosas que nos hacen sentir bien y nos alejan de lo que nos hace sentir incómodos. Nuestros cerebros etiquetan el esfuerzo como algo malo, porque es trabajo duro; están configurados para atenerse a lo que parece «normal», las redes que nos dicen por dónde y cómo viajar en nuestra existencia diaria. Esas redes están arraigadas en nuestro pensamiento, y cuando viajamos por un nuevo y desafiante camino —con independencia de cuál sea ese camino— hacen que nuestras ruedas vuelvan por defecto a las conocidas roderas. Y, sin embargo, sabemos que los actos difíciles pueden tener tremendos beneficios[3].

Entonces, ¿cómo podemos sortear nuestro pensamiento y conseguir que hacer las cosas difíciles nos parezca algo más fácil? Una de las estrategias importantes que menciona Rock es la de **intentar hacer las cosas difíciles cuando estamos de buen humor, cuando el cerebro está menos inclinado a ofrecer resistencia**. Por eso he dedicado el primer capítulo de esta sección a la táctica de aprender buscando el disfrute.

Esto puede parecer instintivamente obvio, pero otra estrategia para hacer las cosas duras es hacerlas sin más, sencillamente. Con frecuencia, la motivación no basta para actuar. A veces tienes que forzar las cosas.

Arnold Palmer se quedó una vez en nuestra casa, cuando vino a la ciudad para asistir al Derby de Kentucky. Wendy y él estaban tomando café una mañana cuando Arnold rompió un vaso y le preguntó dónde estaban la escoba y el recogedor. Ella contestó: «No puedo permitir que Arnold Palmer me limpie la cocina». Y él dijo: «Querida, he estado arreglando los estropicios que hago en las cocinas desde mi infancia en Latrobe, en Pensilvania».

Aquella actitud de responsabilizarse y hacer cosas que tal vez no le apetecen hacer (incluso cosas de poca importancia) marcó una gran diferencia en su carrera. Por ejemplo, siempre se aseguró de que cada vez que firmaba un autógrafo, fuera legible. Pensaba: *¿Qué sentido tiene que firme autógrafos si la gente no puede leer el nombre? ¿Qué mensaje daría eso a la persona que ha venido a apoyarme?* Quizá no parezca algo difícil; pero, cuando estás agotado, frustrado o ansioso por terminar un día de competición, firmar autógrafos puede ser la última cosa del mundo que te apetece hacer. Y la hacía de todas formas.

Hay otra estrategia, que es hija del amor por la autonomía de tu cerebro. Puedes probar a darte a ti mismo la posibilidad de elegir. **Elegir hacer algo motiva enormemente más que tener que hacer algo. Es importante que nos concentremos en el beneficio de la elección difícil y el coste de**

la fácil. David Rock me dio este ejemplo: «¿Quiero experimentar con un nuevo proyecto de herramientas de gestión que pueden facilitar las cosas a mi equipo la semana que viene? ¿o prefiero seguir con el mismo sistema, un sistema que creó un antiguo empleado y que, en cualquier caso, no nos parece bueno a nadie?».

A veces, no tenemos elección en lo tocante a las cosas difíciles que debemos hacer, pero podemos elegir respecto a dónde nos van a llevar. Podemos *elegir* convertir los obstáculos o adversidades en una ventaja para nosotros o para otras personas. Jon Rahm, que ha llegado a ser el golfista número uno del mundo, tiene un *swing* que la gente considera perfecto, y lo tiene porque ha hecho sistemáticamente las cosas difíciles. Nació con un pie zambo, el derecho, y ésa es parte de la razón que lo llevó a convertirse en golfista, porque no podía correr ni saltar tan bien como otros niños. Aprendió a transformar eso en algo positivo. Se había criado en una pequeña localidad del norte de España, que desde luego no era una meca del golf; pero trabajó duro para lograr que lo fichara el Arizona State. Cuando llegó, era un novato que no había estado nunca en los Estados Unidos y que casi no hablaba inglés; sin embargo, se sacó su título universitario antes de convertirse en profesional y se convirtió en el primer europeo que ganaba el Abierto de Estados Unidos y el Masters.

Mi esposa, Wendy, ha tenido experiencias médicas brutalmente duras por culpa de su diabetes. Haber aprendido a hacer las cosas duras sobre la marcha le está permitiendo convertir el Wendy Novak Diabetes Institute en un lugar que ayuda a sobrellevar la enfermedad a otras personas. Wendy toma esa decisión todos los días. Hace poco, un niño del centro dijo que quería hablar con ella; supongo que fue porque su nombre está en un edificio en el que pasa gran parte de su tiempo. Ella lo tranquilizó y le dio la esperanza de que llegará a ser capaz de hacer lo que ella ha hecho: desafiar constantemente las expectativas. Algo que sólo ha sido posible porque Wendy ha hecho constantemente las cosas que le eran difíciles y ha mantenido una actitud positiva durante todo el proceso.

Si necesitas más argumentos para convencerte a ti mismo de la necesidad de alejarte de las decisiones convenientes o fáciles, **piensa en todos los cuentos aleccionadores, incluidos los de tu propia vida, que nos enseñan lo que ocurre cuando retrasamos o evitamos hacer las cosas difíciles**.

La historia de la Wells Fargo es esclarecedora. En los escalafones altos de la dirección, los líderes habían establecido cuotas de ventas poco realistas que desembocaron en un fraude, en multas por valor de miles de millones de dólares y en una reputación dañada. La empresa no tenía los controles adecuados para impedir que el problema se descontrolara. Cuando Charlie Scharft asumió la dirección ejecutiva (en el año 2019, cuatro años después del escándalo inicial), la Wells Fargo seguía enterrada bajo una nube de acuerdos de conformidad o dictados especiales del Consumer Financial Protection Bureau (CFPB), relativos a los problemas que las empresas tienen que solventar o las decisiones que deben tomar. Como pocos de los acuerdos de conformidad se habían resuelto por completo, los reguladores visitaban constantemente las oficinas de la Wells Fargo para valorar los progresos y analizar el trabajo. Uno de esos acuerdos (sobre los bienes intervenidos) limitaba el crecimiento de la empresa hasta que se solventaran determinados problemas de control interno e infraestructura regulatoria. Todo un golpe para ellos.

Charlie asumió el cargo con plena conciencia de que debía solventar dicha situación tan rápidamente como fuera posible. Y no es un trabajo divertido; no es apasionante ni innovador: es duro, realmente duro. La única forma de hacerlo era tomárselo con calma y hacer *bien* todas las cosas difíciles para que la compañía recuperara su credibilidad. Y eso ha sido lo que él y los equipos principales involucrados en la transformación han hecho; han avanzado tanto y tan deprisa desde la llegada de Charlie que el CFPB ha ido levantando constantemente las restricciones. Aún queda mucho trabajo por hacer; pero, como ya han hecho las cosas difíciles, tienen mucha más confianza en el futuro.

Cuando hablé con Charlie y le pregunté qué había aprendido de eso, me dijo que el proceso había sido un tremendo recordatorio de lo evidente: de que las cosas básicas tienen que estar bien, de que hay que tener las estructuras correctas y a las personas correctas. Pero la mayor lección es que, cuando hay un problema difícil de resolver, debes generar una sensación de urgencia.

Cuanto más retrasas las cosas duras, más duras se vuelven; y, cuanto más duras se vuelven, más te enredan en minucias y revisiones, haciendo más difícil que te concentres en las lecciones esenciales que tendrías que estar extrayendo.

He aprendido versiones de esa lección más de una vez en mi vida. Por ejemplo, pospuse una necesaria operación de tendón de Aquiles durante unos cinco años; hacía lo posible por evitarla, todo tipo de terapias dolorosas, infiltraciones de plaquetas, ejercicios, estiramientos, etcétera. No podía dejar de pensar en el pequeño porcentaje de operaciones que no salen bien y provocan dolor crónico o cojera permanente. Me aterraba la idea de no poder jugar al golf nunca más. Pero, al final, el dolor se volvió excesivo.

Ocho semanas después de haberme operado, el dolor casi había desaparecido por completo; pero había tenido que soportar cinco años de dolores por evitar la operación. Rehuir lo duro sólo sirvió para retrasar la solución, que estuvo ahí todo el tiempo. Al evitar lo duro, lo único que verdaderamente conseguí fue evitar el aprendizaje.

Aprende haciendo lo difícil

- Piensa en una de las cosas más difíciles que hayas elegido hacer. ¿Cómo te motivaste para hacerla? ¿Qué lecciones aprendiste?
- ¿En qué aspecto de tu vida ha tenido mayor impacto el «sesgo de conveniencia», la tendencia a concentrarnos en el paso siguiente más fácil y no en el paso siguiente mejor? ¿Por qué se suele imponer en general la opción normal, la cómoda? ¿Qué estrategia crees que te ayudaría a elegir la dura en su lugar?
- ¿Hay algo difícil que estés evitando o retrasando en la actualidad? ¿Qué te impide hacerlo? ¿Qué sería posible si lo hicieras?

CAPÍTULO 22

EL TEST DEL *WALL STREET JOURNAL*

uando tenía diez años coqueteé con el mundo del delito.

Me encantaba jugar a los soldados, y uno de los regalos de Navidad que más me gustaron un año fue una cantimplora. La usaba todo el tiempo, hasta que perdí la tapa, algo trágico para un chico de esa edad.

Mágicamente, encontré otra un par de semanas después, en la tienda donde mi madre había comprado la cantimplora. Más tarde, estando en casa, mi madre vio la tapa y quiso saber dónde la había encontrado, pero yo no fui capaz de mentir y dije que la había robado. Te puedes imaginar lo que pasó a continuación: me llevó de vuelta a la tienda y me hizo devolver la tapa y pedir disculpas al encargado.

Aquel día aprendí que el hurto no sería mi vocación, y, sobre todo, que nunca es tarde para hacer lo correcto. Siempre puedes volver sobre tus pasos, decir que lo sientes e intentar hacer las cosas bien.

Dirigir una empresa con más de un millón de empleados repartidos entre 112 países reforzó esa idea en mí, pero la había aprendido de niño, mientras nos mudábamos de una ciudad a otra. Los buenos valores son universales y eternos («no robarás» es uno de ellos, uno bastante básico).

Por supuesto, *hasta qué punto* vivimos o *cómo* vivimos esos valores puede variar sustancialmente. Cuando dirigía Yum!, donde impartía un programa de liderazgo, solía compartir esta declaración de otra empresa, porque es tan noble como universal:

RESPETO: tratamos a los demás como nos gustaría que nos trataran a nosotros. No toleramos los comportamientos abusivos o irrespetuosos.
INTEGRIDAD: trabajamos con los clientes y los posibles clientes de forma abierta, honesta y sincera.
COMUNICACIÓN: tenemos la obligación de comunicar. Aquí, nos tomamos el tiempo necesario para hablar entre nosotros... y escuchar.
EXCELENCIA: no estamos satisfechos con nada que no sea lo mejor que podamos hacer. Seguiremos aumentando el nivel para todo el mundo. Lo verdaderamente divertido aquí para todos nosotros será descubrir lo buenos que podemos llegar a ser.

¿Adivinas el nombre de la empresa? Era Enron, una empresa tan corrupta que se derrumbó y destruyó la economía y las jubilaciones de miles de sus empleados, incumpliendo todos los valores mencionados antes.

El 28 de agosto de 1869, el *Harrisburg Telegraph* de Harrisburg (Pensilvania) publicó esta perla de sabiduría: «Hay una diferencia entre hacer *algo* correcto y hacer *lo* correcto. Se puede estar haciendo algo muy malo y, sin embargo, hacerlo bien [Enron]; se puede estar haciendo algo loable y hacerlo muy mal. La verdadera máxima es ésta: haz correctamente lo correcto».

A mí me gusta decir: «Haz lo correcto y pasarán las cosas correctas». Gánate la reputación de ser alguien en quien se puede confiar y te liberarás de la carga de estar mirando constantemente hacia atrás con remordimientos, en lugar de hacia delante con esperanza. Juntos, esos dos resultados expanden el aprendizaje en nuestras vidas. La gente comparte más con nosotros, y nuestra disposición es más positiva y está más centrada en el futuro.

Hacer lo correcto es el regalo que te das a ti mismo. ¿Cómo sabemos si estamos tomando las decisiones correctas y haciendo las cosas correctas? Ser un aprendiz activo exige que nos digamos la verdad *a* nosotros mismos *sobre* nosotros mismos, de valorar honradamente lo que vemos en el espejo.

A veces necesitamos más capacidad de rendir cuentas de la que podemos acumular solos o incluso en grupo. Uno de nuestros directores ejecutivos de Yum!, Dave Deno, formulaba una pregunta importante cada vez que se debía tomar una decisión dura: ¿pasaría el test del *Wall Street Journal*? Es decir, **si esto aparece mañana en la portada del *Wall Street Journal*,**

¿estaríamos contentos? ¿Estaríamos orgullosos de lo que dice sobre nosotros como compañía? Nosotros nos formulábamos esa pregunta cada vez que teníamos que reducir costes, echar a empleados y, básicamente, con cualquier cosa donde lo correcto no fuera tan obvio como el «no robarás».

Puedes desarrollar una versión del test para tus propias decisiones difíciles. Tal vez sea: «¿Me sentiré bien u orgulloso cuando explique esta decisión a mi esposa, mi hijo o mi jefe?». O quizá: «¿Estaré cómodo y me sentiré orgulloso si me tengo que levantar a explicarla en una reunión de trabajo, en una conferencia o en la iglesia?».

Ninguno de los extraños empleos que desempeñé mientras crecía (arreglar jardines, trabajar en la construcción o de conserje) se pagaba particularmente bien; así que, cuando vi un anuncio donde se afirmaba que podía ganar un mínimo de 75 dólares diarios como vendedor, me fui al centro de Kansas City y solicité el empleo; casi estuve a punto de ir corriendo. El trabajo consistía en vender enciclopedias de puerta en puerta. Alguien me dejaba en mitad de alguna localidad cercana y me recogía al final del día; llamar a las puertas y conseguir algo era cosa mía. El primer día, vendí dos enciclopedias, un principio bastante bueno.

Al día siguiente, vendí otra. En sólo dos días, ¡había ganado 225 dólares! Más de lo que saqué en una semana en el primer trabajo que ejercí años después, tras salir de la universidad.

Al tercer día, lo dejé. No me sentía bien con lo que estaba haciendo. Me sentía como si estuviera vendiendo enciclopedias a personas que no las necesitaban. Le vendí una a una anciana sin hijos que sólo estaba contenta por poder hablar un rato con alguien. Creo que me compró los libros como agradecimiento.

Aprendí que vender se me daba bien, pero que no creía de verdad en lo que estaba haciendo. El dinero era tentador, pero yo sabía que necesitaba prestar atención a la vocecilla que me decía que la gente que compraba se podría arrepentir más tarde de su decisión. No es que estuviera haciendo explícitamente el test del *Wall Street Journal*, pero sabía que si iba a casa y contaba a mis padres lo que hacía y a quién vendía, no me sentiría orgulloso.

Años más tarde tendría que haber hecho caso de mi instinto cuando cancelé una cena con Leo Kiely, jefe de marketing de Frito-Lay. Leo me había recomendado para el cargo de vicepresidente primero de marketing en Pizza Hut después de que yo trabajara en una agencia de publicidad.

Me abrió una puerta a PepsiCo y me concedió la mayor oportunidad de mi carrera. Yo tenía que ir a Nueva York, donde iba a cenar con él, según habíamos planeado. Pero entonces recibí una llamada de Roger Enrico, el director ejecutivo de PepsiCo, quien me pidió que cenara con él. Mi ambición ganó y cancelé la cita con Leo. Le pedí disculpas, pero nuestra relación nunca volvió a ser la misma. Décadas después, aún me arrepiento.

Nuestras decisiones más difíciles suelen ser las que tomamos en el momento; entonces, nos tenemos que apoyar en nuestros valores e ideales, lo que implica que necesitamos saber cuáles son. Creemos que nuestro sentido general de lo correcto e incorrecto será suficiente; pero en situaciones complicadas, de gran presión, puede que no lo sea. Para Mark Esper, exsecretario de Defensa del presidente Donald Trump, su claridad al respecto fue crucial. Me confesó que es más leal a los dos juramentos que hizo (el de defender la Constitución de los Estados Unidos y el de amar, honrar y cuidar a su esposa) que a nada más; así que, cuando Trump sugirió el envío de tropas para controlar las protestas urbanas del año 2020, su decisión fue un claro e inmediato «no», porque violaba la Constitución. Aquella no fue la primera ni la última vez que su compromiso de defender la Constitución esclareció sus decisiones, pero fue una de las más públicas.

Cada vez que te fuerzas a hacer lo correcto, estás redescubriendo tus valores; estás aprendiendo a convertirlos en acción. Cuando se fundó Yum!, a las franquicias de Taco Bell les disgustaban algunos parámetros de la nueva compañía, y amenazaron con intentar absorber de forma hostil la división y crear una empresa separada. Yo me esforcé por tender puentes con ellos, pero aún no me había ganado su confianza cuando afrontamos nuestra primera gran crisis.

Una organización de defensa del medio ambiente publicó un informe donde se afirmaba que un organismo genéticamente modificado (StarLink) había aparecido en los tacos Kraft de Taco Bell, que producía Kraft y se vendían en tiendas de comestibles. A los franquiciados nunca les agradó el hecho de que los productos de Taco Bell producidos por Kraft se vendieran siquiera en las tiendas, porque se comían potencialmente sus beneficios; pero la dirección de PepsiCo había firmado un acuerdo de concesión, y Yum! lo había heredado. La Food and Drug Administration no había aprobado explícitamente StarLink para consumo humano, de modo que el asunto se convirtió en una noticia de alcance nacional.

No importó que fuera improbable que StarLink sentara mal a nadie ni que nunca se encontrara en las tortillas de los tacos de nuestros restaurantes; lo que importó fue que nuestros clientes tenían miedo de comer Taco Bell porque Kraft retiró inmediatamente su producto. Los franquiciados no se beneficiaban del acuerdo de concesión porque era un acuerdo directivo, pero pagaban el precio: las ventas, que ya estaban estancadas, descendieron otro 20 o 25 %.

Algunos franquiciados estaban al borde de la bancarrota; la publicidad los estaba matando. Se estaba organizando un motín. Contractualmente, nosotros no estábamos obligados a ayudar; pero, si no ayudábamos, tendría consecuencias evidentes para Yum!

Algunas personas de Yum! consideraban que la empresa no debía asumir el riesgo de rescatar a los franquiciados; si las tiendas quebraban, las podíamos comprar de nuevo a bajo precio. Otros, incluido yo, pensábamos que eso no estaba bien.

He aquí un test útil: por mucho que yo aprecie el trabajo de los abogados, la ley sólo es el primer peldaño del buen comportamiento básico. Las decisiones y actos verdaderamente éticos nos suelen llevar a sitios más altos de la escalera. **Si esperas que un contrato o norma legal te diga si estás haciendo lo correcto, es posible que no hayas ascendido lo suficiente como para ver si lo estás haciendo**.

Yo trabajé con el equipo de Yum! para seguir ascendiendo hasta que se nos ocurrió un plan que *sí* parecía correcto. Establecimos un grupo de trabajo con los bancos para reestructurar las deudas de los franquiciados. Denunciamos al proveedor que nos suministraba las tortillas de los tacos y, acto seguido, dimos el dinero que recuperamos —que fue bastante— a los franquiciados, y asumimos todos los costes administrativos y legales del proceso. Lo único que pedimos a cambio fue que acordaran no denunciarnos ni actuar públicamente contra nosotros. Si íbamos a hacer lo correcto con ellos y ser sus socios en aquella crisis, ellos tenían que hacer lo correcto con nosotros.

La buena noticia es que los esforzados franquiciados aguantaron, y las ventas dieron un vuelco al final. De hecho, Taco Bell se convirtió en la segunda marca de servicio rápido más rentable de los Estados Unidos, sólo por detrás de McDonald's.

Tras la crisis, los franquiciados de Taco Bell me pidieron que asistiera a una reunión especial, donde pasó algo increíble. Aquellas personas, que pocos años antes amenazaban con un motín, me habían invitado para darme las gracias por nuestro apoyo. Dijeron que lo que habíamos hecho por ellos había sido «heroico», y me regalaron una estatuilla de ciento veinte centímetros de Superman con mi cara. Todos y cada uno me dieron las gracias en persona, diciendo cosas como «mi familia no estaría hoy en el negocio si no hubiera sido por usted». Fue una de las experiencias más emotivas de mi carrera.

Por hacer eso bien, aprendimos. Aprendimos lecciones sobre cómo afrontar eficazmente una crisis y, por supuesto, Yum! se enfrentó a más crisis después. Aprendimos sobre las fortalezas y debilidades de las franquicias y restaurantes de Taco Bell, lo cual permitió que apoyáramos mejor sus éxitos.

Me alegra saber que Yum! sigue manteniendo esa misma ética. Al principio de la pandemia, cuando muchos negocios se vieron obligados a cerrar (el impacto en los restaurantes fue especialmente duro), el equipo de David Gibbs, su CEO actual, le dijo a los franquiciados que dejaran de pagar sus regalías: Yum! les iba a conceder un periodo de gracia hasta que las cosas volvieran a la normalidad. Intentar sacarles las regalías habría sido inútil en cualquier caso, así que ¿por qué no apoyar a los franquiciados y demostrarles lealtad? Como David los apoyó, los franquiciados hicieron lo propio, y devolvieron el 100 % de las regalías que debían.

Por usar un cliché empresarial, David hizo lo que predicaba; pero, cuando Eric Harvey publicó *Haz lo que predicas* hace casi treinta años, el título no estaba tan trillado como ahora. Sin embargo, el concepto sigue siendo válido. La idea central del libro de Harvey es que **te puedes juzgar a ti mismo por tus intenciones, pero los demás te juzgan por tus actos. Así es como te ganas tu reputación, y tu reputación influye en lo que es posible en tu trabajo y tu vida.**

Todos sabemos que no todo el mundo actúa desde ese principio.

En el año 2015 tuve el gran honor de recibir el premio Horatio Alger, creado para homenajear a personas que han conseguido grandes cosas superando las adversidades y viviendo a partir de sus ideales de perseverancia, integridad y excelencia. Una de las mejores cosas del premio fue que lo recibí el mismo año en que se lo otorgaron a la persona más joven que lo había recibido nunca: Elizabeth Holmes, de Theranos.

Me senté en un acto con ella y otros premiados y contestamos a las preguntas de los beneficiarios de las becas que concede la asociación. Me quedé tan impresionado con su historia y sus respuestas que luego le ofrecí un puesto en la junta de una de las empresas con las que yo trabajaba. Y, como tantas otras personas, más tarde me sentí igualmente decepcionado, cuando me enteré de que había engañado a los inversores, violado leyes y arruinado las vidas de algunos de sus empleados, que se hundieron con ella. Actuó sin pensar en nadie, salvo en sí misma, y terminó condenada a once años de prisión.

Hay bastante tragedia en esa historia, pero hubo una pérdida de la que no se habló tanto: el aprendizaje y el potencial perdidos. Elizabeth creó un equipo de personas inteligentes y con talento, y atrajo una cantidad de recursos increíble. Esas dos cosas, sumadas a buenas decisiones, habrían generado una explosión de potentes e innovadoras ideas que habrían resonado durante décadas. Quién sabe lo que podría haber pasado. Quién sabe cuántas vidas podrían haber cambiado. Quién sabe cuántas «cosas correctas» se perdieron.

Es más probable que crucemos una línea o saltemos sobre ella cuando estamos acorralados en una esquina. Las situaciones desesperadas son desafíos a nuestros valores. Puedes ayudar a que tu futuro yo haga lo correcto mediante el procedimiento de evitar dichas situaciones con buena preparación y planificación. Piensa en cosas que puedan salir mal y decide por adelantado, en lugar de hacerlo en el mismo momento, cómo las manejarás sin traicionar tus valores. También las puedes evitar si afrontas los problemas cuando surgen, para que no crezcan y acaben en catástrofe (cuestión en la que profundizaré en el siguiente capítulo). A mí me gustaba decir a la gente: «Nunca te despedirán por venirme con un problema, pero seguro que te despiden si ocultas uno». No nos podemos preparar para todas las situaciones complicadas que quizá requieran de una decisión difícil, pero podemos intentar armarnos con la información y los recursos adecuados y una base apoyada en los valores.

Esto es vital porque, con el paso del tiempo, en función de los ámbitos, las circunstancias y tus propias decisiones, tu sentido del bien y del mal se puede deteriorar gradualmente. Cruzas la línea y la siguiente vez te aventuras más allá, justificando una mala acción tras otra. Si te alejas demasiado de la línea, la puedes perder de vista por completo y, al final, perderás la habilidad de saber qué es lo correcto.

Lo mejor que ocurre cuando hacemos lo correcto es que nos sentimos bien con nuestras decisiones y con el impacto que tenemos en el mundo, y eso nos anima a seguir haciendo lo correcto. Los valores no son algo que se escriben en un papel y luego se guardan en un cajón o se cuelgan de la pared; los valores son algo que se *utiliza* para actuar bien. No es siempre la elección fácil, pero siempre es la mejor elección y la que ayuda a aprender las más potentes lecciones.

Aprende haciendo lo correcto

- ¿Hubo alguna época en tu vida en la que no hiciste lo correcto y lo sabías? ¿Qué consecuencia tuvo para ti? ¿Y para otros?
- Cuando tuviste la ocasión de hacer lo correcto en el pasado, ¿qué aprendiste de ti mismo, de otros o de una situación determinada?
- ¿Te enfrentas a un desafío o decisión difícil en la actualidad? Si eliminas los factores complicados, ¿qué sería hacer lo correcto? ¿Hay alguna versión del test del *Wall Street Journal* que puedas aplicar?

CAPÍTULO 23

DEL DOLOR, A LA POSIBILIDAD

Hay algo recurrente en muchas de mis decisiones profesionales: aceptaba empleos en organizaciones que tenían problemas. Quizá parezca que son empleos a evitar, pero a mí no me lo pareció nunca. Cuando te haces responsable de un equipo o empresa que está en lo más alto, tu trabajo consiste en *no meter la pata*, algo que siempre me sonó más duro o más aterrador que encontrar una forma de *resolver los problemas*. A mí me gusta solventar problemas; de hecho, solventar uno tras otro en PepsiCo me llevó al trabajo de mis sueños, el de Yum!

La resolución de problemas y el aprendizaje activo van de la mano. **Aprendes afrontando problemas, de dos formas distintas: atisbarlos en el horizonte y aprender después para impedir que te afecten a ti, o, si ya los tienes encima, aprender para poder solucionarlos de un modo tan eficaz y eficiente como sea posible.**

Mientras la mayoría de la gente prefiere *evitar* los problemas, haciendo caso omiso de las señales que los anuncian o poniendo excusas, los aprendices activos tienen una actitud distinta: afrontar sistemáticamente los problemas que ven.

Por tal razón, las oportunidades de aprendizaje que surgen cuando se afrontan los problemas forman parte del currículum de nuestro programa Lead4Change. Incluye módulos que ayudan a los estudiantes a «anticiparse a los obstáculos» y «superar las barreras para tener éxito». Cuando los alumnos afrontan grandes problemas ayudando a las personas sin hogar, abordando desafíos medioambientales, apoyando a inmigrantes recientemente establecidos en su localidad o mejorando la calidad de la comida disponible en los bancos de alimentos locales, aprenden mucho más que eso: aprenden a organizar, a sumar a más personas y a derribar los obstáculos. Aprenden más sobre las personas a las que intentan ayudar y sobre los otros problemas que padecen. Aprenden a solventar mejor los problemas la siguiente vez. Y hasta es posible que se enamoren de la misión que tienen.

Las personas y las empresas que buscan problemas que resolver ven dos grandes beneficios, según Uri Levine, fundador de Waze y autor de *Enamórate del problema, no de la solución.* «Si sigues este camino y tu solución funciona, te garantizo que crearás valor. Pero, cuando le dices a la gente que vas a afrontar determinado problema y les pides su opinión al respecto, es como si te apuntaras a una misión.» Y, a veces, descubres nuevos y mayores problemas que afrontar a continuación.

Daniel Lubetzky, fundador de KIND Snacks, fundó su primera empresa (PeaceWorks) mientras gozaba de una beca de Israel. Estaba trabajando para aumentar la cooperación entre dicho país y sus vecinos árabes. Cuando supo que una empresa israelí que producía salsas y productos para untar iba a tener que cerrar porque sus costes eran demasiado altos, los convenció de que compraran los productos a productores árabes y granjeros palestinos. Había nacido PeaceWorks.

Mantener la compañía fue difícil; sobre todo, al principio. «Lo que me animó a seguir fue mi causa: estaba en eso para servir a la causa de la paz», escribió en *Do the KIND Thing,* su libro[1]. En la actualidad, resolver el desafío de la amabilidad (de la falta de ella o de la falta de comprensión de lo que significa ser amable) es una parte importante de su misión, inseparable del trabajo que hace la empresa y de sus esfuerzos en pro de la responsabilidad social.

«Aumentar la empatía y la amabilidad y crear un estado mental amable ha formado parte de nuestra misión desde el principio», me dijo. «Muchas de las cosas en las que invertimos, desde nuestro marketing hasta nuestras obras filantrópicas, pretenden ayudar a que la gente sea más amable con los demás y a que la amabilidad esté al frente del pensamiento, a convertirse en la cualidad a la que todos queremos que aspiren nuestros hijos... No podemos conseguir eso por el sencillo procedimiento de vender productos. Tenemos que crear una comunidad y un movimiento de personas que hagan el camino con nosotros.»

Lo que aprendió Lubezky durante esa misión de afrontar problemas hizo que la empresa tuviera gran éxito, y la propia empresa se compromete con aprendizaje activo para resolver el problema de crear tentempiés sanos, deliciosos e integrales.

El primer paso para convertirte en un aplacador de problemas es tener la actitud adecuada; especialmente, cuando se trata de grandes problemas que exigen de esfuerzos colectivos. No es poco habitual que los grandes problemas parezcan irresolubles y provoquen que los equipos se sientan tan abrumados por su alcance que echen por tierra cualquier solución. En 1992, cuando me convertí en jefe de operaciones de Pepsi-Cola, las operaciones eran uno de esos problemas. Necesitaban mejoras en casi todos los aspectos, desde la previsión hasta los precios, pasando por las cargas y repartos. Las cosas estaban tan mal que nos habría ido mejor si hubiéramos metido el dinero dedicado a operaciones en una cuenta bancaria, para recibir los intereses.

Antes de que yo asumiera el cargo, el director ejecutivo había tomado la decisión de reunir a toda la empresa (más de seis mil personas) en el Dallas Convention Center, para debatir sobre los problemas. A mí me eligieron para hablar después de la cena.

La reunión trató esencialmente sobre el dolor: el de los clientes, el de los empleados y el financiero. Todos parecían estar empeñados en hablar de lo que iba mal, pero ése no es mi estilo. Cuando me levanté, no dije nada. Se hizo un silencio absoluto, que duró diez segundos. Y, por fin, declaré: «Hay una cosa que quiero que sepan. Esta es una gran compañía y no quiero que ninguno de los presentes lo olvide».

Todos rompieron a aplaudir.

Desde el *You got the right one, baby, uh-huh* de la canción de Ray Charles que yo había usado en un anuncio de Pepsi, me habían empezado a llamar «el del *Uh-huh*» en la empresa. Yo aproveché ese *uh-huh* en una enorme campaña de marketing y se convirtió en una expresión pegadiza de la cultura pop. Cuando me planté delante de aquellas seis mil personas, pasó algo sorprendente: mientras hablaba (no sobre problemas, sino sobre soluciones), la gente empezó a decir *uh-huh*. Al principio, sólo fueron unos cuantos, pero enseguida fueron los seis mil. Yo decía: «Vamos a hacer esto», y ellos contestaban *uh-huh*. Yo decía: «Vamos a hacer aquello», y ellos decían *uh-huh*. El centro de convenciones se había convertido en una anticuada reunión de feligreses.

Salimos de la crisis poco después, y me gusta pensar que aquel discurso llevó energía a nuestros corazones. No solucionó los problemas, pero cambió la actitud, que pasó del *infranqueable montón de problemas* a *un desafío que podemos afrontar* (del *dolor* a la *posibilidad*). Y, a medida que íbamos solucionando los problemas, aprendíamos cada vez más y nos costaba menos afrontar el siguiente problema.

Aprendí una técnica excelente para variar el pensamiento de las personas y llevarlo del «no es posible» al «qué es posible». Se llama «cambiar el guion», y es de Scott Bergren, ex director ejecutivo de Pizza Hut. Cuando alguien decía «eso no se puede hacer» o «eso es imposible», él decía: «Bueno, ¿qué harías *tú* para resolver el problema?».

Aunque tener la actitud correcta es importante, los aprendices activos saben que eso es un desafío secundario. **El principal desafío estriba en que no puedes afrontar problemas cuya existencia desconoces,** así que salen a buscarlos, acudiendo frecuentemente a los clientes u otras partes interesadas. Pueden descubrir problemas que ya están presentes o que se atisban en el horizonte.

En mis experiencias como aprendiz activo, he notado que a las personas no siempre se les da bien lo de acercarse a ti con ideas para mejorar las cosas; sin embargo, son excelentes hablando de lo que les frustra. Ésa es la forma de descubrir problemas que necesitan una solución. En Yum! establecimos conversaciones con nuestros clientes a través de estudios de detección de problemas que nos ayudaron a averiguar qué era lo que los clientes necesitaban más de nosotros, lo cual nos permitió implementar importantes innovaciones en materia de productos.

Como observarás, no llamamos «estudios de búsqueda de problemas» o algo parecido a nuestros procesos; antes, necesitábamos localizar los problemas. Jeff Lawson, cofundador y CEO de Twilio, una empresa de apoyo a aplicaciones mediante servicios de comunicación en la nube (por ejemplo, la mensajería de textos en la aplicación de Airbnb), me dijo que piensa en los negocios como si fueran buscadores de oro que van buscando por el mundo un tipo de oro en concreto, lo que los diferencia y los ayuda a crecer. Pero (esto es crucial), «el oro no es la solución. El oro es el problema. Encontrar un enorme, peludo, importante y difícil problema que tus clientes necesitan resolver... Ése es el mayor reto del negocio, no la forma en que lo resuelves». Los individuos también pueden actuar de ese modo, y los aprendices activos lo saben: ven la oportunidad —el *valor*— en los problemas, así que *buscan* problemas graves o que se presentan con frecuencia y luego intentan resolverlos.

Yo usé una aproximación parecida en 1994, al llegar a KFC, cuando nos enfrentábamos a múltiples desafíos. Uno de los primeros pasos que di fue asistir a las reuniones regionales de franquiciados. Durante una reunión, un anciano y malhumorado franquiciado se levantó y dijo: «Será mejor que seas bueno, hijo, porque por aquí han pasado muchos tipos como tú». Me sentí un poco ofendido, pero comprendí su posición. Los franquiciados habían visto a un montón de directivos que hacían cosas que influían directa y a veces negativamente en su forma de ganarse la vida, y luego se marchaban. Yo le aseguré, al igual que otras personas, que no me iba a ir a ninguna parte hasta que corrigiéramos el rumbo de la empresa. Estaba decidido a resolver los problemas más importantes; no tenía intención de ponerles un parche y salir corriendo antes de que se despegara.

Tuvimos nueve reuniones regionales con franquiciados. En todas ellas exponía lo que había aprendido hasta entonces; después, dividía a los franquiciados en grupos de siete u ocho personas y les pedía que fingieran ser el presidente de KFC, que volvieran una hora más tarde y que me dijeran cuáles eran sus prioridades. Sus respuestas (calidad, productos nuevos, más formación) no eran sorprendentes. Todos sabíamos dónde estaban los problemas, pero era mucho más eficaz preguntar a los franquiciados por lo que pensaban que limitarse a asistir a sus reuniones y decirles lo que necesitaban hacer. Yo estaba intentando aplicar lo que enfatiza Uri Levine en Waze: hablar con la gente que sufre los problemas para entenderlos de verdad. Con los franquiciados, desarrollamos un plan de acción. Pasamos del «yo» al «nosotros». En el capítulo 16 dije cómo resolvimos los problemas de KFC y voy a repetir lo dicho: que, en última instancia, fue un triunfo del espíritu humano, porque sólo empezamos a generar o descubrir ideas para nuevos productos cuando empezamos a afrontar juntos los problemas, en lugar de evitarlos y culpar a otros.

Uno de los grandes beneficios de afrontar los problemas graves es que logras vivir en un mundo sin ese problema, aunque sólo sea durante una temporada o sólo en lo tocante a un grupo de personas. Eliminar problemas motiva de un modo increíble. Ayudar a alguien con un problema es una oportunidad de aprender. Cuando en Yum! decidimos luchar contra el hambre, aprendimos muchísimo sobre la mejor manera de donar tiempo y dinero para tener el mayor impacto posible y mantener motivados a nuestros empleados para que contribuyeran como pudieran. Establecimos vínculos con el Programa Mundial de Alimentos, nos presentamos voluntarios en todo el mundo y utilizamos nuestros restaurantes para aumentar la sensibilidad social al respecto. En Louisville (Kentucky), el 40 % de los niños se va a la cama con hambre, así que la Lift a Life Novak Family Foundation apoya el Dare to Care Food Bank. Todos sabemos que nuestros esfuerzos no van a erradicar el hambre de todo el mundo y en todas las comunidades; pero aprendemos con cada esfuerzo que resuelve el problema de al menos una persona, y eso merece la pena. Quién sabe cómo puede contribuir en el futuro ese aprendizaje a erradicar el problema en otras comunidades.

La mejor forma de convencerte a ti mismo de afrontar los problemas es verlos como las oportunidades de aprendizaje que son. Cuanto mayor sea el problema, más aprenderás al afrontarlo. Piensa en lo que aprendieron los científicos de los Estados Unidos —e incluso la nación entera— como resultado de intentar resolver el problema de llevar a un hombre a la Luna.

Es más que probable que un problema esté cerca de tu vida o trabajo, acechando. Encuéntralo y afróntalo de lleno.

Aprende afrontando problemas

- Piensa en alguno de los mayores problemas que has afrontado en tu vida o carrera. ¿Qué aprendiste del proceso en términos de conocimiento personal, nuevas habilidades o fortaleza de carácter? ¿Cómo te ayudó eso a seguir avanzando?
- ¿Dónde te sientes atascado en tu vida o trabajo? ¿Has hecho un estudio de detección de problemas para ubicar la raíz del problema? ¿Qué aspecto tendría ese proceso, teniendo en cuenta las circunstancias? ¿Qué preguntas formularías, y a quién?
- ¿Hay algún problema que estés rehuyendo ahora? ¿Qué impide que intentes solucionarlo? ¿Has sopesado de qué modo beneficiaría su solución a otras personas? ¿Te has planteado que ésa podría ser tu motivación para intentarlo?

CAPÍTULO 24

PATITOS Y CABRAS

Mi hija, Ashley, nació dos meses y medio antes de tiempo, y pesaba algo menos de dos kilos. Los médicos nos advirtieron sobre las posibles complicaciones de su prematuro nacimiento, y hasta nos dijeron que cabía la posibilidad de que no sobreviviera. Sin embargo, cuando la vi por primera vez sólo pensé en lo bella que era. Me incliné para tocarla con un dedo, y ella lo agarró y apretó al instante. En ese momento supe que sobreviviría.

Me quedé con ella y con Wendy mientras las dos superaban las complicaciones derivadas de la diabetes de mi esposa. Wendy había perdido mucha vista (problema que se arregló al final gracias a la cirugía láser). Me concentré en tener una actitud positiva e hice todo lo que estuvo en mi mano por asegurarme de que Ashley saliera adelante.

Me dijeron que sus pulmones, su cerebro y su corazón aún tenían que desarrollarse, pero pensé que debía de haber algo más que pudiéramos hacer para facilitar el proceso. Pregunté: «¿Qué la mantendría con vida?». Los médicos me dijeron que algunos estudios habían demostrado que, cuanto más tiempo estuviéramos con ella, más posibilidades tendría de sobrevivir. El contacto constante importaba, me aseguraron; y oír nuestras voces. Estudios recientes lo han demostrado: a los prematuros que disfrutan de contacto físico les va así mucho mejor, y también a los bebés que oyen la voz de su madre con más frecuencia, aunque esté grabada[1].

Wendy y yo pasamos todo el tiempo que pudimos en la unidad de cuidados intensivos neonatales. Cuando teníamos que dormir, le pedíamos a las enfermeras que pusieran grabaciones que habíamos hecho en el reproductor que habíamos llevado al hospital, para que Ashley supiera que no estaba sola. Cuando por fin pudo abrir los ojos durante ratos más largos, pregunté: «¿Qué color puede ver?». Me dijeron que el rojo, así que le llevé un muñequito rojo con forma de manzana y una sonrisa en la cara.

Ella sobrevivió, por supuesto, y, según se hacía mayor, lo de apretarme el dedo se convirtió en nuestro ritual cuando la metía en la cama por la noche. El día de su boda, me lo agarró y lo apretó cuando la entregué en matrimonio, y yo me volví a mi asiento sollozando. La manzanita roja de Ashley está ahora en un estante de la habitación de sus hijos.

A lo largo de mi vida he empleado la misma estrategia que usé para aprender qué podía hacer para mantener a mi hija con vida: formular la pregunta más sencilla posible para obtener la respuesta más importante y significativa. Cuando intentaba decidir si debía contratar a alguien, y se habían cumplido todos los demás criterios, siempre me formulaba esta sencilla pregunta: «¿Querría que Ashley trabajara para esta persona?». Cuando intentaba encontrar la forma de crecer o de mejorar un equipo o negocio, preguntaba a los que trabajaban para mí: «¿Qué haríais vosotros en mi lugar?». O me preguntaba a mí mismo: «Si algún pez gordo apareciera y me quitara el mando, ¿qué harían ellos?». Y en marketing preguntaba una y otra vez: «¿Qué costumbre, creencia o percepción tenemos que variar o mejorar para que el negocio crezca?». Cuando mis equipos contestaban a esa última pregunta de forma sucinta, casi siempre encontrábamos un filón. Por ejemplo, Taco Bell ayudó a cambiar las costumbres en lo tocante a las hamburguesas, logrando que los clientes asumieran el eslogan de nuestra campaña de publicidad: «No sólo de pan vive el hombre», que aumentó realmente la clientela de la marca.

Las preguntas sencillas eran la vía más directa a las verdades esenciales y a la información valiosa que yo necesitaba aprender; pero eso no habría sido posible si antes no hubiera *simplificado el asunto*. **Formular una pregunta sencilla es difícil si no has reducido el asunto a su forma más sencilla**. Por ejemplo, la situación en la que estaba Ashley al nacer implicaba muchos desafíos biológicos y médicos complicados; pero, en su forma más sencilla, era una cuestión de vida o muerte.

No todas las cuestiones son tan inhóspitas o funestas, pero se pueden reducir a una sencilla esencia. Como la famosa «norma de la hermana» de la magnate de las joyas Kendra Scott, que aplica al servicio al cliente: ¿qué harías si el cliente fuera tu hermana (o hermano)?

Los aprendices activos saben que simplificar es el camino más rápido para empezar a aprender. Es un círculo de virtudes: **los aprendices activos se toman el tiempo necesario para simplificar de tal manera que puedan aprender, lo cual permite que se tomen el tiempo necesario para aprender de tal manera que puedan simplificar.** Lo que están aprendiendo es la información más *esencial*, que los ayuda a actuar del modo más eficaz.

Hace unos años, John Maeda, el artista, diseñador de productos y alumno con maestría del MIT que fundó el MIT SIMPLICITY Consortium, escribió un maravilloso y sencillo libro titulado *Las leyes de la simplicidad*, compartiendo diez leyes en cien páginas. La cuarta ley es «aprender»:

Poner un tornillo es engañosamente fácil: sólo hay que girarlo con un destornillador de punta adecuada, estrellado o liso. Lo que ocurre después no es tan sencillo, como habrás notado al mirar a un niño o un lamentablemente inepto adulto que giraba el destornillador en dirección equivocada... El diseño de un tornillo es sencillo, pero necesitas saber en qué dirección lo tienes que girar. *El conocimiento logra que todo sea más sencillo.* Eso es cierto para cualquier cosa, por difícil que sea. El problema de dedicar tiempo a aprender algo es que frecuentemente tienes la sensación de que estás perdiendo, una violación de la tercera Ley [«el tiempo»]. Todos somos muy conscientes de esa forma de aproximarse a las cosas que es lanzarse de cabeza a ellas («no necesito las instrucciones, lo haré sin más»); pero, en realidad, ese método suele llevar más tiempo que seguir las instrucciones del manual[2].

Encontrar la simplicidad en el extremo más alejado de la complejidad implica tiempo, esfuerzo e intención, pero los aprendices activos saben que es un tiempo bien gastado.

Cada vez que yo intentaba llegar a la raíz de un asunto, comunicar información vital o aprender algo esencial, intentaba «convertirlo en patitos y cabras», frase que uso como sinónimo de simplificar las cosas. Procede de los libros para niños que leía a Ashley, que suelen ser cortos y hablar de animales bonitos como los patitos y las cabras. No me pasó desapercibido que esos libros eran interesantes y fáciles de recordar, además de lograr que las ideas complejas fueran digeribles. Compáralo con lo que solemos ver de adultos en la vida y los negocios: informes complejos, instrucciones imposibles de seguir, dietas saludables que nunca encajan con los desafíos de la vida real.

He visto a directores ejecutivos gastando millones de dólares en asesores porque no se habían tomado el tiempo necesario para simplificar sus negocios, desafíos u oportunidades. PepsiCo tenía asesores en todos los departamentos. A mí me parecía un desperdicio, porque los líderes ni siquiera habían definido cuál era el problema real. No sabían lo que querían o necesitaban de los asesores. Estaban simplemente allí, intentando demostrar su valía. Y al igual que ocurre en los negocios, he visto a gente que luchaba, se estresaba y perdía pie porque no se habían tomado el tiempo necesario para simplificar lo que necesitaban o lo que necesitaban hacer.

Creo que es importante que hagamos el esfuerzo de simplificar en tres áreas clave:

En primer lugar, **simplifica tu estrategia, propósito o misión**. No hay nada más liberador que una estrategia sólida; te da una claridad absoluta sobre lo que tienes que hacer a continuación. Yo me aseguraba de que todas nuestras estrategias fueran sencillas e inequívocas, de que sólo se pudieran interpretar de *una* manera. La gente tenía claro qué aspecto tenía el éxito y cómo conseguirlo. Aprendemos más deprisa cuando no estamos perdiendo el tiempo moviéndonos en dirección equivocada. Cuando dejé Yum! me tomé el tiempo necesario para simplificar mi objetivo esencial (hacer del mundo un lugar mejor mediante el procedimiento de crear mejores líderes), así que tenía absolutamente claro lo que debía hacer día a día. Al dejar que me guiara, pude aprender más de las cosas más importantes.

En segundo lugar, **simplifica tu comunicación**. En el instituto fui director del periódico escolar. Me gustaba tanto que decidí estudiar periodismo en la universidad, lo cual me enseñó a simplificar mi forma de comunicar, porque eso es lo que hacen los periodistas: usar el menor número posible de palabras para comunicar la información más esencial de un modo que cualquiera pueda entender.

Sin embargo, comunicar de forma sencilla no es comunicar de forma aburrida. La sencillez suele ser lo que se abre camino a través del desorden. Tanto si estás creando una campaña publicitaria como si intentas enviar un mensaje a través de veinte niveles de cargos directivos o averiguar cómo hablar a tus hijos sobre limpiar sus habitaciones o salir con alguien, tienes que encontrar la forma de que lo que digas sea interesante y fácil de recordar, como los patitos y las cabras.

Yo hice eso en el periódico de mi instituto cuando escribí un editorial donde criticaba al entrenador de nuestro equipo de baloncesto, uno de los mejores equipos del estado aunque nunca ganara un campeonato. Se suponía que no debías criticar a ningún miembro del profesorado (sobre todo, a un entrenador que llevaba años en el puesto), pero conseguí la atención de la gente.

Ese entrenamiento en comunicación sencilla y clara continuó durante el tiempo que estuve trabajando para Tom James en la agencia de publicidad Ketchum, McLeod & Grove, cuando yo tenía veinticinco años. Me obligó a reescribir seis o siete veces mis análisis de mercado hasta que pude hacer una recomendación y explicar la lógica de dicha recomendación en sólo una página. Desde entonces he intentado imponerme a mí mismo la misma disciplina, porque me ayuda a clarificar y, durante el proceso, *descubrir* qué intento expresar. Acaba con el desorden de mi propia mente al obligarme a quitar lo innecesario y lo irrelevante.

Cuando acudí a Warren Buffet en busca de consejo sobre la forma de comunicarme con los analistas de Wall Street, puso como ejemplo sus propios informes anuales de Berkshire Hathaway, tan legendarios que se han convertido en objetos de coleccionista. Warren me explicó su aproximación de este modo: «Hablo con nuestros inversores y potenciales inversores como si hablara con Bertie, mi hermana. Bertie es muy inteligente, pero no conoce nuestro negocio. Así que empiezo con un sencillo "Querida Bertie" y luego escribo de forma comprensible lo que creo que necesita saber: dónde estamos, adónde queremos llegar, cuál es la forma en que puede calibrarnos y qué podemos hacer por ella». Yo pensaba en los inversores como si fueran personas que sabían más que yo, pero Warren me recordó que no era así; por lo menos, no en lo tocante a mi empresa. Le envié una copia de mi siguiente informe anual, redactado a partir de sus principios de sencillez y claridad mental, y él replicó: «Bertie estaría orgullosa de ti». Yo colgué su nota en mi despacho, para recordarme que hay que ser sencillo.

En tercer lugar, **simplifica la situación, las circunstancias o la aproximación hasta que sólo queden los factores esenciales del éxito**. Tómate la molestia de comprender los fundamentos de lo que estás haciendo y valórate en función de ellos.

Todos los cambios de rumbo empresariales de los que he formado parte exigieron que la empresa regresara a lo básico: la calidad, el valor, el servicio, las operaciones y la innovación o mejora. Lo primero que la mayoría de los directivos quieren hacer en esas situaciones es tener un impacto inmediato, para poder concentrarse en las cosas muy visibles, como las nuevas campañas de publicidad o las promociones de ventas; pero yo aprendí que es más importante que se simplifique primero la situación y se arregle lo fundamental. En 1992, durante mis primeros meses como jefe de operaciones de Pepsi, nos concentramos en que los camiones de reparto salieran eficazmente del almacén y en asegurarnos de que tuvieran suficientes productos cuando se iban: cosas básicas, que no vas a meter en un anuncio. Cuando ayudé a cambiar el rumbo de KFC en 1990 y de Pizza Hut en 1993, las dos compañías habían perdido de vista la calidad. Pizza Hut había reducido los condimentos que usaba y KFC había dejado de adobar el pollo. Las nuevas iniciativas de marketing son sexis y pueden impulsar las ventas, pero si no ponen suficiente *pepperoni* en la pizza, por muy genial que sea tu anuncio, no tendrás éxito a largo plazo.

Lo peor que puedes hacer en un negocio es añadir complejidades que no aumentan las ventas. **Si estás en una mala situación, simplifica y concéntrate en los aspectos fundamentales. Compara lo que estás haciendo con dichos aspectos fundamentales. ¿Te estás acercando a ellos? ¿O te estás alejando?**

La empresa Chik-fil-A hace eso bien, empezando por el producto en el que se basó el negocio: un sándwich de filete de pollo verdaderamente bueno. Al empezar concentrados en los elementos básicos de la calidad y el servicio, sus equipos aprendieron a hacer esas cosas básicas mejor que nadie más. En consecuencia, los volúmenes de la empresa son tres veces mayores que los del resto.

A John Maeda le gusta decir: «Simplicidad = Sensatez». Eric Yuan, el fundador de Zoom, pareció entender muy bien ese concepto. Zoom se creó para resolver un problema de casi todas las otras herramientas de videoconferencias, del que la gente se quejaba: su complejidad. Quería que Zoom fuera tan fácil de usar como fuera posible, y buscó inspiración en algunos de los mejores simplificadores, como Google y Apple. Sin embargo, también quería llevar esa sencillez a la forma de funcionar de la empresa, al precio de los productos, etcétera. Me confesó que «el primer día, le dije a nuestro equipo y me dije a mí mismo: asegurémonos siempre antes de tener un proceso; reflexionemos sobre cómo simplificar el proceso». Quería impedir que se implementaran procesos con demasiada rapidez, lo cual lleva a complejidades innecesarias, insatisfacción de empleados o clientes y, en general, a dar marcha atrás para simplificar los procesos. Para entonces, «ya es demasiado tarde», porque ya has contrariado a la gente. El proceso de simplificar desde el principio los ayudó a averiguar qué era esencial para satisfacer las necesidades de empleados y clientes, y eso ha sido un factor clave de su éxito.

En su libro *Esencialismo*, Greg McKeown dice que los esencialistas son exploradores que «evalúan una amplia gama de opciones antes de comprometerse con ninguna. Como los esencialistas sólo se comprometen y van al máximo con las pocas ideas o actividades vitales, exploran más opciones al principio para asegurarse de elegir la correcta después»[3]. Esas *pocas* ideas vitales son el fundamento o la base que todos necesitamos para tener una existencia feliz, satisfactoria y exitosa. En cuanto complicamos excesivamente nuestras vidas y perdemos contacto con ellas, nos sentimos menos felices, menos satisfechos y con menos éxito.

El acto de aprender es, por sí mismo, un modo de simplificar toda la información que nos llega, para poder absorberla, procesarla y actuar más tarde correctamente; pero, cuando hacemos ese trabajo de forma intencionada, cuando *hacemos el esfuerzo* de simplificar cada vez que nos topamos con la complejidad en la vida, aprendemos más y aprendemos más deprisa.

Aprende simplificando

- ¿Qué aprendiste en el pasado cuando te tomaste la molestia de simplificar algo que parecía increíblemente complejo? ¿Qué aprendiste al intentar comprender los aspectos fundamentales de un negocio, proceso o situación?
- ¿Qué métodos usas para lograr que tu comunicación sea tan sencilla e interesante como sea posible? Por ejemplo, ¿cuántas veces relees

un mensaje de correo electrónico importante antes de enviarlo? Cuando haces el esfuerzo de simplificar, ¿te parece que comprendes mejor lo que intentas comunicar?

- ¿Qué encuentras demasiado complicado en tu vida o trabajo actuales? ¿Tienes la sensación de que algunas cosas son lentas, engorrosas o difíciles? ¿Qué estrategias podrías utilizar para empezar a simplificar?

CAPÍTULO 25

PROHIBIDO ACAPARAR

Cómo cambiar, el libro de Katy Milkman, incluye un tipo de sabiduría que puede parecer contradictoria: dar consejos es más útil que recibirlos.

En un estudio, Milkman y sus colegas pidieron a alumnos de instituto que dieran consejos a estudiantes de cursos inferiores sobre la forma de tener éxito. La mayoría de los consejos que dieron fueron los que habían recibido ellos mismos: desarrollar buenos hábitos de estudio, no dejar las cosas para después, etcétera. «Mira por dónde, nuestra estrategia funcionó», escribió[1]. «Los alumnos que acababan de dar un consejo rindieron mejor... Eso no convirtió a los estudiantes mediocres en estudiantes excepcionales, pero mejoró el rendimiento de los alumnos de instituto en todos los aspectos de su vida.»

Los aprendices activos saben que aprendemos compartiendo lo que sabemos con otras personas. Son superpropagadores de ideas, conocimientos, habilidades y percepciones. Compartir alimenta su deseo de aprender, y les da alegría y satisfacción. Tanto es así que muchos jóvenes del estudio de Milkman preguntaron si podían repetir la experiencia.

Esa sensación de alegría asociada a la enseñanza ha sido un faro en mi trabajo y mi vida. Si me hubieras preguntado qué quería ser cuando era niño, cuando me mudaba de una ciudad a otra con mi familia, te habría dicho: «Jugador de béisbol o profesor». Por supuesto, estaba equivocado en lo tocante al béisbol, pero a medida que iba ascendiendo hacia cargos directivos y dedicaba más tiempo a ayudar a la gente a crecer y conseguir cosas, descubrí que, en cierto modo, me había convertido en profesor.

Puede que estés pensando: «Eso no es lo que nos dijo hace unos capítulos, cuando hablaba de sus objetivos». Y si lo estás pensando, tendrás razón; me he referido constantemente a mi pasión por el liderazgo en este libro. Sin embargo, el liderazgo y la enseñanza están entrelazados. Para ser un gran líder, tienes que pasar lo que has aprendido a los demás, y ése es el aspecto del liderazgo que más he disfrutado. Dar el regalo de nuestro conocimiento o experiencia a otras personas es lo más provechoso y gratificante de todo. Y tiene el beneficio añadido de que aprendes mucho al hacerlo.

Timo Boldt, fundador de Gousto, una altamente exitosa empresa británica de comida fresca, me habló sobre su experiencia cuando empezó a dar conferencias e impartir clases a estudiantes de maestrías: «Sorprendentemente, verte obligado a condensar tus pensamientos en un papel, a tenerlos que escribir y a no poder improvisar, sabiendo que estás delante de una audiencia culta y refinada, te ayuda a aprender lo que ya sabías».

En el cerebro pasan dos cosas que te ayudan a «aprender lo que ya sabías». La primera, que nos creemos más las ideas cuando las compartimos verbalmente con otros; sobre todo, si intentamos convencer a otros de que son correctas. Algunos psicólogos afirman que «decir provoca creer». ¿Quieres convencerte a ti mismo de hacer ejercicio tres veces a la semana? Intenta convencer a alguien de que puede incluir un sencillo régimen de ejercicios en sus apretados horarios.

La segunda cosa es que hablar (y escribir) activa una parte de nuestro cerebro que va más allá de pensar y cambia lo que pensamos sobre una idea. Es una de las razones por las que podemos dar vueltas y más vueltas a un problema en busca de una solución, y no se nos ocurre hasta que explicamos el problema a otra persona en voz alta. Expresarlo nos obliga a desacelerar, a ampliar la imagen (simplificar) y ordenar nuestros pensamientos.

Una vez, cuando yo estaba en PepsiCo, Roger Enrico me llamó a su despacho y dijo: «David, sé que tienes un montón de teorías sobre crear equipos que hagan grandes cosas, y parece que están funcionando. Me gustaría que prepararas un programa que puedas impartir a nuestros mejores líderes en potencia». Para aclarar las cosas, debo decir que muchas de mis «teorías» procedían de otros expertos, de mis mentores y profesores y de los más de diez años de experiencia que tenía entonces. Sin embargo, me sentí verdaderamente halagado y me encantó que me pidiera eso.

El proceso de crear el programa, de codificar mis opiniones sobre el buen liderazgo, fue una potente experiencia en términos de aprendizaje. Muchos autores y conferenciantes te dirán que crear un plan de estudios o enseñar algo te obliga a cuestionarte todas las ideas que incluyes. ¿Son ciertas? ¿Las puedo demostrar o defender? ¿Tienen sentido? ¿Son realmente las mejores ideas? ¿Cómo encajan con las otras ideas? Ese análisis en profundidad te fuerza a abandonar las ideas que no son válidas o esenciales y a profundizar en las que lo son. Te fuerza a concentrarte y a reflexionar más de lo que probablemente tienes por costumbre o te hace sentir cómodo (y para los autores es un verdadero acto de coraje, porque los libros se sostienen solos, sin que tú tengas que estar presente para hablar sobre ellos o explicarlos, por eso los admiro tanto).

Aprendí cosas que no sabía, *y* aprendí cosas que ya sabía —como dice Timo— mientras analizaba mi liderazgo, lo valoraba desde distintos ángulos y desarrollaba o defendía mis ideas. **Los aprendices activos aprovechan este proceso para convertir sus ideas en algo digerible y fácilmente compartible**. Cuando codificas las ideas, las puedes escalar. ¿Cómo crees que se le ocurrió a John Wooden su ahora famosa pirámide del éxito?

Enseñar bien también te obliga a mantenerte atento a tu juego, a buscar continuamente nuevos materiales o conseguir que tus ideas sigan siendo actuales y relevantes; y te obliga a aprender a contar bien las historias, una habilidad inestimable. Las historias son más pegajosas que ningún otro tipo de información. Si quieres que la gente se quede con una idea, será mejor que la expreses con una historia seductora y relevante, con emoción y tensión.

Trabajé duro para impartir una clase de liderazgo con intención no sólo de informar, sino de inspirar y entretener, y ardía en deseos de tener la oportunidad de compartirla con mis colegas de PepsiCo. Sin embargo, no tuve la posibilidad. La noticia de que la división de restaurantes se iba a desprender (para convertirse al final en Yum! Brands) llegó la semana anterior a mi seminario, así que lo cancelé. Pero no quería que mi duro trabajo se perdiera, así que empecé a pensar en cómo podía usar el programa en Yum!.

Jack Welch era una leyenda del mundo de los negocios y, poco después del lanzamiento de Yum! (1997), Andy Pearson me consiguió una cita con él.

Mientras comíamos, tras tomar furiosamente notas durante dos horas, le formulé una última pregunta: «¿Cuál sería la cosa más importante en la que te concentrarías si estuvieras en mi lugar?»

«Mira —respondió él—, cuando me acuerdo de mis primeros días en General Electric, se me ocurren cosas que me habría gustado hacer; una de ellas, hablar más sobre quiénes queríamos ser, cuáles eran nuestros valores, cómo íbamos a trabajar juntos y cómo nos íbamos a definir como empresa.» Esa última frase validó todo lo que yo había estado pensando. Quería que nuestra compañía fuera especial, una dinastía, y quería extender ese evangelio. Decidí utilizar un programa de liderazgo que llamé «Llevando a tu equipo contigo», como vehículo para ayudar a la gente a comprender nuestra visión, estrategia, objetivos y cultura; sobre todo, nuestra cultura. Casi me alegré de no haber tenido la posibilidad de impartirlo en PepsiCo. Ahora podía compartirlo con nuestra gente y confeccionarlo a la medida del negocio de los restaurantes, para crear nuestra nueva y extraordinaria empresa.

La primera vez que impartí el programa *Llevando a tu equipo contigo*, mi audiencia se limitaba a ocho directores generales europeos, reunidos en el salón de actos de un hotel londinense. Desde entonces, lo he impartido a más de cuatro mil personas de cinco continentes distintos. Se ha convertido en la base de gran parte del trabajo que hacemos en David Novak Leadership y en Lift a Life.

El seminario evolucionó a medida que yo aprendía más cosas sobre la forma de refinar las ideas, mejorar la presentación y hacerlo más atractivo. Los tres días iniciales pasaron a ser dos. De vez en cuando, sopesaba la idea de delegar, para que otras personas de la empresa lo pudieran impartir, pero me gustaba impartirlo en persona, algo que a veces era más importante que el propio contenido. Para empezar, estaba compartiendo lecciones sobre el liderazgo de expertos con los que yo había consultado directamente, y eso daba más credibilidad a las ideas; la gente tenía la sensación de que las ideas estaban sin filtrar, a apenas un grado de separación de la fuente original. Y para continuar, concedía a los asistentes la posibilidad de poner cara a un nombre, de oír cosas sobre mis éxitos y fracasos personales y de pasar tiempo conmigo. Que tantas personas de la empresa tuvieran ocasión de conocerme y de sentirse cómodas hablando conmigo fue fundamental para nuestra cultura.

Parte de lo que hacía al seminario tan potente y especial era el hecho de que yo, el CEO, impartiera las clases. Me preguntaban frecuentemente cómo podía dedicar tanto tiempo a ellas, teniendo en cuenta todas las responsabilidades que tenía. Yo contestaba que era lo más eficaz y eficiente que podía hacer, porque nuestros empleados veían que yo vivía las ideas y los valores de los que hablaba, y eso los inspiraba a hacer lo mismo. También enviaba un mensaje subliminal: «Si tu CEO dedica tanto tiempo a enseñar todas esas cosas sobre liderazgo y equipos de trabajo, será que es importante».

Al final, sin embargo, tuve que escalar las ideas para que todos los empleados de la compañía pudieran acceder a ellas, así que las convertí en un libro: *Llevando a tu equipo contigo. La única forma de alcanzar grandes objetivos.*

Bill Harrison pensó lo mismo sobre su propio programa de liderazgo en JPMorgan Chase. Como me dijo, una parte importante de la creación de una cultura «consiste en unir a la gente en grupos y equipos de trabajo, y conseguir que comprendan la estrategia y los problemas, y que hablen de ellos». Era un trabajo que le encantaba hacer como directivo, pero se volvió especialmente importante en el año 2000, cuando JPMorgan & Co y Chase Manhattan Bank se fusionaron. «Cuando unes dos bancos fuertes, es realmente importante que unas a la gente. Así que empecé un programa de liderazgo.» El programa se impartió dos días al mes durante dos años seguidos, mientras se concluía el proceso de fusión. También buscó apoyo exterior. Yo estaba en la junta de la compañía cuando tuve la oportunidad de impartir mis clases sobre el poder del reconocimiento. «Fue una gran forma de conectar con todo el mundo y desarrollar nuestra cultura», dijo Bill.

Lo que llegué a entender mejor con programas como aquellos fue que **no sólo aprendes sobre tus propias ideas; aprendes ideas nuevas de las personas a las que estás dando clase. Por supuesto, eso sólo es posible si tus clases no son sermones, sino espacios de debate.**

Yo contaba la historia de Andy Pearson, quien recibió críticas terribles tras su primer trimestre como profesor de alumnos de Harvard. «Decían que no estaba enseñando, sino dando sermones —me confesó—. Es cierto que, en mi entusiasmo, me podía poner discursivo, así que reestructuré gran parte de mi programa para convertirlo en un grupo de debate y una sesión de preguntas y respuestas, en lugar de ser una presentación unidireccional.

Impuse el requisito de que todos los participantes llevaran una idea proyecto en la que estuvieran trabajando y que les pareciera que podía tener gran impacto en nuestro crecimiento. Aprendí sobre esas ideas, sobre cómo enseñar a la gente y sobre cómo lograr que se sintieran realizados. Algo similar dijo el rabino Chanina, allá por el siglo I: «He aprendido mucho de mis profesores, más de mis colegas y casi todo, de mis alumnos»[2].

Suelo reexaminar mis ideas a partir de las preguntas que la gente me formula durante las clases. Por ejemplo, una de las ideas que compartía con ellos era que «algunas personas dirán que algunas cosas no se pueden hacer en todas las fases del camino», y me la replantee cuando uno de los asistentes preguntó: «¿Y si tienen razón?». Era una pregunta válida, de modo que empecé a asociar la idea de tener convicción con la lección sobre «comprender y superar las barreras que nos separan del éxito».

El sistema de preguntas y respuestas que usaba en mi seminario era mi versión del método socrático: utilizar una serie de preguntas provocadoras para animar al oyente a extraer sus propias conclusiones. Por eso hay preguntas al final de todos los capítulos de este libro. Yo insistí en esa aproximación en nuestra formación. El simple hecho de utilizar la palabra *formación* en el mundo empresarial ilustra el problema: implica una especie de proceso de memorización en plan «mono ve, mono hace» opuesto al aprendizaje de verdad, donde el énfasis se pone en atraer e involucrar al oyente. Lo que se extendió en nuestra cultura fue cómo compartir conocimientos mediante programas orientados al debate.

Enseñar también te ayuda a aprender *sobre* tu audiencia, y así es cómo estableces tu conexión con grupos más grandes. Bobbi Brown, la famosa emprendedora y artista de los cosméticos, tiene nueve libros y una clase magistral sobre su oficio. Fue editora de belleza de *Today* durante catorce años, donde presentaba segmentos educativos todos los meses. Ha dado muchas clases y cree que es una buena profesora, porque ha desarrollado compasión y empatía hacia su audiencia con el paso de los años. Comprende las dificultades que tiene la gente con su propia imagen y su confianza en sí mismos, y tiene un verdadero deseo de ayudar.

Tu capacidad de enseñar sólo es tan grande como tu capacidad de aprender, y no se me ocurre una persona a la que pueda llamar «aprendiz activo» de verdad que no pase tiempo enseñando; en parte, porque es muy satisfactorio. Lo que más me gusta de enseñar no es el acto mismo de enseñar, sino descubrir cómo usan las ideas las distintas personas para marcar la diferencia. En Yum!, había un momento mágico al final del día, cuando todo el mundo se reunía en grupos informales para hablar de lo que iba a hacerse de forma distinta la semana siguiente. Y también estaban las respuestas que yo recibía cuando me iba con gente después del programa, para averiguar cómo estaban poniendo en práctica las lecciones y cómo estaban siendo activos en su aprendizaje.

Cualquier profesor te dirá que no hay mayor felicidad que el hecho de que algo que has dicho o hecho motive a la gente a examinar sus comportamientos, ideas, pensamientos y costumbres; que, quizá en algún sentido, has marcado una diferencia en sus vidas. Espero que llegues a sentir esa misma alegría y que aprendas poderosas lecciones de tus propios alumnos.

Aprender enseñando

- ¿Te has planteado alguna vez cómo enseñar una idea, aproximación o proceso a alguien? En tal caso:
  - ¿Cómo cambió tu comprensión o tu claridad sobre lo que estabas enseñando?
  - ¿Qué aprendiste de la persona o personas a las que estabas enseñando? ¿Lo aprendiste de las preguntas que formularon o de los ejemplos que compartieron?

- ¿Hay algo que te estés esforzando por aprender o afianzar en tu vida o trabajo? ¿Hay alguien a quien se lo puedas enseñar?

CAPÍTULO 26

PROHIBIDA LA PALABRERÍA

Mientras trabajaba en mi libro, Wendy, mi esposa, sufrió una apoplejía.

Pocos meses antes, una súbita caída de su nivel de azúcar en sangre le había provocado un grave ataque, que en una persona con diabetes puede ser casi mortal. Aquel ataque derivó en una serie de problemas de salud en cascada y, al final, en la apoplejía.

Tras la apoplejía, yo me sorprendía llorando de noche, en el campo de golf o caminando alrededor de la casa. Pensaba que estaba perdiendo a mi mujer, mi compañera, el amor de mi vida. Un día, recibí una llamada de Ken Langone, uno de los cofundadores de Home Depot y amigo y mentor mío durante años. Tiene fama de ser duro, contundente y audaz, definiciones que él mismo utilizaría para describirse; pero era consciente de que yo lo estaba pasando mal, y me dijo: «David, te voy a llevar a dar una vuelta. Nos tomaremos un helado». Así que nos fuimos a Dairy Queen y nos pusimos a hablar. Me contó que, cuando era niño, su padre lo solía llevar a Dairy Queen cuando él había tenido un mal día. «Las cosas parecen mejores cuando tienes helado», le decía su padre. Era un gesto de amabilidad que significaba algo para Ken, y Ken pensó que también significaría algo para mí. Me pareció el mejor helado que había tomado nunca.

Ken es un hombre que sería capaz de darte cualquier cosa, casi literalmente, pero aprendí de él que un gesto amable y un oído atento son los regalos más valiosos. Me sentí apoyado y querido. Sentí que yo le importaba. Me ayudó a reavivar mi esperanza y mi optimismo.

Tras mucho tiempo y esfuerzos, Wendy se recuperó de la apoplejía y regresó a casa, y yo pude apoyarla mejor gracias a lo que Ken y otras personas que han pasado por mi vida hicieron por mí.

Los aprendices activos comprenden que las personas —no el conocimiento ni los resultados— deben ser la prioridad. Cómo apoyamos a la gente, cómo les demostramos nuestra gratitud y cómo demostramos nuestro interés o preocupación por ellos tiene mucha mayor importancia —especialmente, con el paso del tiempo— que los beneficios del último trimestre o la última clasificación de los mercados. Ya lo he dicho antes: me encanta ganar; pero no ganas durante mucho tiempo si las personas que hacen posible las victorias no saben lo mucho que importan.

Escuchamos ese consejo tan a menudo que se transforma en un ruido blanco: pon primero a las personas. Parece obvio, de sentido común; pero, como la mayoría de los buenos consejos, que algo sea obvio no lo vuelve más fácil ni implica que la gente lo haga. Las empresas y las personas pronuncian muchas palabras bonitas a cuenta de esa idea; pero, en la práctica, ¿cuántas veces demuestran a la gente —como Ken me demostró a mí— que son una prioridad?

Los aprendices activos se concentran en forjar relaciones positivas y profundas. Peter Senge, el brillante analista de sistemas y experto en el concepto de la maestría personal, explicó que «las personas que dan mucha importancia a la maestría personal [...] se sienten conectados a otros y a la vida misma»[1]. Se sienten así porque viven en «modo continuo de aprendizaje». Sienten curiosidad por el prójimo, lo cual aumenta su empatía, su compasión y su habilidad para ver las situaciones desde la perspectiva del otro. Los aprendices activos saben que esos puntos fuertes los llevarán a aprender más y a sentirse más realizados.

Concentrarse en las personas te ayuda a aprender más sobre el mundo que te rodea y a comprenderte mejor a ti mismo. Descubres que ser vulnerable anima a la gente a ser vulnerable a su vez y a compartir ideas y conocimientos que quizá no habrían compartido de otro modo; ideas y conocimientos que pueden ser las que importan más, porque no son necesariamente *fáciles*. No son *superficiales*.

Siempre he admirado a Geoff Colvin, articulista de la revista *Fortune* y autor de libros como *Talent Is Overrated* y *Humans Are Underrated*. Cuando vino a mi *podcast*, describió el tipo de trabajo de alto valor que sólo pueden hacer los seres humanos, que no pueden hacer ni la IA ni la tecnología: trabajos empáticos, colaborativos, además del aprendizaje que generamos durante el proceso. En *Humans Are Underrated* compartió una investigación publicada en el *Journal of Neuroscience*, sobre los beneficios cerebrales de pasar tiempo con otras personas: «Cuando dos personas hablan cara a cara, sus cerebros se sincronizan [...] Las mismas regiones se iluminan al mismo tiempo»[2]. Y mientras interpretan las expresiones faciales y el lenguaje corporal del otro, e intentan entender su forma de pensar, su funcionamiento ejecutivo se ejercita más.

El funcionamiento ejecutivo es nuestro nivel más alto de pensamiento: cómo resolvemos problemas, controlamos nuestros impulsos, respondemos adecuadamente en determinadas situaciones, planeamos, analizamos, sopesamos, etcétera. Es cómo abordamos nuestros objetivos en el mundo. «En persona, juntos, cara a cara, nos volvemos literalmente más inteligentes y más capaces como grupo», escribió Geoff, y «también nos puede hacer más inteligentes individualmente en aspectos importantes [...] El simple hecho de tener una conversación cara a cara supone una experiencia tan intensa y completamente cautivadora que mejora nuestras habilidades mentales superiores generales».

Carol Tomé, CEO de UPS, aprendió esa lección por las malas durante la primera época de su carrera directiva. En su equipo había una mujer con potencial, pero tenía dificultades; necesitaba formación. «Yo no me quería involucrar —me confesó Carol—. No comprendía la importancia del liderazgo que invierte en las personas y las pone en primer lugar.» En lugar de formar a la apurada empleada sobre la marcha, Carol esperó hasta que tuvo que darle una valoración negativa sobre su rendimiento, que además le dio por teléfono. «Te puedes imaginar lo que hizo. Dimitió», me dijo. «¿Y la culpas por ello?», pregunté. «Por supuesto que no —respondió—. Pero me di cuenta de que no había dejado a la empresa: me había dejado a *mí*. Me dejó porque yo era una mala líder. Así que me juré que, a partir de aquel día, a partir de ese momento, nadie me volvería a abandonar. Si me abandonaban, sería porque les había surgido una gran oportunidad, porque se iban a jubilar o porque el trabajo no era adecuado para ellos; pero nadie me iba a abandonar a mí. Y desde ese incidente... estoy tan concentrada como un láser en lo de poner primero a la gente.»

Yo me vi obligado a aprender eso de niño. Cuando nos mudábamos a una ciudad distinta, sabía que sólo estaba a un amigo de distancia de la felicidad, de descubrir la diversión y el entusiasmo, de aprovechar al máximo mi tiempo. Esa experiencia, así como el ejemplo de mis padres, me ayudó a desarrollar mi concentración en las personas, y haber sido capaz de ayudar a otros a desarrollarla me enorgullece mucho.

Cuando Andy Pearson y yo nos asociamos para lanzar Yum!, sabía que aprendería mucho de él. Había sido directivo de McKinsey & Company, y luego había ayudado a que Pepsi dejara de ser una empresa de mil millones y se convirtiera en un gigante de billones de dólares. Después, dio clase en la Harvard Business School y, a continuación, se puso a trabajar en la firma de adquisiciones Clayton, Dubilier & Rice, que es donde estaba antes de Yum!.

Andy también tenía reputación de ser muy duro. En 1980, había protagonizado uno de los más famosos artículos de la historia de la revista *Fortune*: *Los diez jefes más duros para los que trabajar en Estados Unidos*. Era una de esas distinciones que se pueden interpretar de dos formas distintas, pero Andy estaba tan orgulloso de ella que colgó el artículo en su despacho.

Lo que yo no entendía al principio era lo importante que Andy llegaría a ser en mi vida como mentor y como uno de mis mejores amigos, y tampoco sabía lo mucho que Andy aprendería de mí. Intercambiábamos ideas sobre liderazgo constantemente, y yo le hablaba sobre lo que creía que podíamos conseguir mediante el procedimiento de crear una cultura que deseara ir al trabajo todos los días. Creo que se lo contagié. Cuando llevábamos un par de años en Yum!, me dijo: «Los seres humanos tienen un potente anhelo de disciplina y contundencia». El que estaba hablando era el antiguo Andy, el jefe duro. Pero luego añadió: «Sin embargo, hay que equilibrarlo con una preocupación real por el prójimo. Hay una gran diferencia entre ser duro y ser cerril». Yo me quedé atónito. Era obvio que Andy había visto la prueba de eso en nuestro rendimiento; pero, con independencia de ello, era un hombre que siempre estaría deseoso de aprender, y creo que había descubierto que podía aprender mucho más en la cultura centrada en las personas que estábamos forjando. La sorpresa llegó en el año 2001, cuando Andy fue protagonista de otro artículo de prensa (esta vez, de *Fast Company*), que se titulaba así: *Andy Pearson encuentra el amor*.

Demasiados líderes y organizaciones establecen sus prioridades de forma inadecuada: están tan concentrados en ganar dinero y vencer a la competencia que sus empleados tienen un papel secundario. **Primero, hay que apoyar las capacidades de tu equipo; después, aprender juntos cómo satisfacer mejor a los clientes, y, por último, ganar dinero. Tal ha sido siempre mi fórmula del éxito,** la idea que repetía en Yum! todos los días, con palabras y actos: que *todo el mundo* importa.

Junior Bridgeman lleva esa idea hasta sus últimas consecuencias. Mientras se forjaba una exitosa carrera como jugador de la NBA, también se abría camino en la industria de la alimentación e invertía en franquicias de Wendy's. En la actualidad es dueño de cientos de restaurantes, de plantas embotelladoras de Coca-Cola y de las revistas *Ebony* y *Jet*. Como franquiciado, ha tenido éxito en múltiples mercados en crisis. Cuando le pregunté cómo lo había conseguido, se limitó a contestar: «Siempre se trata de las personas».

En los primeros tiempos de su carrera, hizo lo que hacía la mayoría de los propietarios nuevos: contratar personas nuevas. Una tienda cambió de empleados tres veces antes de que Junior se empezara a dar cuenta de que, si quería que la gente se preocupara por la tienda y la empresa, tenía que demostrar que él se preocupaba por *ellos*.

Algunos de los primeros restaurantes de Junior estaban en Milwaukee. Por entonces, si te detenían por una infracción de tráfico en aquel lugar, te llevaban con frecuencia a una celda. Sus empleados no solían tener dinero para pagar la fianza; así que, cuando un empleado estaba detenido y no podía ir a trabajar, Junior y su equipo la pagaban por ellos. **Lentamente, ese tipo de actos, de ayudar a los empleados en los malos momentos, demostraron que a la compañía le importaba la gente, y la gente empezó a devolver ese afecto.** Y como lo devolvían, los restaurantes empezaron a tener cada vez más éxito.

Aneel Bhusri, cofundador y CEO de Workday, una compañía de *software* de gestión de empresas que compite con los gigantes del sector, comparte esa creencia con Junior Bridgeman. «Nos enfrentamos a empresas verdaderamente formidables —me explicó—. Tenemos una gran idea; tenemos una tecnología disruptiva; pero necesitamos a las mejores personas.» La gente era la ventaja competitiva de Workday, de modo que Aneel entrevistó personalmente a las primeras quinientas personas que contrató la compañía. Buscaba específicamente signos de que esa persona estaba alineada con los valores y la cultura de la empresa y se comprometería con ella a largo plazo; hasta intentaba averiguar si tenía sentido del humor (he dicho por todas partes lo importante que es divertirse en el trabajo, porque aprendes más cuando te diviertes). Dichas entrevistas tuvieron preferencia sobre el resto de las cosas que hacía. «Les dijimos a esas personas: vais a proteger la cultura y el sistema de valores.»

Al hacer de la gente una prioridad, Aneel también aprendió algo sobre sí mismo. Tenía un sesgo favorable a las personas de los colegios «adecuados» (un sesgo contra el que, desde luego, yo me he estrellado); pero «resulta que el talento está en todas partes —me dijo—. A veces, sólo tienes que mirar un poco más; y, en algunos casos, las escuelas adecuadas no producen los mejores empleados». Aprendió a buscar personas que quisieran tener éxito, que estuvieran entusiasmados y que hubieran hecho algo interesante con su vida. No muchos líderes —sobre todo, fundadores— se esfuerzan tanto por formar el mejor equipo posible.

Eso es igualmente cierto en nuestras vidas personales. Ya he hablado sobre mi amor por el golf en otros capítulos del libro, pero no he contado que una de las razones por las que me gusta tanto es porque estás con amigos en el campo de juego y pasas horas y horas con ellos, sin interrupciones. De allí proceden algunos de mis mejores amigos y socios. Para mí, es una forma de invertir en mis importantes y gratificantes relaciones.

Por supuesto, lo más importante es mi relación con Wendy, y hago lo que puedo por demostrarle lo mucho que me importa nuestra vida en común. Por ejemplo, cuando se acercaba nuestro vigésimo quinto aniversario de bodas, compré un enorme marco de plata, imprimí un gran número 25 y le puse una cartulina de enmarcar como fondo. Estuvo un mes en la mesa de reuniones de mi despacho. En aquella época, yo todavía era director ejecutivo de Yum!, y cada vez que me acordaba de un momento especial o de una experiencia que Wendy y yo habíamos compartido, me acercaba y escribía en la cartulina, con letra tan pequeña como fuera posible. Escribí cosas como: «El jueves por la noche en Harpo's», el local que frecuentábamos los de nuestra facultad; «las olimpiadas de Pekín», a las que tuvimos la suerte de asistir y «la última pista de esquí», porque nos encantaba esquiar y siempre bajábamos juntos la última pista al final de cada viaje. Al cabo del mes, la cartulina estaba llena de recuerdos. Cuando le di el regalo a Wendy en nuestra fiesta de aniversario, era mil veces más significativo, porque le había dedicado tiempo, esfuerzo y cariño. Y Wendy me ha dado eso mismo a su vez.

Jimmy Dunne es un modelo absoluto de poner a la gente en primer lugar. El 11 de septiembre del año 2001 estaba en un campo de golf, intentando clasificarse para el US Amateur Championship. Alguien lo llevó a un aparte durante la competición y le informó de que más de un tercio de los empleados que trabajaban para su compañía, el banco de inversiones Sandler O'Neill and Partners, había fallecido: sesenta y seis personas, entre las que estaba su mejor amigo.

Como socio superviviente, Jimmy ayudó a dirigir al equipo restante durante una época oscura y difícil. Se aseguró de que la empresa siguiera adelante, pero también se ocupó de las familias de los fallecidos. Se comprometió de un modo inmediato, y fue más que generoso. Todas las familias siguieron recibiendo el sueldo de su ser querido durante un año, y con gratificaciones. Además, quedaron cubiertos por los planes de prestaciones de la empresa durante diez años.

Luego, Jimmy se asoció a un amigo para crear una fundación para sufragar la universidad a todos los niños de sus colegas caídos. Cuando un entrevistador le preguntó por qué había llevado tan lejos su apoyo, dijo: «Porque creemos que lo que hemos hecho resonará cien años en las familias de nuestra gente, en sus hijos y nietos... y eso significa cuidar de los nuestros y de sus descendientes con respeto y veneración»[3].

Ya he dicho que, cuando haces las cosas correctas, pasan las cosas correctas. No se me ocurre mejor ejemplo que el de Jimmy, cuya empresa se convirtió en una de las mejores de Wall Street (se fusionó con Piper Jaffray en el 2020, para convertirse en Piper Sandler Companies); y creo que eso pasó porque demostró a las personas que trabajaban allí lo que significaban para él. El concepto de hacer que la gente sea una prioridad impregna la vida de Jimmy, que actúa desde una empatía increíble. Y gracias a su forma de afrontar el mundo, todos los días aprende importantes lecciones que lo ayudan a creer y a expandir su vida y carrera.

Si nuestras palabras y actos no demuestran al prójimo que es prioritario para nosotros, ¿cómo lo va a saber? ¿Qué aprenderá de nosotros? ¿Y qué enseñanzas perderemos *nosotros* si perdemos la conexión con ellos?

Aprende logrando que todo el mundo importe

- ¿Hay algo que hayas aprendido exclusivamente por tu conexión con otra persona que no habrías aprendido de otro modo?
- ¿Cómo inviertes en tus relaciones o equipos? ¿Cómo ha cambiado su forma de relacionarse contigo?
- Piensa en algunas de las personas de las que aprendes casi todos los días. ¿Les demuestras que son una prioridad para ti?

CAPÍTULO 27

LA MAGIA DE UN POLLO DE GOMA

En mi primer trabajo como líder empresarial, cuando capitaneaba el marketing de Pizza Hut, dirigía reuniones mensuales de departamento donde intercambiábamos conocimientos, informábamos de novedades y proponíamos soluciones a problemas. Extrañamente, ningún otro departamento de Pizza Hut estaba haciendo lo mismo en esa época; pero, para mí, esas reuniones fueron el origen de nuestras mejores ideas de promoción y mercadotecnia.

Fue por esas reuniones por las que creé mi primer premio de reconocimiento al trabajo bien hecho. Lo llamé *Traveling Pan*, y era una enorme sartén plateada para pizzas que entregábamos todos los meses. El nombre de la persona galardonada estaba inscrito en la sartén, incluido en la lista de los anteriores galardonados. El «premio de la sartén» pasó a ser la ceremonia de cierre de reunión, y le encantaba a todo el mundo. Aunque estuviéramos tratando un problema particularmente difícil, todo el mundo sabía que, por lo menos, parte de la reunión sería divertida e inspiradora.

El éxito de la *Traveling Pan* me animó a convertir ese tipo de reconocimientos en una costumbre. Siempre me pareció que era algo bonito, y me gustaba ver cómo animaba a los premiados y a sus pares; pero no creo que yo entendiera realmente el poder del reconocimiento hasta que llegué a la jefatura operativa de Pepsi East.

En una reunión con diez vendedores de ruta de nuestra planta de Saint Louis, formulé una pregunta sobre lo que funcionaba y no funcionaba en términos de promoción. Alguien sugirió: «Pregúntaselo a Bob. Él sí que sabe pintar la tienda de Pepsi». Otro dijo: «Sí, Bob me enseñó más en una tarde de lo que yo había aprendido en mi primer año». Y los comentarios siguieron en la misma dirección a lo largo de la mesa redonda en la que estábamos: Bob me enseñó esto, Bob me enseñó aquello, Bob sabe todo sobre tal o cual asunto. Yo miré a Bob, que era un vendedor de ruta como todos los demás, y vi que le caían lágrimas por las mejillas.

«La gente te está cubriendo de halagos, Bob —dije—. ¿Por qué estás tan triste?» Y Bob contestó: «Mira, llevo cuarenta y siete años en esta empresa. Me voy a jubilar dentro de un par de semanas. Y nunca he sido consciente de que la gente pensaba eso de mí».

Cuarenta y siete años sintiéndose completamente menospreciado.

Aquello me afectó mucho. Yo había visto el efecto positivo del reconocimiento en otras posiciones de liderazgo, pero aquella mañana en Saint Louis comprendí plenamente la crítica y fundamental importancia de reconocer los esfuerzos de la gente que te rodea. Decidí en ese momento que quería hacer todo lo que pudiera para asegurarnos de que no hubiera más personas como Bob en nuestros equipos. Decidí que haría del reconocimiento una de las actitudes clave de mi liderazgo. Escribí un libro al respecto (*O Great One!*), y creé un curso en línea para enseñar a la gente a hacerlo bien.

Nuestra necesidad de reconocimiento es tan importante y universal que, en un discurso de ceremonia de apertura, Oprah Winfrey —que había hecho más de 35 000 entrevistas a lo largo de su vida— se concentró en él:

En cuanto la cámara se apaga, todo el mundo se gira hacia mí, y, sistemáticamente, cada cual a su modo, me pregunta: «¿He estado bien?». Se lo oí al presidente Bush, se lo oí al presidente Obama, se lo he oído a héroes, a amas de casa, a las víctimas y los perpetradores de un crimen y hasta a Beyoncé, a pesar de lo *beyoncística* que es... [Todos] queremos saber una cosa: «¿He estado bien?», «¿Se me ha oído?», «¿Me has visto?», «¿Lo que he dicho ha significado algo para ti?»[1].

A decir verdad, el reconocimiento nos importa a todos. En un sondeo que organizó mi empresa en el año 2016, el 82 % de los participantes declararon que tenían la sensación de que su supervisor no reconocía suficientemente su trabajo. El 43 % quería más reconocimiento por parte de sus colegas, y el 60 % afirmó que el reconocimiento los motivaba más que el dinero, siempre que se les pagara lo suficiente para poder abonar sus facturas[2].

Con independencia de que estés tratando con un ejecutivo de alto nivel o alguien que está fregando platos en un restaurante, no subestimes nunca el poder de decir a la gente que está haciendo las cosas bien; las *cosas correctas* bien. Como líder que intenta impulsar determinadas actitudes y aprender a seguir mejorando y creciendo por el camino, el reconocimiento *a propósito* es más que «algo bonito»: es crucial. Yo aprendí pronto que **reconocer a la gente a propósito y con propósito te ayuda a estimular las actitudes que generan un medio proclive al aprendizaje**.

La cultura del reconocimiento se convirtió en el factor que hizo famosa a Yum!. Las empresas nos visitaban para aprender cómo lo hacíamos y cómo lo convertíamos en algo deliberado, asociándolo a las actitudes que sabíamos que potenciaban el rendimiento. Si quieres que el reconocimiento te ayude a crecer y a tener éxito, tienes que determinar antes qué actitudes son las fundamentales... y nosotros empezamos por ahí. Lo llamamos «Cómo trabajamos juntos», unos principios de los que he hablado en el capítulo 6. No eran *valores*; eran *comportamientos*, y lo eran intencionadamente. Aprovechamos lo que habíamos aprendido de nuestra gira de buenas prácticas por otras empresas, pero basamos los principios en las actitudes que impulsaban el éxito de nuestros mejores restaurantes en términos de rendimiento, que descubrimos tras estudiar el 10 % mejor. Por supuesto, el reconocimiento era uno de los comportamientos, porque los gerentes vieron que conseguían más comportamientos positivos si los reconocían.

A medida que crecía nuestra empresa, nos concentramos en identificar las actitudes que nos podían llevar al siguiente nivel. Queríamos personas que fueran generadoras de sabiduría y que extendieran sus conocimientos y sus buenas ideas por toda la compañía. También queríamos mejorar en el objetivo de retener el talento. En el sector de los restaurantes —sobre todo, los de servicio rápido— la rotación de los empleados es alta y, con frecuencia, se pierde innecesariamente a las personas con más talento; así que recompensábamos a los líderes y gerentes que eran cultivadores de gente.

También sabíamos que necesitamos más grandes ideas y descubrimientos en nuestro concepto de lo operativo y lo productivo, de modo que recompensamos esa actitud para estimular el pensamiento innovador.

Combinados con los principios de «Cómo trabajamos juntos», los nuevos que decidimos recompensar y reconocer se convirtieron en los principios de «Cómo ganamos juntos». A medida que los reconocíamos, conseguíamos más, y todo el mundo aprendió cómo desarrollar el negocio y desarrollar su carrera mediante el procedimiento de contribuir de la mejor forma posible. Los estábamos animando a aprender *haciendo*.

El reconocimiento deliberado funciona porque demuestra a la gente que estás mirando, valida a la persona y construye confianza; porque demuestra que valoras sus aportaciones e ideas. Y entonces, la gente se compromete más.

Cuando la gente está más comprometida, ponen una parte mayor de su potencia mental en lo que está delante de ellos. ¿No me crees? **Mañana, halaga a un colega, un miembro de tu equipo, tu cónyuge o tu hijo por hacer algo que has estado intentando que se hiciera mejor. Y luego pregunta: «¿Cómo has conseguido ser tan bueno en eso?». Espera un momento y recibirás la enseñanza**. Ya he hablado sobre la importancia de formular buenas preguntas, pero cuando premias el pensamiento de la gente con reconocimiento, sus respuestas son más reveladoras y poderosas.

Reconocer bien requiere práctica. Por mi experiencia, el mejor reconocimiento —y las investigaciones lo apoyan— descansan en unos cuantos principios básicos:

- Se tiene que haber ganado; preferiblemente, a partir de algo medible o específicamente definido. Hay que poner nombre al comportamiento que se está reconociendo.
- Tiene que ser auténtico y sincero.
- Siempre que sea posible, tiene que ser personal para quien lo concede y para quien lo recibe.
- Siempre que sea posible, tiene que ser espontáneo. Si se concede por sorpresa, cuando menos se lo espera, el impacto es mayor.
- Tiene que ser *divertido*.
- Y tiene que formar parte de tu forma diaria de actuar o interactuar.

Aprendí esos principios durante un largo viaje de varias décadas. **Creo que mis esfuerzos fueron especialmente eficaces porque eran personales, espontáneos y divertidos.**

No llevaba mucho tiempo en KFC cuando observé que nuestro jefe de tecnología de la información estaba reconociendo a las personas de su departamento mediante la táctica de regalarles esos pollos de goma que salen en las escenas de las comedias antiguas. La idea del pollo de goma me gustó tanto que, de un modo verdaderamente presidencial, se la robé (concediéndole el crédito y pidiéndole permiso, por supuesto).

Yo llevaba pollos de plástico en mi maletín (algo que no muchos líderes empresariales admitirían). Cuando veía o me enteraba de un gran comportamiento en un restaurante u oficina, me presentaba ante la persona en cuestión y reconocía sus esfuerzos. «El director general me ha dicho que tu servicio al cliente es inmejorable», le decía; o, por seguir con los ejemplos, «eres uno de los mejores cocineros que he visto». Y luego añadía: «Tengo que darte uno de mis pollos de goma».

Luego, tras sacar el pollo del maletín (frecuentemente, entre miradas de asombro), escribía un mensaje personalizado, lo firmaba y lo numeraba (un año, entregué alrededor de cien). Siempre me aseguraba de que alguien nos sacara una foto a los dos y, a continuación, decía: «Te enviaría una copia, pero quiero que, la próxima vez que vayas a Louisville, pases por la sede para que puedas ver que tu fotografía está colgada en mi despacho. Porque lo que haces, importa». Por fin, y dado que nadie se puede comer un pollo de goma, le daba cien dólares.

Y, fiel a mi palabra, había cientos de fotos de personas que habían recibido el pollo en las paredes de mi despacho. Al final, nos quedamos sin paredes, así que las empezamos a poner en el techo, para disgusto de nuestro equipo de prevención de accidentes.

Cuanto más hacía eso, más se extendía la voz. Animó a la empresa. La gente lloraba cuando les entregaba el pollo de goma, y también lloraba la gente que estaba mirando.

Algunos de los empleados que trabajaban en nuestros restaurantes no habían recibido prácticamente ningún comentario positivo, ningún reconocimiento de su trabajo, a lo largo de su vida. Cuanto más reconocía a la gente, más se extendió la práctica entre la dirección. Los resultados para la empresa fueron increíbles.

Mi éxito en KFC me llevó a la dirección ejecutiva de Yum! Brands, pero yo solía pensar: «¿Qué habría pasado si no hubiera tenido buenos resultados en KFC?». Me imaginaba a la gente diciendo: «¿Te acuerdas de ese tipo, David Novak, que se dedicaba a regalar pollos de goma mientras Roma ardía?». Sin embargo, esos pollos de goma fueron la *razón* de que obtuviéramos esos resultados. Siempre he dicho que el despegue de KFC fue un triunfo del espíritu humano, y el reconocimiento fue un elemento fundamental entre las cosas que lo hicieron posible.

El pollo de goma no fue ni mi primer ni mi último premio tonto, porque yo soy un tipo de los que dan premios tontos; pero comprendo que no todo el mundo lo es, y ese es el motivo de que sea tan importante que los premios sean personales. Tras escuchar mi historia sobre el poder del reconocimiento, Frank Blake, ex director ejecutivo de Home Depot, tuvo la idea de las notas manuscritas, porque eso era más acorde a su forma de ser. Cuando estuvo en mi *podcast*, me contó una divertida, aunque reveladora historia. Durante la semana laboral, su empresa se encargaba de que todas las tiendas enviaran ejemplos de buen servicio al cliente; y todos los domingos, Frank escribía muchas, muchísimas notas manuscritas a las personas en cuestión, dándoles las gracias por lo que habían hecho y diciéndoles que eran increíbles.

Al principio, Frank no sabía si estaba funcionando; pero, al cabo de tres meses, un asociado se le acercó en una tienda y dijo: «He recibido esta nota suya. ¿Le importaría enviarme otra igual?». Frank contestó: «Claro que no, pero ¿por qué?». Y el hombre dijo: «Bueno, es que la miramos todos y pensamos que debía de ser una copia, que no era posible que la hubiera escrito usted. Así que la metimos debajo del agua para asegurarnos, y la tinta se corrió. La estropeamos». Es el poder de la personalización.

Lo divertido y lo espontáneo importa también porque provoca alegría en el momento y crea experiencias más memorables. Sin ello, tienes estancados programas de «empleado del mes» o actos de una sola vez que no reflejan la persona, la cultura o las formas específicas en que los individuos añaden valor y se muestran en su mejor versión. Cuando lo veas, lo reconocerás; sobre todo, porque puede ser el momento más significativo. Si esperas, te arriesgas a que la persona en cuestión se sienta poco apreciada durante semanas o meses; y, mientras ellos esperan, ¿crees que estarán supermotivados para compartir su sabiduría, conocimientos o buenas ideas?

John Wooden, por ejemplo, quería enfatizar el poder del «nosotros» en UCLA Bruins, así que creó una expectativa: cada vez que alguien encestaba, el anotador tenía que reconocer el trabajo de los jugadores que lo habían ayudado; podía ser algo tan sencillo como señalar a otro jugador, pero tenía que reconocer la asistencia. Cuando habló al equipo de dicha expectativa, uno de los jugadores dijo: «Bueno, entrenador, ¿y qué pasa si no están mirando?». Wooden contestó: «Oh, estarán mirando». Sabía que ese momento de reconocimiento inmediato significaría mucho para todos los jugadores del equipo, y para los resultados que obtuviera el equipo en ese partido en concreto. **Si no quieres esperar a que mejoren los resultados, no esperes a reconocer los comportamientos que generan los resultados**.

Yum! era una compañía llena de divertidos y personalizados premios al buen trabajo, que se entregaban espontáneamente: estrellas, caras sonrientes, bumeranes, imanes, trofeos de cristal y tontas dentaduras que castañeteaban. Rebosábamos de sonrisas, aplausos, vítores, choques de manos, estrechamientos de manos, notas de agradecimiento, tarjetas y felicitaciones. Algunos líderes concedían premios específicos a sus departamentos, como portadas falsas de *Time* con la cara de alguien que apoyaba el trabajo del departamento de relaciones públicas. Y hacíamos eso porque era la forma más importante en la que podíamos expresar que éramos un tipo diferente de empresa, una que apreciaba verdaderamente las contribuciones de sus empleados. Eso es lo que otros líderes querían comprender cuando acudían a nosotros.

En el año 2013, nuestros esfuerzos se vieron reconocidos cuando Geoff Colvin publicó un artículo en *Fortune* titulado: *¡Gran trabajo! Cómo utiliza Yum Brands el reconocimiento para crear equipos y obtener resultados*, con una fotografía del pollo de plástico[3]. Eso animó a otras empresas a buscarnos y aprender de nosotros, lo cual nos ayudó a extender el poder del reconocimiento más allá de nuestras paredes.

A pesar de todo ello, yo necesitaba algún recordatorio ocasional de que el reconocimiento tenía que ser prioritario. Con el ritmo actual de los negocios, cuesta detenerse y concentrarse en una celebración. Una vez en Yum!, yo estaba preparando una presentación para una reunión con un inversor; iba a mantenerla al día siguiente en compañía de mi jefe de finanzas, Rick Carucci (que luego llegó a ser presidente). De repente, oímos que nuestra estruendosa banda de reconocimientos —un grupo de voluntarios que tocaban instrumentos para proclamar el éxito de sus colegas— bajaba por el pasillo para celebrar la contribución de un empleado. Rick se levantó, pero yo no. «Tenemos que hacer esta presentación», dije.

«David, esto es lo que tú eres —dijo él—. Si te encierras en este despacho y no sales de ahí, ¿qué tipo de mensaje vas a enviar?»

Me levanté, salimos, y recordé inmediatamente que allí, aplaudiendo, vitoreando y mirando al ruborizado y sonriente premiado, estaba el lugar más importante donde yo debía estar, en cualquier situación. ¿Qué eran quince minutos de una tarde en comparación con las grandes ideas que aquella persona podía imaginar y compartir con nosotros a partir de entonces?

En el año 2022, cuando asistí a la fiesta del vigésimo quinto aniversario de Yum!, seis años después de haber dejado la dirección ejecutiva, muchas personas dijeron cosas maravillosas sobre el tiempo en el que habíamos estado trabajando juntos. Todo el mundo habló del poder del reconocimiento. Por el simple hecho de hacer eso, me reconocieron a mí, y no sólo lograron que me sintiera muy bien, sino que entendiera que la confianza y el reconocimiento seguían siendo un comportamiento central en nuestra cultura.

Soy consciente del amplio efecto que el reconocimiento sigue teniendo entre la gente de Yum!. Sé que marca la diferencia, y que la marca entre las personas que se ven reconocidas. Conozco el tipo de actitudes que impulsa. Yo me lo recordaba una y otra vez, pero nunca con más intensidad que el día que asistí al entierro de Chuck Grant, un talentoso ingeniero de KFC. Sorprendentemente, su pollo de goma estaba junto al féretro. Yo se lo había entregado unos años antes, a cuenta de una innovación técnica que él había encabezado. Cuando me acerqué a dar el pésame a su esposa, me dijo que, antes de morir, Chuck le había pedido que el único objeto que quería sobre su ataúd era su preciado pollo de goma.

Si eso no sirve para que se entienda el poder del reconocimiento, nada lo puede conseguir.

Aprende reconociendo a propósito

- ¿Cuándo fue la última vez que reconocieron tu trabajo por una contribución? ¿Cómo te sentiste? ¿Cómo hizo que quisieras contribuir a partir de entonces?

- ¿Has trabajado en un lugar o has formado parte de un grupo o comunidad donde el reconocimiento estuviera engastado en su cultura? ¿Cómo era ese sitio en lo tocante al pensamiento creativo o la comunicación abierta de ideas?
- ¿Cuándo fue la última vez que reconociste la contribución de alguien? ¿Te tomaste el tiempo necesario para preguntarles qué motivó su pensamiento, idea o acción?

OBRA MAESTRA EN PROGRESO

Me encanta la música *country*. Me encantan las historias que cuenta. Me siento inspirado por las canciones de muchos grandes artistas; tanto que, de vez en cuando, se me ocurre una idea para un estribillo o la primera línea de una letra, y las apunto.

El año pasado, Wendy y yo celebramos nuestros septuagésimos cumpleaños y nuestro cuadragésimo octavo aniversario de bodas. Fue un gran año, y yo quería hacer algo verdaderamente especial para ella, así que decidí hacer por fin lo que había estado pensando desde 1983: escribirle una canción.

He pasado mucho tiempo practicando para ser escritor, pero nunca había escrito una canción. Si quería hacerlo bien, tenía que aprender *cómo* hacerlo. Planeé un viaje a Nashville (en qué otro sitio vas a aprender a escribir música *country*) y organicé un encuentro con dos grandes letristas: Jessi Alexander y Jon Randall.

Fue una revelación absoluta para mí. Aprendí muchísimo sobre el negocio de la música, sobre la forma de colaborar de los compositores y sobre cómo hacer una canción. Me ayudaron a convertir la letra que yo había escrito allá por 1983 (cuando salí de una película triste pensando: «Me alegro de no estar triste por lo que no tengo, porque tengo a Wendy») en una maravillosa canción que expresa gran parte de lo que siento por ella y por nuestra vida en común. Al final de la sesión, la grabaron para mí.

Yo tenía intención de que Jessi y Jon cantaran la canción en la inminente fiesta, para dar una sorpresa a Wendy; pero, cuando salí del aeropuerto y me fui a casa, me di cuenta de que no podía esperar. ¿Qué pasaría si me ocurría algo y no llegaba a oír nunca la canción? A la mañana siguiente desperté a Wendy y le dije: «Tengo que ser sincero contigo. No he ido a Nashville por asuntos de negocios». Ella me miró con perplejidad, como pensando: «Oh, Dios mío, ¿qué ha hecho?».

Pensé que tenía que aliviar su ansiedad rápidamente, así que dije: «He ido a escribirte una canción», y, acto seguido, se la canté. Para cuando llegué al último estribillo (*I'll be damned if I'll be sad/ If I lost everything I had... If it all went away today/ I'd be OK cause I can say/ I got Wendy*)*, los dos estábamos llorando. «Es el mejor día de mi vida», dijo ella.

Este es el poder del aprendizaje: aumenta el impacto que tienes en las personas de tu vida y en el mundo que te rodea.

Pocos meses después, en Nochebuena, abrí el enorme regalo que me había hecho Wendy. Era una guitarra. «Caramba, Wendy. No sé tocar la guitarra —dije yo—. Aprender a tocar es difícil, y tengo setenta años.»

Ella dijo: «Hum. Ése no es el David Novak que yo conozco» (una vez más, estaba siendo mi contadora de verdades). Wendy siempre me mantiene abierto a aprender cosas nuevas, así que acepté el desafío y estoy aprendiendo a tocar la guitarra. No creo que llegue a ser grande nunca, pero ésa no es la verdadera cuestión. La cuestión es *aprender*, ser disciplinado con el aprendizaje y ver adónde me lleva.

Warren Buffet me habló en cierta ocasión de lo que busca en las empresas que adquiere: «Busco compañías dirigidas por pintores». Cuando yo le pedí que se explicara, contestó: «A la mayoría de los grandes artistas les cuesta desprenderse de sus obras. Están enamorados de ellas. Añaden constantemente una pincelada de color por aquí y una textura por allá. Yo busco jefes que siempre están modificando su empresa, que intenten constantemente mejorarla. No importa el éxito que hayan podido tener, porque lo que siguen viendo es una obra maestra en progreso». Warren dice que Berkshire Hathaway es un museo para esas obras de arte, pero espera que la gente que las dirige sigan manteniendo el progreso, sigan cambiando y expandiendo.

Ésa es mi forma de ver la vida, mi forma de ver los negocios.

Hace poco, vinieron a verme unos amigos. Nunca habían estado en mi casa, así que se la enseñé. Cuando pasamos frente a nuestro dormitorio,

---

* No hay forma de que me ponga triste / Si perdiera todo lo que tengo... Si todo se desvaneciera hoy / Estaría bien porque puedo decir / Tengo a Wendy.

asomaron la cabeza porque la vista de la ventana es maravillosa, y uno de ellos empezó a reír. «¡Tienes un cojín en la cama que dice *Sueña a lo grande*!». Sí, lo tengo. No se lo podían creer.

Comprendo su actitud. Me siento enormemente afortunado. La mayoría de la gente que vea mi vida ahora (lo que he conseguido, cómo vivo, mi relación con mi familia, mis recursos financieros y la satisfacción que me produce el trabajo de nuestra fundación y de nuestra empresa de liderazgo) se preguntaría qué más puedo desear. ¿Qué gran sueño puedo anhelar?

Sin embargo, no es la forma en que yo lo veo, ni la forma en que los aprendices activos ven la vida. Estoy orgulloso de lo que conseguí en el pasado, y adoro lo que tengo ahora, pero hay muchas más cosas que hacer, mucho más que aprender. He seguido escribiendo canciones; he escrito seis de momento, y estoy cerca de terminar un álbum. Recientemente, me convertí en propietario del Valhalla Golf Club de Louisville, donde se ha celebrado el PGA del año 2024; soy responsable del marketing, marca y rediseño de una experiencia única en el golf de Kentucky. Eso implica aprender todo tipo de cosas. Y, por supuesto, estamos aprendiendo constantemente sobre cómo expandir nuestra educación en liderazgo a través del *podcast*, de boletines, cursos y demás.

El aprendizaje activo no termina nunca. Nunca.

Mi vida siempre ha estado llena, y yo siempre he soñado con lo que está por llegar, porque hay mucho que aprender. Si lo persigo, seguiré mejorando mi vida y la vida de mis seres queridos y de las personas a las que tengo el privilegio de ayudar, enseñar o influir.

Los aprendices activos son pintores, artistas. Ven la vida como una obra maestra en progreso, conscientes de que, cuanto más aprendan, más se revelará la obra de arte. Porque, como Frank Hubbard dijo, y al gran John Wooden le encantaba repetir, «lo que importa es lo que aprendemos después de pensar que sabemos todo»[1].

NOTAS

Introducción

[1] *Reflections on the Human Condition*, de Eric Hoffer (Harpen and Row, Nueva York, 1973).

Capítulo 1

[1] Dan McAdams *et al.*, *Continuity and Change in the Life Story. Journal of Personality* 74, n° 5 (octubre de 2006), https://www.sesp.northwestern.edu/docs/publications/690081293490a093361fe6.pdf.

[2] *Intuición*, de Tasha Eurich (Ed. HarperCollins Español, Nashville, 2018).

Capítulo 2

[1] Josh Waitzkin, *El arte de aprender* (Editorial Urano, Barcelona, 2007).

[2] *Encuentra tu oportunidad*, de Sukhinder Singh Cassidy (Empresa Activa, Barcelona, 2022).

[3] *Hábitos atómicos*, de James Clear (Diana Editorial, Barcelona, 2023). «La motivación está sobrevalorada. El contexto suele importar más»: https://jamesclear.com/power-of-environment.

Capítulo 4

[1] *The Pain of Social Disconnection: Examining the Shared Neural Underpinnings of Physical and Social Pain*, de N. Eisenberger (*Nature Reviews Neuroscience 1*. 2012).

[2] *Neural Sensitivity to Social Rejection Is Associated with Inflammatory Responses to Social Stress*, de G. M. Slavich *et al.* (*Proceedings of the National Academies of Science USA* 107, n° 33. 2010).

[3] *What It Takes to Have Freedom and Psychological Safety at Work*, de Adam Grant (Granted, octubre de 2021: https://adamgrant.substack.com/p/616392_granted-october-2021).

Capítulo 5

[1] *Opción B*, de Sheryl Sandberg y Adam Grant (Editorial Conecta, Barcelona, 2017).

[2] *The Only Power Kissinger Has Is the Confidence of the President*, de Patrick Anderson (*New York Times*, 1 de junio de 1969).

Capítulo 7

1 *Mindset. La actitud del éxito*, de Carol Dweck (Editorial Sirio, Málaga, 2016).
2 *Be Bad First*, de Erika Andersen (Bibliomotion, Nueva York, 2016).

Capítulo 8

1 *Time to Think*, de Nancy Kline (Cassell Orion, Londres, 1999).
2 *Piénsalo otra vez*, de Adam Grant (Ediciones Deusto, Barcelona, 2022).

Capítulo 9

1 *A More Beautiful Question*, de Warren Berger, (Bloomsbury, Nueva York, 2014).
2 *A More Beautiful Question*, de Warren Berger.
3 *Time to Think*, de Nancy Kline (Cassell Orion, Londres, 1999).
4 *Does Could Lead to Goo? On the Road to Moral Insight*, de Ting Zhang, Frances-ca Gino y Joshua Margolis (*Academy of Management Journal* 61, n° 3. 2014). https://www.researchgate.net/publication/323750714_Does_Could_Lead_to_Good_On_the_Road_to_Moral_Insight.

Capítulo 10

1 *Above the Line*, de Stephen Klemich and Mara Klemich (Harper Business, Nueva York, 2020).
2 *Surprised by Joy*, de C. S. Lewis (HarperOne, Nueva York, 2017).

Capítulo 11

1 *Clarence Seward Darrow: 1857-1938*, de Ray Ginger (*Antioch Review* 13, n° 1. 1953).
2 *Clarence Darrow (Sign Magazine*, mayo de 1938).
3 *Decídete*, de Chip Heath y Dan Heath (Gestión 2000, Barcelona, 2014). La cita es de Dan Lovallo y Olivier Sibony (*The Case for Behavioral Strategy*, McKinsey Quarterly 2. 2010).

Capítulo 12

1 *The Source of Success*, de Peter Georgescu (Jossey-Bass, San Francisco, 2005).
2 *El cerebro autista*, de Temple Grandin and Richard Panek (RBA Libros, Barce-lona, 2003).

Capítulo 13

1 *The Way of Gratitude*, de Galen Guengerich (Random House, Nueva York, 2020).
2 *Aprender a aprender*, de Barbara Oakley (Ediciones Obelisco, Barcelona, 2021).

Capítulo 14

1 *Above the Line*, de Stephen Klemich and Mara Klemich (Harper Business, Nueva York, 2020).

2 *The Value of Speaking for 'Us': The Relationship between CEOs' Use of I- and We-Referencing Language and Subsequent Organizational Performance*, de Martin Fladerer *et al.* (*Journal of Business and Psychology*, 36. 2021).

Capítulo 16

1 Wikiquote: *Trust.* wikiquote.org/wiki/Trust.

Capítulo 17

1 *The Neuroscience of Joyful Education*, de Judy Willis (*Educational Leadership*, 64. Verano del 2007), https://www.ascd.org/el/articles/the-neuroscience-of-joyful-education.

Capítulo 18

1 Oscar Wilde. Carta a lord Alfred Douglas (*De Profundis*, 1905).

2 *What 52,000 People Think about Work Today: PwC's Global Workforce Hopes and Fears Survey 2022*, de PwC (24-05-2022): www.pwc.com/gx/en/issues/workforce /hopes-and-fears-2022.html.

3 *Bringing the Character of You to Life's Stage*, de Pam Sherman (LinkedIn newsletter. 6-10-2023): www.linkedin.com/pulse/bringing-character-you-lifes-stage-pam-sherman/.

Capítulo 19

1 *Status Quo Bias in Decision Making*, de William Samuelson and Richard Zeckhauser. (*Journal of Risk and Uncertainty*, 1. 1988).

2 El Harvard University's Stress & Development Lab tiene recursos en línea gratuitos para ayudarte a dominar la reevaluación cognitiva en: https://sdlab.fas.harvard.edu /cognitive-reappraisal.

3 Adaptado a partir de *Fast Forward*, de Wendy Leshgold y Lisa McCarthy (Matt Holt Books, Nueva York, 2023).

Capítulo 20

1 *Fast Forward*, de Wendy Leshgold y Lisa McCarthy (Matt Holt Books, Nueva York, 2023).

2 *Shift Your Mind*, de Brian Levenson (Disruption Books, Nueva York, 2020).

3 *Número uno*, de Anders Ericsson y Robert Pool (Editorial Conecta, Barcelona, 2017).

Capítulo 21

1 *El ego es tu enemigo*, de Ryan Holiday (Editorial Planeta, Barcelona, 2023).
2 *Home Is Everywhere*, de Charles L. Novak (Disruption Books, Nueva York, 2018).
3 *How to Convince Yourself to Do Hard Things*, de David Rock (hbr.org. 7-12-21): https://hbr.org/2021/12/how-to-convince-yourself-to-do-hard-things.

Capítulo 23

1 *Do the KIND Thing*, de Daniel Lubetzky, (Ballantine Books, Nueva York, 2015).

Capítulo 24

1 *Impact of Skin-to-Skin Parent-Infant Care on Preterm Circulatory Physiology*, de Arvind Sehgal y otros (*Journal of Pediatrics*, 2020); *Mother's Voice and Heart-beat Sounds Elicit Auditory Plasticity in the Human Brain before Full Gestation*, de Alexandra R. Webb y otros (*Proceedings of the National Academy of Sciences 112*, n° 10. Febrero de 2015).
2 *Las leyes de la simplicidad*, de John Maeda (Editorial Gedisa, Barcelona, 2010).
3 *Esencialismo*, de Greg McKeown (Editorial Conecta, Barcelona, 2024).

Capítulo 25

1 *Cómo cambiar*, de Katy Milkman (Geoplaneta, Barcelona, 2021).
2 *Talmud*, Taanit 7°.

Capítulo 26

1 *La quinta disciplina*, de Peter Senge (Editorial Granica, Ciudad de México, 2004).
2 *Humans Are Underrated*, de Geoff Colvin (Portfolio, Nueva York, 2015), basado en la investigación de Jing Jiang y otros *Neural Synchronization during Face-to-Face Communication* (*Journal of Neuroscience 32*, n° 45, 7-11-2012).
3 *Bank That Lost 66 Workers on 9/11 Has Paid for All Their Kids to Go to College*, de Brian Doyle (*Good News Network*, 11-11-2001. Publicado originalmente en el año 2015).

Capítulo 27

1 Oprah Winfrey. Discurso de la 362 ceremonia de apertura de Harvard. Tercentenary Theater, Cambridge (Massachusetts, 30-05-2013).
2 *Recognizing Employees Is the Simplest Way to Improve Morale*, de David Novak. hbr.org (9-05-2016). https://hbr.org/2016/05/recognizing-employees-is-the-simplest-way-to-improve-morale.
3 *Great Job! How Yum Brands Uses Recognition to Build Teams and Get Results*, de Geoff Colvin (*Fortune*, 25-07-2013). fortune.com/2013/07/25/great-job-how-yum-brands-uses-recognition-to-build-teams-and-get-results/.

Conclusión

[1] Frank McKinney Hubbard (humorista de Estados Unidos). *Fairmount News* (Indiana), 17 de febrero de 1913, según *The New Yale Book of Quotations*.

ÍNDICE ANALÍTICO

AGRADECIMIENTOS

En primer y más importante lugar, quiero dar las gracias a Dios. Por mucho que lo intente, nunca sabré por qué he tenido la bendición de la vida que me fue dada. Me siento realmente abrumado por ello y profundamente agradecido a mi adorada familia, la jubilosa experiencia de una carrera profesional con la que jamás habría soñado y la relación con muchas de las personas más generosas y con más éxito del mundo.

El origen de este libro hunde sus raíces en el estímulo de mi hija Ashley, quien me animó a compartir las enseñanzas que he recogido a lo largo de los años. Os doy sinceramente las gracias a todos los que os habéis tomado la molestia de invertir en mí y compartir vuestros conocimientos. Vuestra sabiduría brilla en estas páginas y os lo agradezco a todos.

No puedo enfatizar suficientemente el absoluto placer de trabajar con Lari Bishop, que me ha ayudado a escribir este libro. Es maravillosamente inteligente y creativa, una gran colaboradora que trabajó de forma incansable por ofrecer nuestro mejor posible producto. Si te ha gustado el marco y el formato de este libro, ella es quien merece casi todo el reconocimiento.

También quiero dar las gracias a Tim Schurrer, mi socio en el *podcast How Leaders Lead with David Novak*, que me ayudó a identificar las historias más impactantes sobre las formas de aprender.

Gracias igualmente a mi agente literario (Jim Levine) y mi editor (Scott Berinato), quienes me empujaron hacia la excelencia y añadieron un valor sustancial durante el proceso. Y gracias a todo el equipo de la Harvard Business Review Press por su apoyo y compromiso.

Por último, aunque en no menos importante lugar, quiero dar las gracias a mi difunta madre, Jean Novak, que fue mi mejor profesora, así como a mi esposa, Wendy, que ha sido mi contadora de verdades y mi inspiración en todo lo que es posible si no te rindes nunca.

Gracias a ti por comprar este libro. Todos sus beneficios se destinarán al Wendy Novak Diabetes Institute, para apoyar nuestro constante esfuerzo por ayudar a tener una larga y empoderada vida a los que sufren esa devastadora enfermedad.

SOBRE LOS AUTORES

DAVID NOVAK es fundador de David Novak Leadership, una plataforma de organización de desarrollo y liderazgo, y cofundador, expresidente y CEO de Yum! Brands, una de las compañías de restaurantes más grandes del mundo, con más de millón y medio de empleados que trabajan en más de 135 países.

Su misión consiste en desarrollar líderes mejores para hacer del mundo un lugar mejor.

David despliega dicha pasión a través de cursos, talleres, actos filantrópicos y, especialmente, su exitoso *podcast, How Leaders Lead,* en el que entrevista a líderes de primera categoría del mundo de los negocios, de los deportes, la salud y el gobierno. David también es autor de cuatro libros de desarrollo personal y de liderazgo: el superventas *Llevando a tu equipo contigo* (basado en su programa original de desarrollo de liderazgo), *Hazte cargo de ti, O Great One! A Little Story about the Awesome Power of Recognition* y *The Education of an Accidental CEO.*

David, considerado uno de los principales líderes mundiales por *Barron's, Fortune* y *Harvard Business Review,* fue elegido CEO del año por la revista *Chief Executive.* Durante su etapa como director ejecutivo de Yum! Brands, la empresa duplicó su tamaño, se transformó en un puntal de carácter global, aumento su capitalización de mercado por ocho y dio origen a Yum! China, que pasó a ser una compañía independiente de cotización bursátil. Antes de dirigir Yum! Brands, ayudó a dirigir Pepsi-Cola, KFC y Pizza Hut con procesos de cambio radicales, y ostentó otros cargos directivos importantes en divisiones de PepsiCo.

A través de David Novak Leadership y Lift a Life Novak Family Foundation, David fundó el Novak Leadership Institute en su *alma mater,* la Universidad de Missouri; además, dirige Lead4Change, un programa de servicio comunitario y desarrollo de liderazgo para alumnos de enseñanza primaria y secundaria, y apoya Global Game Chargers, que ayuda a los niños de primaria a desarrollar la autoestima y la confianza. Su fundación familiar también se enfoca en el Wendy Novak Diabetes Institute y en varias organizaciones que trabajan en los campos de la inseguridad alimentaria y la educación de los niños pequeños. En el año 2015, David recibió el prestigioso premio Horatio Alger por su compromiso con la filantropía y la educación superior.

David vive en North Palm Beach (Florida) con su esposa, Wendy, que es el centro de su mundo. Trabaja con su hija, Ashley Butler, directora ejecutiva de la Lift a Life Novak Family Foundation, y tiene la suerte de tener tres nietos. Es un golfista apasionado, y a los 69 años se convirtió en el campeón con más edad del club Shinnecock Hill. En la actualidad, escribe canciones de música *country* y está aprendiendo a tocar la guitarra.

LARI BISHOP, escritora y editora, ha colaborado en más de treinta libros, entre los que hay *bestsellers* del *New York Times* y el *Wall Street Journal*. Adora su trabajo porque todo proyecto nuevo es una nueva experiencia de aprendizaje.

Esta obra se imprimió y encuadernó
en el mes de julio de 2025,
en los talleres de Egedsa, que se localizan en
la calle Roís de Corella, 12-16, nave 1,
C.P. 08205, Sabadell (España).